Hansen
Knauer
Rosenthal
Speth

KOMPETENZ im Einzelhandel 1

Lernfelder 1 bis 5

Knauer | Lucas | Rosenthal | Speth

Arbeitsheft KOMPETENZ im Einzelhandel 1

Lernsituationen und Übungen

ISBN 978-3-8120-1187-7 | Merkur-Nr. 1821

Konzeption

- Im Arbeitsheft werden die Lernfelder 1 bis 5 in Form von **Lernsituationen** konkretisiert. Die Lernsituationen unterstützen die Teamfähigkeit sowie die Fähigkeit zur Präsentation und Diskussion.
- **Weiterführende Aufgabenstellungen** vertiefen die Inhalte und ermöglichen eine individuelle Differenzierung.
- Das Arbeitsheft hat einen **Workbook-Charakter** und ermöglicht einen kompetenzorientierten Unterricht: situationsbezogen – problemorientiert – kompetenzfördernd.
- **Schulbuch und Arbeitsheft** sind **miteinander verzahnt:** Zu Beginn jeder Situation im Arbeitsheft verweisen Kapitelangaben auf die im Schulbuch enthaltenen Fachinformationen. Zu Beginn jedes Kapitels im Schulbuch verweist ein Symbol auf die geeigneten Aufgabenstellungen im Arbeitsheft. Es ist daher ideal, wenn Schulbuch und Arbeitsheft gemeinsam im Unterricht eingesetzt werden.

Weitere Infos finden Sie unter
www.merkur-verlag. de
Suche: 1821

Hansen
Knauer
Rosenthal
Speth

KOMPETENZ im Einzelhandel

Lernfelder 1 bis 5

1

Merkur
Verlag Rinteln

Reihe „KOMPETENZ im Einzelhandel"

Verfasser/-innen:

Sandra Hansen

Sabine Knauer

Tatjana Rosenthal

Dr. Hermann Speth

Umschlagfotos:

Bild links:	Paolo Gallo – www.colourbox.de
Bild rechts oben:	pressmaster – www.colourbox.de
Bild rechts unten:	#246329 – www.colourbox.de

* * * * *

2. Auflage 2025

Gesamtherstellung:

MERKUR VERLAG RINTELN Hutkap GmbH & Co. KG, 31735 Rinteln

E-Mail: info@merkur-verlag.de
lehrer-service@merkur-verlag.de

Internet: www.merkur-verlag.de

Merkur-Nr. 0821-02

ISBN 978-3-8120-1162-4

Vorwort

Das Schulbuch **„KOMPETENZ im Einzelhandel 1“** ist der erste Teil unserer Buchreihe für die Ausbildungsberufe **Verkäuferin und Verkäufer** sowie **Kauffrau/Kaufmann im Einzelhandel.**

Das Schulbuch konzentriert sich auf die Lernfelder (LF) des ersten Ausbildungsjahres:

Lernfeld 1:	Das Einzelhandelsunternehmen repräsentieren
Lernfeld 2:	Verkaufsgespräche kundenorientiert führen
Lernfeld 3:	Kunden im Servicebereich Kasse betreuen
Lernfeld 4:	Waren präsentieren
Lernfeld 5:	Werben und den Verkauf fördern

Für die Auswahl der Inhalte sind neben dem Rahmenlehrplan der aktuelle Prüfungskatalog für die IHK-Abschlussprüfung sowie die Ausbildungsverordnung maßgeblich.

Im Vordergrund unserer Reihe steht das Ziel, die Auszubildenden zu befähigen, auf der Grundlage fachlichen Wissens und Könnens Aufgaben und Probleme **zielorientiert, sachgerecht, methodengeleitet** und **selbstständig** zu lösen und das Ergebnis zu beurteilen.

Das Buch eignet sich ideal als **Informationspool** für die Bearbeitung von Lernsituationen und Übungen, zur systematischen Wiederholung und zur eigenverantwortlichen Nachbearbeitung.

Zentrales Ziel von Berufsschule ist es, die Entwicklung umfassender **Handlungskompetenz** zu fördern. Das Schulbuch wird deshalb durch das **„Arbeitsheft – KOMPETENZ im Einzelhandel 1“ (Merkur-Nr. 1821)** ergänzt. Schulbuch und Arbeitsheft sind aufeinander abgestimmt. So wird im Schulbuch sowohl im Inhaltsverzeichnis als auch am Seitenrand durch das nebenstehende Symbol gekennzeichnet, bei welchen Unterrichtsthemen auf geeignete Lernsituationen und Übungen aus dem Arbeitsheft zurückgegriffen werden kann. Es ist daher ideal, wenn Lernbuch und Arbeitsheft gemeinsam im Unterricht eingesetzt werden.

Durch die **Verzahnung der Unterrichtsmaterialien** wird der Erwerb themenübergreifender Kompetenzen und die Ausarbeitung der didaktischen Jahresplanung einerseits vereinfacht; durch die **relative Selbstständigkeit** der einzelnen Materialien wird andererseits der pädagogische und schulorganisatorische Freiraum gewährleistet, der für die erfolgreiche Umsetzung des Rahmenlehrplans unseres Erachtens notwendig ist.

Aus Gründen der besseren Lesbarkeit wird in diesem Schulbuch auf die gleichzeitige Verwendung der Sprachformen männlich, weiblich, divers (m/w/d) verzichtet. Sämtliche Personenbezeichnungen gelten – sofern nicht anders kenntlich gemacht oder aus dem Kontext erschließbar – gleichermaßen für alle Geschlechter.

Die Verfasserinnen und der Verfasser wünschen Ihnen einen guten Lern- und Lehrerfolg!

Hagen, Solingen und Wangen im Frühjahr 2025

Die Verfasser

Inhaltsverzeichnis

Lernfeld 1 Das Einzelhandelsunternehmen repräsentieren

Arbeitsheft

Arbeitsheft

Lernfeld 2 Verkaufsgespräche kundenorientiert führen

Arbeitsheft

Lernfeld 3 Kunden im Servicebereich Kasse betreuen

OPERATOREN ZU DEN AUFGABEN

Eine Aufgabe enthält eine Beschreibung dessen, was von Ihnen als Ergebnis erwartet wird. Diese Erwartung erkennen Sie am sogenannten Operator. Ein Operator ist eine Formulierung in der Aufgabe in Form eines Verbs.

Ausgewählte Operatoren	Erwartete Leistung
begründen	Sie sollen darstellen, wie Sie zu Ihrer Antwort gekommen sind, indem Sie auf Regeln, Gesetze oder Ähnliches verweisen.
(be-)nennen	Sie geben kurz und knapp die Lösung an (z. B. ein Datum).
beurteilen	Sie sollen am Beispiel einer vorgegebenen Situation entscheiden, ob das Dargestellte so zutreffend ist. Dabei geben Sie die Regelungen an, auf die Sie sich bei Ihrer Entscheidung beziehen.
beschreiben	Sie sollen mit Details erklären. Beachten Sie, dass keine Bewertung oder eigene Meinung erwartet wird.
definieren	Sie sollen einen Begriff kurz und präzise bestimmen.
entscheiden	Sie sollen anhand der Ihnen bekannten Regeln zu einem Schluss kommen und diesen begründen.
entwickeln	Sie sollen aus den angegebenen Informationen eine eigene Idee erarbeiten und diese erklären.
erklären/erläutern	Sie sollen ausführlich auf alle Aspekte der Aufgabe eingehen und nachvollziehbar darstellen, wie Sie zu Ihrer Antwort kommen.
(über-)prüfen	Sie sollen am Beispiel einer vorgegebenen Situation entscheiden, was zu tun ist oder ob der dargestellte Fall so richtig ist. Dabei geben Sie auf Nachfrage an, auf welcher Grundlage (z. B. Gesetz) Sie zu Ihrer Einschätzung gekommen sind.
unterscheiden	Sie sollen die genannten Begriffe jeweils beschreiben und deutlich machen, worin die jeweils eigene Bedeutung liegt. Es kommt darauf an die Begriffe voneinander abzugrenzen.
schildern	Sie sollen mit Details erklären. Beachten Sie, dass keine Bewertung oder eigene Meinung erwartet wird.

Das Einzelhandelsunternehmen repräsentieren

Arbeitsheft Kap. 1

Ausbildungsbetrieb präsentieren

Vorstellung des Ausbildungsbetriebs

Um die Ausbildungsbetriebe Ihrer Mitschüler/-innen kennenzulernen und Informationen über Ihren eigenen Ausbildungsbetrieb zu vermitteln, stellen Sie zunächst Ihren Ausbildungsbetrieb vor. Sind mehrere Auszubildende aus einem Einzelhandelsbetrieb in der Klasse, können diese eine Gruppenpräsentation vornehmen.

Steckbrief für die Vorstellung des Ausbildungsbetriebs

Allgemeine Daten über den Ausbildungsbetrieb	■ Name des Einzelhandelsbetriebs, Gründungsjahr, Branche, Standort und Adresse ■ Rechtsform (z. B. e. Kfm., KG, GmbH) ■ Anzahl der Beschäftigten – Vollzeitbeschäftigte – Teilzeitbeschäftigte ■ Anzahl der Auszubildenden ■ Ladenöffnungszeiten	■ ... ■ ... ■ ... (Daten Ihres Ausbildungsbetriebs)
Informationen zum Warensortiment und zum Kundenstamm	■ Welche Waren und Dienstleistungen werden angeboten? ■ An welche Zielgruppen werden die Waren verkauft? ■ Welches Verhältnis besteht zwischen Stammkunden und Laufkundschaft? ■ Wie häufig und in welchen Medien wird geworben? ■ Wie groß ist das Einzugsgebiet des Einzelhandelsbetriebs?	■ ... ■ ... ■ ...
Zielsetzungen des Einzelhandelsbetriebs	■ Welche Ziele verfolgt der Einzelhandelsbetrieb? ■ Gibt es ein Unternehmensleitbild, in dem die Grundwerte des Einzelhandelsbetriebs formuliert sind?	■ ... ■ ... ■ ...

Branche: Wirtschaftsbereich (z. B. Lebensmittel, Textil, Schuhe)

Aufgabe:

Erkunden Sie Ihren Ausbildungsbetrieb. Bitten Sie Ihren Ausbilder, Ihnen Daten über den Einzelhandelsbetrieb bereitzustellen. Notieren Sie die wichtigsten Informationen. Gestalten Sie anschließend in Kurzform einen „Steckbrief" Ihres Ausbildungsbetriebs.

- Bitte achten Sie darauf, dass Sie keine Betriebsgeheimnisse ausplaudern.
- Informationen und Anleitungen zur Präsentation Ihres Ausbildungsbetriebs finden Sie in Kapitel 6, S. 84 ff.

Vorschläge zur Darstellung

- PowerPoint
- Mindmap
- Collage
- Wandplakate

Arbeitsheft Kap. 2

1 Ausbildung im Einzelhandel

1.1 Beteiligte: Ausbildender, Ausbilder, Auszubildender

(1) Begriffe Ausbildender und Ausbilder

Achtung, nicht verwechseln:
Ausbildender
Ausbilder
Auszubildender

- **Ausbildender** ist derjenige, der einen Auszubildenden zur Berufsausbildung einstellt.

Beispiel:

Finn Zeiler wird von einem Fachgeschäft für Heimwerker ausgebildet. Das Heimwerkerfachgeschäft ist Ausbildender.

- **Ausbilder** ist derjenige, der vom Ausbildenden mit der Durchführung der Ausbildung beauftragt wird.

Beispiel:

In der Eisenwarenabteilung wird Finn Zeiler von dem Angestellten Jens Freiberg ausgebildet. Jens Freiberg ist Ausbilder.

(2) Begriff Auszubildender

Auszubildender ist, wer einen anerkannten Ausbildungsberuf aufgrund einer Ausbildungsverordnung erlernt.

Beispiel:

Finn Zeiler schließt mit dem Heimwerkerfachgeschäft einen Ausbildungsvertrag als Kaufmann im Einzelhandel ab. Finn Zeiler ist Auszubildender.

1.2 Ausbildungsverhältnis

1.2.1 Berufsbildungsgesetz, Ausbildungsordnung und Ausbildungsplan

(1) Berufsbildungsgesetz

Das Berufsbildungsgesetz [BBiG] regelt die **Berufsausbildung,** die **berufliche Fortbildung** und die **berufliche Umschulung.** Die Ausbildung in den verschiedenen Ausbildungsberufen ist durch die Ausbildungsordnung geregelt.

(2) Ausbildungsordnung

Die Ausbildungsordnung ist die Grundlage für eine geordnete und einheitliche Berufsausbildung in anerkannten Ausbildungsberufen. Sie legt die **Inhalte eines Ausbildungsberufs** fest (siehe folgende Abbildung).

Bezeichnung des Ausbildungsberufs

(z. B. Verkäufer/-in, Kaufmann/Kauffrau im Einzelhandel, Fachlagerist/-in)

Ausbildungsdauer

Sie soll nicht mehr als drei und nicht weniger als zwei Jahre betragen.

Ausbildungsberufsbild

Es enthält die Fertigkeiten und Kenntnisse, die Gegenstand der Berufsausbildung sind.

Ausbildungsrahmenplan

Dies ist eine Anleitung zur sachlichen und zeitlichen Gliederung der Fertigkeiten und Kenntnisse.

Prüfungsanforderungen

(3) Ausbildungsplan

Der Ausbildungsplan regelt die sachliche und zeitliche **Berufsausbildung im Betrieb.** Der Ausbildungsplan wird von jedem **Ausbildungsbetrieb eigenständig erstellt.** Er muss jedoch abgestimmt sein mit dem Ausbildungsberufsbild, dem Ausbildungsrahmenlehrplan sowie den Prüfungsanforderungen.

Ausbildungsrahmenplan

Er beinhaltet die sachliche und zeitliche Gliederung der Berufsausbildung.

Rahmenlehrplan

Er ist Grundlage für den berufsbezogenen Unterricht in der Berufsschule und ist zeitlich und inhaltlich mit dem Ausbildungsrahmenlehrplan abgestimmt.

Ausbildungsplan

Der Ausbildungsrahmenlehrplan wird in einen betrieblichen Ausbildungsplan umgesetzt, der die Grundlage für die individuelle Ausbildung im Betrieb bildet.

Betrieb

Berufsschule

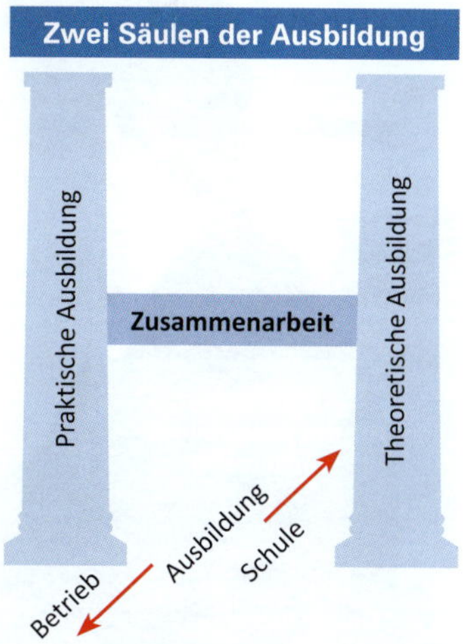

1.2.2 Berufsausbildungsvertrag

(1) Begriff kaufmännischer Auszubildender

Kaufmännischer Auszubildender ist, wer in einem Betrieb zum Erlernen kaufmännischer Tätigkeiten angestellt ist.

(2) Abschluss des Berufsausbildungsvertrags

Vor Beginn der Berufsausbildung ist zwischen dem Ausbildenden und dem Auszubildenden ein **Berufsausbildungsvertrag** zu schließen.

Der Berufsausbildungsvertrag muss bei der zuständigen Stelle (z. B. **Industrie- und Handelskammer**) zur Genehmigung und Eintragung in das **„Verzeichnis der Berufsausbildungsverhältnisse“** vorgelegt werden.

Unverzüglich nach Abschluss des Berufsausbildungsvertrags, **spätestens vor Beginn** der Berufsausbildung, hat der Ausbildende den wesentlichen Inhalt des Vertrags in **Textform** abzufassen. Ausbildende haben den Auszubildenden und deren gesetzlichen Vertretern die Vertragsabfassung unverzüglich nach deren Erstellung auszuhändigen bzw. zu übermitteln. Bei **elektronischer** Abfassung ist die Vertragsabfassung so zu übermitteln, dass die Empfänger diese speichern und ausdrucken können. **Ausbildende** haben den Empfang durch die Empfänger **nachzuweisen.**

Der Ausbildungsvertrag muss folgende Punkte enthalten:

(3) Pflichten und Rechte aus dem Berufsausbildungsvertrag

Pflichten des Auszubildenden (Rechte des Ausbildenden)	Pflichten des Ausbildenden (Rechte des Auszubildenden)
■ **Befolgungspflicht:** Weisungen des Ausbildenden im Rahmen der Berufsausbildung sind sorgfältig zu befolgen. ■ **Berufsschulpflicht** ■ **Lernpflicht:** Der Auszubildende muss sich bemühen, so zu lernen, dass die Abschlussprüfung bestanden wird. ■ **Ausbildungsnachweispflicht (Berichtsheftpflicht):** Der Auszubildende hat in der Regel wöchentlich Ausbildungsnachweise schriftlich oder elektronisch zu führen. Sie geben Auskunft über den Ablauf der Ausbildung und müssen bei der Abschlussprüfung vorgelegt werden. Die einzelnen Ausbildungsnachweise sind vom Ausbilder zu unterschreiben bzw. beim elektronischen Berichtsheft durch eine elektronische Signatur abzuzeichnen. ■ **Schweigepflicht** über Geschäftsdaten ■ **Haftpflicht:** Bei grob fahrlässig oder vorsätzlich verursachten Schäden an Maschinen, Büroeinrichtungen usw. haftet der Auszubildende.	■ **Ausbildungspflicht:** Vermittlung der Fertigkeiten und Kenntnisse, die zur Erreichung des Ausbildungsziels erforderlich sind. ■ **Ausbildungsmittel:** Müssen kostenlos zur Verfügung gestellt werden. ■ **Fürsorgepflicht:** Vermeidung sittlicher und körperlicher Schäden; Anmeldung zur Sozial- und Unfallversicherung. ■ **Freistellungspflicht:** Der Ausbildende muss den Auszubildenden zum Besuch der Berufsschule anhalten und freistellen. Der Auszubildende ist auch freizustellen an einem Berufsschultag mit mehr als fünf Unterrichtsstunden (einmal in der Woche). ■ **Gewährleistung von Urlaub** ■ **Anmeldepflicht zu Prüfungen:** Der Auszubildende muss rechtzeitig zu Prüfungen angemeldet und an dem Arbeitstag vor der schriftlichen Prüfung freigestellt werden. ■ **Vergütungspflicht:** Die Zahlung des Arbeitsentgelts muss spätestens am letzten Werktag des Monats erfolgen. Gesetzlich gilt eine Mindestausbildungsvergütung, die jährlich ansteigt. Derzeit beträgt sie im 1. Ausbildungsjahr 682,00 EUR (2025). ■ **Pflicht zur Entgeltfortzahlung:** An gesetzlichen Feiertagen und im unverschuldeten Krankheitsfall bis zu sechs Wochen. ■ **Pflicht zur Ausstellung eines Zeugnisses**

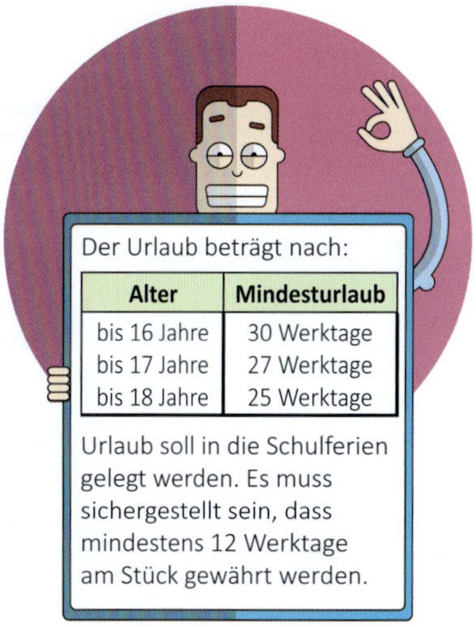

Der Urlaub beträgt nach:

Alter	Mindesturlaub
bis 16 Jahre	30 Werktage
bis 17 Jahre	27 Werktage
bis 18 Jahre	25 Werktage

Urlaub soll in die Schulferien gelegt werden. Es muss sichergestellt sein, dass mindestens 12 Werktage am Stück gewährt werden.

Ist der Auszubildende der Meinung, dass der ausbildende Betrieb seinen Pflichten nicht nachkommt, kann er sich an den **Betriebsrat,** die **Jugend- und Auszubildendenvertretung** oder an die **zuständige Kammer** (z. B. Industrie- und Handelskammer) wenden.

(4) Ausbildungszeit

Die Ausbildungszeit beträgt in den meisten kaufmännischen Ausbildungsberufen (z. B. Kaufmann/-frau im Einzelhandel) im Regelfall 3 Jahre. Eine Verkürzung der Ausbildungszeit ist unter bestimmten Voraussetzungen möglich.

Die Ausbildung zum Verkäufer/zur Verkäuferin geht über zwei Jahre.

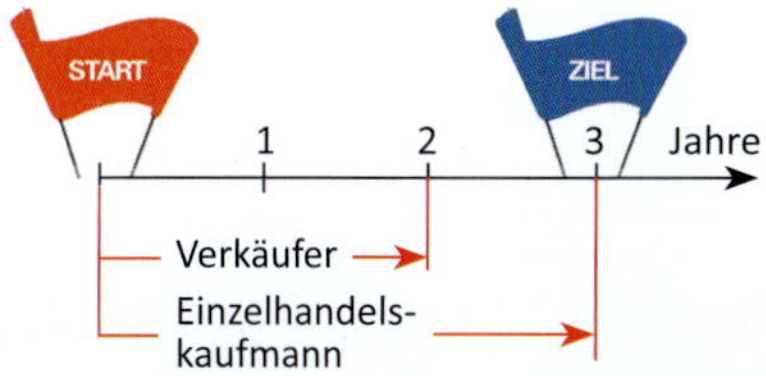

Berufsausbildungsvertrag

(§§ 10, 11 des Berufsbildungsgesetzes – BBiG)

Zwischen dem Ausbildenden (Ausbildungsbetrieb) und der/dem Auszubildenden wird nachstehender Berufsausbildungsvertrag zur Ausbildung im Ausbildungsberuf

Verkäufer

(wenn einschlägig, bitte einschließlich Fachrichtung, Schwerpunkt, Wahlqualifikation(en) und/oder Einsatzgebiet nach der Ausbildungsordnung bezeichnen)

nach Maßgabe der Ausbildungsordnung[1] geschlossen.

Andreas-Schneider-Schule

Zuständige Berufsschule

Änderungen des wesentlichen Vertragsinhaltes sind vom Ausbildenden unverzüglich zur Eintragung in das Verzeichnis der Berufsausbildungsverhältnisse bei der Industrie- und Handelskammer anzuzeigen. Die beigefügten Angaben zur sachlichen und zeitlichen Gliederung des Ausbildungsablaufes (Ausbildungsplan) sowie die beigefügten **weiteren Bestimmungen** sind Bestandteil dieses Vertrages.

Angaben zum Ausbildenden

Heimwerker GmbH

Name des Ausbildenden (Ausbildungsbetriebes)[2]

Biberacher Str. 12

Straße, Haus-Nr.

74078 Heilbronn

PLZ Ort

07131 9633-0

Telefonnummer

E-Mail-Adresse (Angabe freiwillig)

Herget, Fred

Name, Vorname verantwortliche/r Ausbilder/in

Angaben zum/zu gesetzlichen Vertreter(n)[3]

☐ keiner X Eltern ☐ Mutter ☐ Vater ☐ Vormund

Zeiler, Anja

Name, Vorname

Lindenstr. 57, 74078 Heilbronn

Anschrift

Zeiler, Max

Name, Vorname

Lindenstr. 57, 74078 Heilbronn

Anschrift

Angaben zur/zum Auszubildenden

Zeiler Finn

Name Vorname

Lindenstr. 57

Straße, Haus-Nr.

74078 Heilbronn

PLZ Ort

11.01.2008

Geburtsdatum Mobil-/Telefonnummer (Angabe freiwillig)

E-Mail-Adresse (Angabe freiwillig)

§ 1 – Dauer der Ausbildung

Dauer

Die Ausbildungsdauer beträgt nach der Ausbildungsordnung

X 24 Monate. ☐ 36 Monate. ☐ 42 Monate.

Auf die Ausbildungsdauer wird die Berufsausbildung zur/zum[4]

bzw. eine berufliche Vorbildung in

mit .... Monaten angerechnet.[5]

Die Berufsausbildung wird in

X Vollzeit ☐ Teilzeit[6] .... (% der Ausbildungszeit in Vollzeit) durchgeführt.

Die Ausbildungsdauer verlängert sich aufgrund der Teilzeit um

.... Monate.

Die Ausbildungsdauer verkürzt sich vorbehaltlich der Entscheidung der zuständigen Stelle aufgrund

um ______ Monate.[7]

☐ Die Berufsausbildung wird im Rahmen eines ausbildungsintegrierenden dualen Studiums absolviert.

Das Berufsausbildungsverhältnis

beginnt am	und endet am.[8]
01.09.2025	31.08.2027

Probezeit

Die Probezeit beträgt in Monaten[9]

☐ einen ☐ zwei X drei ☐ vier

§ 3 – Ausbildungsstätte

Die Ausbildung findet vorbehaltlich der Regelungen nach § 4 Nr. 12 dieses Vertrages in

Heimwerker GmbH
Biberacher Str. 12, 74078 Heilbronn

Name/Anschrift der Ausbildungsstätte

und den mit dem Betriebssitz für die Ausbildung üblicherweise zusammenhängenden Bau-, Montage- und sonstigen Arbeitsstellen statt.

§ 4 – Pflichten des Ausbildenden

Ausbildungsmaßnahmen außerhalb der Ausbildungsstätte(n) sind für den folgenden Zeitraum in der/den folgenden Ausbildungsstätte(n) vorgesehen (hierzu zählen auch Auslandsaufenthalte)

§ 5 – Pflichten der/des Auszubildenden

Führung von schriftlichen oder elektronischen Ausbildungsnachweisen

Der Ausbildungsnachweis wird wie folgt geführt:

☐ schriftlich X elektronisch

§ 6 – Bestandteile der Vergütung und sonstige Leistungen

Höhe und Fälligkeit

☐ Das Ausbildungsverhältnis fällt in den Geltungsbereich des folgenden Tarifvertrages:

X Das Ausbildungsverhältnis fällt nicht in den Geltungsbereich eines gültigen Tarifvertrages.

Der Ausbildende zahlt der/dem Auszubildenden eine angemessene Vergütung; diese beträgt zurzeit monatlich brutto

EUR	946,00	1043,00		
im	ersten	zweiten	dritten	vierten

Ausbildungsjahr.

☐ Die Vergütung setzt sich aus verschiedenen Bestandteilen zusammen, die dem Vertrag als Anlage beigefügt werden.

Überstunden

Überstunden werden ☐ vergütet und/oder X in Freizeit ausgeglichen.

§ 7 – Ausbildungszeit, Anrechnung und Urlaub

Tägliche und wöchentliche Ausbildungszeit[10]

Die regelmäßige tägliche Ausbildungszeit beträgt ______ Stunden.[11]

Die durchschnittliche wöchentliche Ausbildungszeit beträgt 40 Stunden.

Urlaub

Es besteht ein Urlaubsanspruch

im Kalenderjahr	2025	2026	2027		
Werktage					
Arbeitstage	10	30	20		

§ 12 – Sonstige Vereinbarungen[12]; Hinweis auf anzuwendende Betriebs- bzw. Dienstvereinbarungen

☐ Anlage gemäß § 4 Nr. 1 des Berufsausbildungsvertrages[13]

Die beigefügten weiteren Bestimmungen (Blatt 2 / Ausfertigung für Ausbildende / S. 3 und S. 4) sind Gegenstand dieses Vertrages.

Heilbronn, 15.02.2025

Ort, Datum

Finn Zeiler

Unterschrift der/des Auszubildenden

Heimwerker GmbH
i.A. Lohmann

Stempel und Unterschrift des Ausbildenden

Anja Zeiler Max Zeiler

Unterschrift(en) der/des gesetzlichen Vertreter/s

(5) Probezeit

Probezeit:
mindestens: 1 Monat
höchstens: 4 Monate

Die Probezeit beträgt **mindestens einen Monat** und darf **nicht länger als vier Monate** dauern. Die Probezeit ist **Bestandteil des Ausbildungsverhältnisses.**

Während der Probezeit kann das Berufsausbildungsverhältnis **jederzeit ohne Einhaltung einer Kündigungsfrist** gekündigt werden.

Nach der Probezeit kann das Ausbildungsverhältnis grundsätzlich **nicht gekündigt** werden. Eine **Ausnahme** ist nur in folgenden Fällen möglich:

Kündigung nach der Probezeit durch	Voraussetzungen für eine Kündigung	Aufhebungsvertrag
das ausbildende Unternehmen	**aus einem wichtigen Grund ohne Einhalten einer Kündigungsfrist,** z. B. wegen Unterschlagung	Auflösung des Ausbildungsverhältnisses in **beiderseitigem Einvernehmen** durch einen sogenannten **Aufhebungsvertrag**
den Auszubildenden	■ **aus einem wichtigen Grund** ohne Einhalten einer Kündigungsfrist, z. B. wegen ständigen Mobbings ■ Kündigung vom Auszubildenden mit vierwöchiger Frist, wenn der Auszubildende die **Berufsausbildung aufgeben oder wechseln** möchte	

(6) Beendigung des Ausbildungsverhältnisses

Das Ausbildungsverhältnis endet

- spätestens mit dem Ablauf der Ausbildungszeit,
- frühestens mit dem Bestehen der Abschlussprüfung oder
- durch schriftliche Kündigung.

Die Kündigung muss **schriftlich** erfolgen und bei einer Kündigung aus einem wichtigen Grund oder wegen Aufgabe oder Wechsel der Berufsausbildung die **Kündigungsgründe** enthalten.

(7) Ausstellung eines Zeugnisses

Der Ausbildende hat dem Ausgebildeten nach Beendigung des Berufsausbildungsverhältnisses ein **Zeugnis** auszustellen. Das Zeugnis muss Angaben über Art, Dauer und Ziel der Berufsausbildung sowie über die erworbenen Fertigkeiten und Kenntnisse des Auszubildenden enthalten **(einfaches Zeugnis).**

Auf **Verlangen des Ausgebildeten** sind im Zeugnis auch Angaben über Führung, Leistung und besondere fachliche Fähigkeiten aufzunehmen **(qualifiziertes Zeugnis).**

Das Zeugnis darf **keine negativen Aussagen** enthalten. Aus diesem Grund benutzen Personalchefs Geheimcodes.

Sofern der Auszubildende einverstanden ist, kann das Zeugnis auch in elektronischer Form erteilt werden.

Beispiel:

„Franziska Hebel verfügt über Fachwissen und hat ein gesundes Selbstvertrauen" heißt zum Beispiel: Franziska Hebel klopft große Sprüche, um fehlendes Fachwissen zu überspielen.

(8) Weiterbeschäftigung

Während der **letzten sechs Monate** des Berufsausbildungsverhältnisses können die Vertragspartner eine **Weiterbeschäftigung vereinbaren**. In diesem Fall muss ein **Arbeitsvertrag** abgeschlossen werden.

- Der **Arbeitsvertrag** wird zwischen dem Arbeitnehmer (z. B. Verkäufer) und dem Arbeitgeber (z. B. Einzelhandelsbetrieb) abgeschlossen. Er regelt das Arbeitsverhältnis zwischen diesen Personen.
- Der Arbeitsvertrag kann **befristet** oder **unbefristet** sein.

Man spricht vom **Einzelarbeitsvertrag (Individualarbeitsvertrag),** weil er individuell (einzeln) zwischen Arbeitgeber und Arbeitnehmer abgeschlossen wird.

Der **Kollektivarbeitsvertrag (Tarifvertrag)** wird von Gewerkschaften und Arbeitgeberverbänden (Regel) für eine Gruppe (ein „Kollektiv") von Arbeitnehmern abgeschlossen (siehe S. 29 ff.).

Ein Arbeitsvertrag muss u. a. folgende **Vertragsinhalte** enthalten:

Vertragsinhalte	Erläuterungen
Bezeichnung der Vertragsparteien	■ Arbeitgeber: Firma, Rechtsform, Sitz des Unternehmens ■ Arbeitnehmer: Vor- und Zuname, Anschrift
Vertragsbeginn	Angabe des Datums für den Beginn des Arbeitsverhältnisses
Dauer	notwendig bei befristeten Arbeitsverhältnissen
Arbeitsort	In Unternehmen mit mehreren Standorten ist eine Vereinbarung über den Arbeitsort von großer Bedeutung.
Probezeit	Für Angestellte beträgt sie drei bis sechs Monate.
Arbeitsentgelt/ Sozialleistungen	Vereinbarungen über ■ die Entgeltform ■ die Höhe, die Fälligkeit und die Auszahlungsweise des Entgelts ■ Sozialleistungen wie Vermögensbildung, Altersversorgung, Geschäftswagen u. Ä.
Arbeitszeit/Urlaub	Entweder wird auf den **Tarifvertrag** Bezug genommen oder es werden individuelle Vereinbarungen getroffen.
Arbeits-verhinderung	Regelung über die Folgen einer unverschuldeten Arbeitsverhinderung und die Nachweispflicht bei Erkrankungen.
Kündigung	Sie kann frei vereinbart werden, sofern die gesetzlichen Kündigungsfristen [§ 622 BGB] bzw. weitere Vorschriften des **Tarifvertrags** beachtet werden.

Weitere Infos zum Tarifvertrag: S. 29 ff.

Nach dem Nachweisgesetz [NachwG] ist der Arbeitgeber verpflichtet, spätestens am ersten Arbeitstag die Höhe des Arbeitsentgelts und die Arbeitszeit mitzuteilen. Spätestens nach einer Woche müssen u. a. die Dauer der Probezeit und die Überstundenregelungen mitgeteilt werden. Der Arbeitgeber muss die Niederschrift unterzeichnen und dem Arbeitnehmer aushändigen. Alternativ können die wesentlichen Vertragsbedingungen auch in digitaler Form übermittelt werden, z. B. in Form einer E-Mail mit Empfangsbestätigungsfunktion.

VERSTANDEN?

1 Nennen Sie die Voraussetzungen, die an einen Ausbilder gestellt werden.

2 Definieren Sie den Begriff „Kaufmännischer Auszubildender".

3 Notieren Sie, in welchem der nachfolgenden Fälle ein Verstoß gegen das Berufsbildungsgesetz vorliegt.

1. Felix Höring erhält keinen Fahrgeldersatz zum Besuch der Berufsschule.
2. Der Ausbilder verweigert Felix Höring, für einen ausgedehnten Taucherurlaub den gesamten Jahresurlaub zu verwenden.
3. Die tägliche Arbeitszeit beträgt an 4 Tagen jeweils 8 Stunden.
4. Der Ausbildende stellt Felix Höring nicht zur IHK-Abschlussprüfung frei.

4 Die 18-jährige Greta Meier hat eine Ausbildung zur pharmazeutisch-kaufmännischen Angestellten begonnen. Nach sechs Monaten stellt sie fest, dass es doch der falsche Beruf für sie ist. Sie hat einen neuen Ausbildungsplatz als Einzelhandelskauffrau gefunden. Greta Meier reicht am 1. Februar folgende Kündigung ein: „Hiermit kündige ich zum 15. Februar 20.. mein Ausbildungsverhältnis bei Ihnen!"

Aufgabe:

Prüfen Sie, ob diese Kündigung rechtswirksam ist.

5

5.1 Erklären Sie, unter welchen Bedingungen ein Berufsausbildungsverhältnis endet.

5.2 Ein Auszubildender besteht die Abschlussprüfung am 15. Juli und erhält darüber eine Bescheinigung. Laut Berufsausbildungsvertrag endet die Ausbildungszeit am 30. Juli.

Aufgabe:

Nennen Sie den Tag, an welchem der Berufsausbildungsvertrag endet.

5.3 Der Auszubildende erscheint am 16. Juli wieder zur Arbeit, worüber der Arbeitgeber sehr erfreut ist.

Aufgabe:

Erläutern Sie die rechtliche Folge, die sich aus diesem Sachverhalt ergibt, wenn im Berufsausbildungsvertrag keinerlei Vereinbarungen hinsichtlich einer Weiterbeschäftigung getroffen wurden.

6 Zwischen Laura Zeller und dem ausbildenden Unternehmen kommt es zu Unstimmigkeiten über die Art der Ausbildung.

Aufgabe:

Nennen Sie die zuständigen Stellen, an die sich Laura Zeller wenden kann, um eine Lösung der Unstimmigkeiten zu erreichen.

7 Ihnen liegt der Ausbildungsvertrag von Lina Seidel, 20 Jahre alt, zur Kauffrau im Einzelhandel vor. Notieren Sie, welche der vorgesehenen Vertragsinhalte Sie korrigieren müssen.

1. Ausbildungsdauer 36 Monate
2. Unterschrift der Eltern
3. Probezeit 5 Monate
4. Urlaub lt. Tarifvertrag 25 Arbeitstage
5. Ausbildungsvergütung für 3 Jahre ist festgelegt

8 Nennen Sie die Vorschrift, die gesetzlich Teil des Berufsausbildungsvertrags ist.

1. Rahmenlehrplan der Berufsschule
2. Dauer der täglichen Arbeitszeit
3. Ausbildungsplan des Ausbildungsbetriebs
4. Stoffplan der Berufsschule
5. Gemeinsamer Ausbildungsplan von Berufsschule und Betrieb

9 Der Auszubildende Henrik Schreiber, der sich im zweiten Ausbildungsjahr befindet, ist seit einigen Tagen nicht mehr im Betrieb erschienen. Einem Kollegen gegenüber hat er geäußert, er wolle sich nach einem anderen Arbeitsplatz umsehen.

Aufgabe:

Erläutern Sie, wie sich die Geschäftsleitung Ihrer Meinung nach verhalten wird.

1.3 Jugendarbeitsschutzgesetz [JArbSchG]

Das Jugendarbeitsschutzgesetz gilt für alle **Beschäftigte unter 18 Jahren.** Die Beschäftigung von **Jugendlichen,** die **vollzeitschulpflichtig** sind, ist **grundsätzlich verboten.** Nachfolgend werden wichtige Inhalte des Jugendarbeitsschutzes vorgestellt.

Kinderarbeit ist verboten!

Jugendarbeitsschutz: gilt für < 18 Jahre

(1) Grenzen der Arbeitszeit

Arbeitsbeginn und Arbeitsende	06:00 Uhr frühestens und 20:00 Uhr spätestens
tägliche Arbeitszeit	■ maximal 8,5 Stunden am Tag ■ bei 5-Tage-Woche (40 Stunden) maximal 8 Stunden am Tag
Ruhepausen	■ mindestens 30 Minuten Pause bei einer Beschäftigung von mehr als $4^1/_2$ Stunden ■ mindestens 60 Minuten Pause bei einer Beschäftigung von mehr als 6 Stunden
Berufsschultage	keine Beschäftigung an Berufsschultagen mit mehr als 5 Unterrichtsstunden von mindestens 45 Minuten, jedoch nur einmal in der Woche
wöchentliche Arbeitszeit	■ 5-Tage-Woche, 40-Stunden-Woche ■ Grundsatz: keine Beschäftigung an Samstagen und Sonntagen **Ausnahme:** Im Einzelhandel darf der Jugendliche beschäftigt werden, wenn er an einem anderen berufsschulfreien Tag einen entsprechenden Ausgleich erhält.
verbotene Arbeiten	■ gefährliche Arbeiten ■ Arbeiten, bei denen die Jugendlichen sittlichen Gefahren ausgesetzt sind
tägliche Freizeit	Zwischen dem Ende der Arbeitszeit eines Tages und dem Beginn der Arbeitszeit/Schulzeit am nächsten Tag müssen mindestens 12 Stunden Freizeit liegen.

WER GIBT RAT, WER HILFT?

- die zuständige Kammer (z.B. IHK)
- die Gewerkschaft
- die Jugend- und Auszubildenden-vertretung
- der Betriebsrat
- Lehrkräfte der Berufsschule
- Berufsberatung der Agentur für Arbeit

(2) Sonstige Schutzvorschriften

Vor Beginn der Beschäftigung und bei wesentlicher Änderung der Arbeitsbedingungen sind die Jugendlichen vom Einzelhandelsbetrieb über die **Unfall- und Gesundheitsgefahren,** denen sie am Arbeitsplatz ausgesetzt sind, sowie über Einrichtungen und Maßnahmen zur Abwendung dieser Gefahren zu unterweisen.

(3) Gesundheitliche Betreuung

Jugendliche, die in das Berufsleben eintreten, dürfen nur beschäftigt werden, wenn

- sie innerhalb der **letzten 14 Monate** von einem Arzt untersucht worden sind (Erstuntersuchung) und
- sie dem künftigen Arbeitgeber eine von diesem **Arzt ausgestellte Bescheinigung** über diese Untersuchung vorlegen.

Spätestens nach **einem Jahr** müssen sich die Jugendlichen einer **Nachuntersuchung** unterziehen. Wird nach 14-monatiger Beschäftigung keine ärztliche Bescheinigung vorgelegt, besteht **Beschäftigungsverbot.** Dies ist für den Einzelhandelsbetrieb ein Grund zur fristlosen Kündigung. Weitere jährliche Untersuchungen sind erlaubt. Die Kosten für die ärztlichen Untersuchungen trägt das Bundesland.

VERSTANDEN?

1 Prüfen Sie, ob die im Folgenden beschriebenen Beschäftigungen nach dem Jugendarbeitsschutzgesetz zulässig sind. Begründen Sie Ihre Antworten mithilfe des Jugendarbeitsschutzgesetzes.

1. Die 16-jährige Auszubildende Anna Viviani soll in Inventurarbeiten eingearbeitet werden. Zu diesem Zweck wird sie am 31. Dezember bis 15:00 Uhr beschäftigt.
2. Der 17-jährige Auszubildende Robert Restle soll nach bestandener Verkäuferprüfung 45 Stunden in der Woche arbeiten. Robert Restle ist in keiner Gewerkschaft. Sein Ausbildungsbetrieb ist nicht tarifgebunden.
3. Die 17-jährige Auszubildende Hannah Mager hat am Montag ihre schriftliche Verkäuferprüfung. Sie wird am vorausgehenden Freitag beschäftigt.
4. Der Auszubildende Kevin Nunnemacher (17 Jahre) hat dienstags und freitags jeweils 6 Unterrichtsstunden zu je 45 Minuten Berufsschulunterricht. Er verlangt daher von seinem Ausbilder, ihm an diesen Tagen frei zu geben.

---

2 Der kaufmännische Auszubildende Yannik Jauch, 17 Jahre alt, ist seit 1. August 20.. in der Ausbildung. Sein Ausbilder hatte ihn im April, im Mai und im Juli des folgenden Jahres mehrfach dazu aufgefordert, sich bei einem Arzt der Nachuntersuchung zu unterziehen und ihm die ärztliche Bescheinigung vorzulegen. Yannik Jauch hat jedoch die Bescheinigung bis Ende Oktober des zweiten Ausbildungsjahres noch nicht beigebracht. Der Arbeitgeber kündigt daher Anfang November das Ausbildungsverhältnis fristlos.

Aufgabe:

Prüfen Sie, ob die fristlose Kündigung wirksam ist.

---

3 Die 17-jährige Lea Greber befindet sich im 2. Ausbildungsjahr zur Kauffrau im Einzelhandel.

Fall 1: Ein Kollege von Lea Greber erleidet einen Sportunfall und ist sieben Wochen krankgeschrieben. Die Geschäftsleitung erhöht daraufhin die Arbeitszeit von Lea auf 10 Stunden. Außerdem muss sie jeden Samstag arbeiten.

Fall 2: Lea Greber erhält einen Jahresurlaub von 23 Werktagen.

Fall 3: Mittwochs geht Lea Greber in die Berufsschule. Der Unterricht beginnt um 07:45 Uhr und endet um 13:00 Uhr. Anschließend muss sie noch bis 17:00 Uhr im Geschäft arbeiten.

Aufgabe:

Beurteilen Sie die drei Fälle mithilfe des Jugendarbeitsschutzgesetzes.

1.4 Sozialer Arbeitsschutz

1.4.1 Arbeitszeitgesetz [ArbZG]

Das Arbeitszeitgesetz legt fest, wann und wie lange Arbeitnehmer/-innen höchstens arbeiten dürfen. Es stellt den Gesundheitsschutz der Beschäftigten sicher.

Das Arbeitszeitgesetz **begrenzt die tägliche Höchstarbeitszeit.** Zudem legt es **Mindestruhepausen** während der Arbeit und Mindestruhezeiten nach Arbeitsende fest. Zugleich enthält das Gesetz Bestimmungen für die **Vereinbarung flexibler Arbeitszeiten.**

Über die Einhaltung der Arbeitszeitregelung wachen die **Gewerbeaufsichtsämter** bzw. die **Arbeitsschutzämter der Länder.**

Beispiele für Arbeitszeitregelungen:

- Die werktägliche Arbeitszeit der Arbeitnehmer beträgt grundsätzlich 8 Stunden. Nach Beendigung der täglichen Arbeitszeit haben sie Anspruch auf ununterbrochene Ruhezeit von elf Stunden.
- Die werktägliche Arbeitszeit kann auf zehn Stunden ausgedehnt werden, wenn die Verlängerung innerhalb von sechs Monaten auf durchschnittlich acht Stunden ausgeglichen wird.
- Der Arbeitgeber ist verpflichtet, die über die werktägliche Arbeitszeit hinausgehende Arbeitszeit der Arbeitnehmer aufzuzeichnen. Er hat ein Verzeichnis der Arbeitnehmer zu führen, die in eine Verlängerung der Arbeitszeit eingewilligt haben. Die Nachweise sind mindestens zwei Jahre aufzubewahren.
- Die Ruhepause muss bei einer Arbeitszeit bis zu neun Stunden 30 Minuten und bei einer Arbeitszeit über neun Stunden 45 Minuten dauern.
- Sofern die Arbeiten nicht an Werktagen vorgenommen werden können, dürfen Arbeitnehmer an Sonn- und Feiertagen arbeiten. Allerdings müssen die Arbeitnehmer an einem Werktag innerhalb von zwei Wochen frei haben. Zudem müssen mindestens 15 Sonntage im Jahr beschäftigungsfrei bleiben.

1.4.2 Bundesurlaubsgesetz [BUrlG]

Jeder Arbeitnehmer hat Anspruch auf einen bezahlten Urlaub. Der Urlaub beträgt **mindestens 24 Werktage jährlich.** Als Werktage gelten alle Kalendertage, die nicht Sonn- oder gesetzliche Feiertage sind. Der volle Urlaubsanspruch wird erstmalig nach sechsmonatigem Bestehen des Arbeitsverhältnisses erworben.

Während des Urlaubs darf der Arbeitnehmer **keine** dem **Urlaubszweck widersprechende Erwerbstätigkeit** leisten.

Krankheitstage während des Urlaubs werden auf den Jahresurlaub **nicht angerechnet.** Sie sind durch ein ärztliches Zeugnis nachzuweisen.

1.4.3 Mutterschutzgesetz [MuSchG]

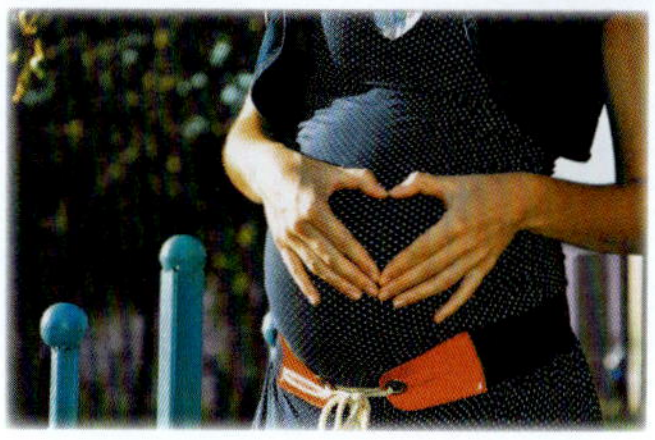

Das Mutterschutzgesetz gilt für alle schwangeren Frauen, die in einem Beschäftigungsverhältnis stehen. Dazu gehören u. a. auch Auszubildende.

Sobald der Arzt die Schwangerschaft und den errechneten Geburtstermin bestätigt, soll die Schwangere dem Arbeitgeber die Schwangerschaft mitteilen.

Mutterschutz-fristen	Die Mutterschutzfrist beginnt **sechs Wochen vor der Geburt** und endet **acht Wochen nach der Entbindung.** In dieser Zeit besteht ein **Beschäftigungsverbot.**
arbeitszeitlicher Gesundheitsschutz	Hier gelten folgende **gesetzliche Vorgaben** (Beispiele): ■ Eine Beschäftigung über achteinhalb Stunden täglich oder über 90 Stunden in der Doppelwoche ist für eine schwangere Frau nicht erlaubt. ■ Nach Beendigung der täglichen Arbeitszeit ist eine Ruhezeit von mindestens 11 Stunden zu gewähren. ■ Eine Beschäftigung zwischen 20:00 Uhr (in Ausnahmefällen 22:00 Uhr) und 06:00 Uhr ist nicht erlaubt.
betrieblicher Gesundheitsschutz	Schwangere Frauen dürfen **nicht beschäftigt** werden (Beispiele): ■ mit schweren körperlichen Arbeiten (z. B. regelmäßiges Heben von Lasten über 5 kg; Arbeiten, die übermäßiges Strecken und Beugen erfordern) ■ mit Arbeiten, bei denen sie erhöhten Unfallgefahren ausgesetzt sind (z. B.: bei Gefahr auszurutschen oder zu stürzen) ■ mit Arbeiten, bei denen sie gesundheitsgefährdenden Stoffen, Strahlen, Nässe, Lärm oder Erschütterungen ausgesetzt sind ■ nach Ablauf des fünften Schwangerschaftsmonats mit Arbeiten, bei denen sie ständig stehen müssen
Kündigungsschutz	■ Während der Schwangerschaft und bis zum Ablauf von vier Monaten nach der Entbindung darf der Arbeitnehmerin **nicht gekündigt** werden. ■ Arbeitgeber müssen Mütter nach Ende des Beschäftigungsverbots weiterbeschäftigen. Die Arbeitgeber müssen einen **entsprechenden** (nicht unbedingt den früheren) Arbeitsplatz freihalten.

1.4.4 Bundeselterngeld- und Elternzeitgesetz [BEEG]

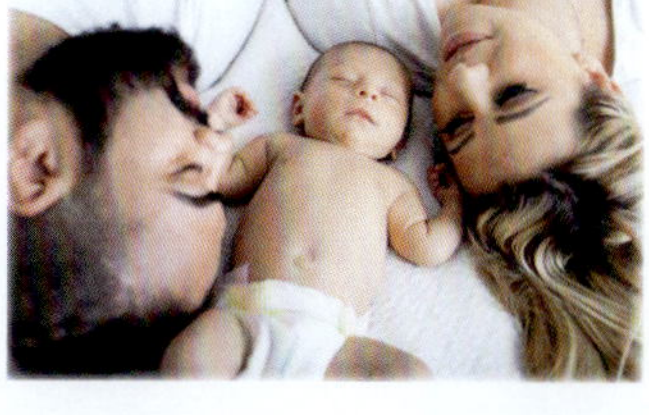

Nach der Geburt ihres Kindes können Eltern gleichzeitig, jeder Elternteil anteilig oder allein bis zu drei Jahren **Elternzeit** nehmen. Die Elternzeit kann auf mehrere Zeitabschnitte verteilt werden. Eine Zustimmung des Arbeitgebers ist nicht erforderlich.

Ab dem Zeitpunkt, von dem Elternzeit verlangt worden ist und während der Elternzeit, darf der Arbeitgeber das Arbeitsverhältnis nicht kündigen. Es gilt ein **Kündigungsschutz.**

Das (herkömmliche) **Elterngeld** beträgt in etwa zwei Drittel des weggefallenen Nettoeinkommens mit einer Laufzeit von 12 bis 14 Monaten.

VERSTANDEN?

1 Ermitteln Sie mithilfe des Arbeitszeitgesetzes:

1.1 die Pflicht, die der Arbeitgeber hat, wenn ein Arbeitnehmer über die gewöhnliche werktägliche Arbeitszeit von acht Stunden hinaus arbeitet.

1.2 wer die Einhaltung des Arbeitszeitgesetzes überwacht.

1.3 ob die 17-jährige Elif Arslan nach bestandener Prüfung als Kauffrau im Einzelhandel 45 Wochenstunden ohne Überstundenvergütung arbeiten muss. Der Vorgesetzte beruft sich auf das Arbeitszeitgesetz, wonach sogar über 50 Wochenstunden zulässig sind.

---

2 2.1 Geben Sie an, wie viele Werktage der jährliche Mindesturlaub nach dem Bundesurlaubsgesetz beträgt.

2.2 Erklären Sie, welche Tage als Werktage gelten.

2.3 Janina Kowalska hat vor drei Monaten ihre Ausbildung zur Kauffrau im Einzelhandel begonnen. Nach zwei Monaten ihrer Ausbildung bittet sie ihren Vorgesetzten, ihr ab der folgenden Woche einen vierwöchigen Urlaub zu bewilligen, da sie eine Reise gebucht habe.

Aufgabe:

Prüfen Sie, ob Janina einen Anspruch hat, dass ihr der Urlaub gewährt wird.

2.4 Giovanni Carpenteri ist 17 Jahre alt. Ermitteln Sie, wie viele Werktage Urlaub ihm nach dem Jugendarbeitsschutzgesetz jährlich zustehen.

2.5 Das Einzelhandelsunternehmen, in dem Janina und Giovanni ausgebildet werden, ist durch einen Tarifvertrag gebunden. Nach diesem Tarifvertrag hat jeder Mitarbeiter Anspruch auf 30 Werktage Urlaub.

Giovanni und Janina diskutieren, welche Regelung für ihre Urlaubsdauer gilt.

Aufgabe:

Recherchieren Sie hierzu die Rechtslage und nehmen Sie zu diesem Punkt Stellung. Begründen Sie Ihre Aussage.

---

3 Eva Müller hat von ihrem Arzt die freudige Nachricht erhalten, dass sie schwanger ist. Sie arbeitet zurzeit als Verkäuferin beim Obst- und Gemüsehandel Fritz Ulmer e. Kfm.

Aufgaben:

3.1 Beschreiben Sie, wie sich Eva Müller nun gegenüber ihrem Arbeitgeber verhalten sollte.

3.2 Nennen Sie drei Arbeiten, die ihr während der Schwangerschaft nicht übertragen werden dürfen.

---

4 4.1 Nennen Sie die Personen, die nach dem Bundeselterngeld- und Elternzeitgesetz Anspruch auf Elterngeld und Elternzeit haben.

4.2 Erläutern Sie den rechtlichen Kündigungsschutz, den das Bundeselterngeld- und Elternzeitgesetz bietet.

1.5 Tarifvertrag

Arbeitsheft Kap. 3

(1) Vertragsparteien eines Tarifvertrags

Vertragsparteien eines Tarifvertrags sind die **Arbeitgeberverbände** und die **Gewerkschaften** (z. B. Verdi).

Die Arbeitgeberverbände vertreten die **Interessen der Arbeitgeber** und die Gewerkschaften die **Interessen der Arbeitnehmer.**

(2) Begriff Tarifvertrag

Der **Tarifvertrag** ist ein **kollektiver Arbeitsvertrag.** Er wird zwischen den Tarifpartnern abgeschlossen.

Kollektiv: Ansammlung. Hier: Personengruppen.

Ein **Tarifvertrag** regelt **Löhne, Gehälter,** die **Arbeitszeit** und **weitere Arbeitsbedingungen** von Arbeitnehmern einer Branche oder eines Unternehmens. Grundsätzlich gilt der Tarifvertrag nur für **organisierte Arbeitnehmer und Arbeitgeber,** die Mitglied der Gewerkschaft bzw. im Arbeitgeberverband sind.

Das Bundesministerium für Arbeit und Soziales kann einen Tarifvertrag auf Antrag einer Tarifvertragspartei für **allgemein verbindlich** erklären. Mit der **Allgemeinverbindlichkeitserklärung** gelten die Bestimmungen des Tarifvertrags auch für die nicht tarifgebundenen Arbeitnehmer und Arbeitgeber.

1.5.1 Arten von Tarifverträgen

(1) Manteltarifvertrag (Rahmentarifvertrag)

Der Manteltarifvertrag enthält Arbeitsbedingungen, die sich über einen längeren Zeitraum nicht ändern (z. B. Kündigungsfristen, Urlaubsregelungen, Arbeitszeitvereinbarungen, Nachtarbeit, Sonn- und Feiertagsarbeit, Lohn- und Gehaltsgruppen).

Sie haben eine Gültigkeit von mehreren Jahren.

(2) Lohn- und Gehaltstarifvertrag

In ihm wird die Höhe der Löhne und Gehälter geregelt. Dazu werden die Arbeitnehmer nach ihrer Tätigkeit in bestimmte Lohn- bzw. Gehaltsgruppen eingeteilt. Jeder Lohn- bzw. Gehaltsgruppe wird ein bestimmter Lohnsatz bzw. ein bestimmtes Gehalt zugeordnet.

Lohn- und Gehaltstarifverträge werden im Abstand von 1–2 Jahren festgeschrieben.

1.5.2 Entstehen eines Tarifvertrags

Es geht um folgende Fragen:
Lohn, Gehalt?
Urlaub?
Arbeitszeit?
Arbeitsbedingungen?

① Forderungen der Gewerkschaft

Die Gewerkschaft kündigt den Tarifvertrag unter Einhaltung der entsprechenden Kündigungsfrist. Sie übermittelt dem zuständigen Arbeitgeberverband ihre Forderungen für den neuen Tarifvertrag.

② Verhandlungen

Der Arbeitgeberverband und die Gewerkschaften bilden eine Verhandlungskommission. Die Verhandlungen beginnen zwei Wochen vor Ablauf des Tarifvertrags. Ein oder beide Partner können das Scheitern der Verhandlungen erklären.

③ Ende der Friedenspflicht

Vier Wochen nach Ablauf des Tarifvertrags endet die Friedenspflicht, die während der Laufzeit des Tarifvertrags gilt.

Nach Ablauf der Friedenspflicht werden die Verhandlungen fortgesetzt. Nötigenfalls unterstützen Gewerkschaftsmitglieder die Verhandlungen mit Warnstreiks, Demonstrationen und Aktionen.

④ Scheitern der Verhandlungen

Die Gewerkschaft bricht die Verhandlungen ab, erklärt das Scheitern der Verhandlungen und fordert eine **Schlichtung.** Die Schlichtung hat die Aufgabe, zur Verhinderung bzw. zur Beendigung von Streiks beizutragen. Scheitert die Schlichtung, ruft die Gewerkschaft ihre Mitglieder zur Urabstimmung auf.

④ Positives Verhandlungsergebnis

Beide Tarifparteien erreichen in Verhandlungen ein Verhandlungsergebnis und stimmen zu. Die Gewerkschaft und der Arbeitgeberverband nehmen das Verhandlungsergebnis an.

⑤ Es gilt der **neue Tarifvertrag.**

⑤ Urabstimmung, Festlegen des Streikbeginns, Streik, Aussperrung

Entscheiden sich mindestens 75 % der aufgerufenen Gewerkschaftsmitglieder in einem Unternehmen für **Streik,** so legt der Vorstand der Gewerkschaft den Streikbeginn fest. Das Arbeitskampfmittel der Arbeitgeber gegen den Streik ist die **Aussperrung.**

Während des Streiks gibt es weitere Tarifgespräche. Es kann auch die **Schlichtung** angerufen werden. Liegt ein Verhandlungsergebnis vor, gibt es darüber eine erneute Urabstimmung.

Entscheiden sich mindestens 25 % der aufgerufenen Gewerkschaftsmitglieder für die Annahme, so steht der neue Tarifvertrag.

⑥ Es gilt der **neue Tarifvertrag.**

Streik bedeutet die gemeinsame Arbeitseinstellung von Arbeitnehmern mit dem Ziel, nach Durchsetzung bestimmter Forderungen die Arbeit wieder aufzunehmen. Da dem Streik keine Kündigung der Arbeitsverhältnisse vorausgeht, bleiben diese auch während des Streiks erhalten.

Bei der **Aussperrung** werden die Arbeitnehmer durch den Arbeitgeber gemeinschaftlich daran gehindert, zu arbeiten (im Gegensatz zum Streik, bei dem die streikenden Arbeitnehmer nicht arbeiten wollen).

1.5.3 Bedeutung der Tarifverträge

Wichtige Vorteile von Tarifverträgen für Arbeitnehmer und Arbeitgeber sind in der nachfolgenden Übersichtstabelle zusammengestellt.

Vorteile für den Arbeitnehmer	Vorteile für den Arbeitgeber
■ Sicherung der Mindestarbeitsbedingungen (Mindestlohn, Urlaubsgeld, Kündigungsschutz usw.) für die Laufzeit des Tarifvertrags.	■ Einheitliche Kalkulationsgrundlage durch einheitliche Lohn- und Gehaltstarife für die Dauer des Tarifvertrags.
■ Gleichstellung der Arbeitnehmer mit gleichen Tätigkeiten, gleichen Berufserfahrungen und gleicher Verantwortung (Schutz vor willkürlicher Behandlung).	■ Einschränkung der Konkurrenz innerhalb der Branchen bezüglich der Personalanwerbung, geringere Mitarbeiterwechsel in Zeiten der Vollbeschäftigung.

1.6 Betriebliche Mitbestimmung

Arbeitsheft Kap. 4

Durch die betriebliche Mitbestimmung sind die Arbeitnehmer an den Unternehmensentscheidungen beteiligt.

Die betriebliche Mitbestimmung ist im Betriebsverfassungsgesetz [BetrVG] festgelegt und enthält gesetzliche Regelungen

- zum Betriebsrat,
- zur Jugend- und Auszubildendenvertretung,
- zur Betriebsvereinbarung und
- zu den unmittelbaren Rechten der Belegschaftsmitglieder.

1.6.1 Betriebsrat

(1) Begriff, Zusammensetzung und Wahl des Betriebsrats

Der **Betriebsrat** ist die Vertretung der Arbeitnehmer gegenüber dem Arbeitgeber.

In Betrieben mit in der Regel mindestens **fünf ständig wahlberechtigten Arbeitnehmern,** von denen **drei wählbar** sind, **kann** ein Betriebsrat gewählt werden.

- Wahlberechtigte Belegschaftsmitglieder sind alle Arbeitnehmer des Betriebs, sofern sie das 16. Lebensjahr vollendet haben.
- Wählbar sind alle wahlberechtigten Arbeitnehmer, die das 18. Lebensjahr vollendet haben und mindestens sechs Monate dem Betrieb angehören.

Das Recht, wählen zu können, nennt man **„aktives Wahlrecht“.** („Aktiv sein“ bedeutet „tätig sein“; wer wählt, „tut etwas“.)

Das Recht, gewählt zu werden, bezeichnet man als **„passives Wahlrecht“.** (Wenn jemand „passiv“ ist, geschieht etwas mit ihm, er lässt etwas mit sich tun. Beim „passiven“ Wahlrecht wird also jemand gewählt.)

Die **Anzahl der Mitglieder eines Betriebsrats** richtet sich an der **Anzahl der wahlberechtigten Mitglieder im Betrieb** aus. Je mehr Mitarbeiter ein Betrieb hat, desto mehr Mitglieder umfasst der Betriebsrat. In Betrieben mit 5 bis 20 wahlberechtigten Arbeitnehmern besteht der Betriebsrat aus mindestens einer Person. Bei mehr als 20 Arbeitnehmern besteht der Betriebsrat aus mindestens drei Mitgliedern. Der Betriebsrat bleibt **vier Jahre** im Amt.

(2) Rechte des Betriebsrats

Rechte des Betriebsrats	Erläuterungen	Beispiele
Informationsrecht	Der Betriebsrat hat einen Anspruch auf rechtzeitige und umfassende Unterrichtung über die von der Geschäftsleitung **geplanten betrieblichen Maßnahmen.**	■ Information über geplante Neu-, Um- und Erweiterungsbauten ■ Einführung neuer Arbeitsverfahren und Arbeitsabläufe oder Veränderung von Arbeitsplätzen ■ betrieblicher Umweltschutz
Beratungsrecht	Der Betriebsrat hat das Recht, aufgrund der ihm gegebenen Informationen seine **Auffassung gegenüber dem Arbeitgeber** darzulegen und **Gegenvorschläge** zu unterbreiten. Eine Einigung ist jedoch nicht erzwingbar.	■ Personalplanung (gegenwärtiger und künftiger Personalbedarf) ■ Sicherung und Förderung der Beschäftigung ■ Ausschreibung von Arbeitsplätzen ■ Einschränkung oder Stilllegung von Betriebsteilen
Widerspruchsrecht und Zustimmungsverweigerungsrecht	Der Arbeitgeber ist auf die Zustimmung des Betriebsrats angewiesen. Erhält er diese nicht, so kann der Arbeitgeber die nicht erfolgte Zustimmung des Betriebsrats durch das Arbeitsgericht überprüfen lassen. Das Arbeitsgericht kann das **Veto** (den Einspruch) des Betriebsrats aufheben lassen.	■ eingeschränkte Widerspruchsmöglichkeit des Betriebsrats bei arbeitgeberseitigen Kündigungen ■ Zustimmungserfordernis bei den personellen Einzelmaßnahmen wie Einstellung, Versetzung sowie Ein- und Umgruppierung
Mitbestimmungsrecht	Die Mitbestimmung ist **zwingend.** Dies bedeutet, dass der Arbeitgeber bestimmte Maßnahmen **nur mit Zustimmung des Betriebsrats** durchführen kann.	■ Arbeitszeitregelung ■ Zeit, Ort und Art der Auszahlung der Arbeitsentgelte ■ Aufstellung allgemeiner Urlaubsgrundsätze und des Urlaubsplans ■ Einführung der Arbeitszeitüberwachung (z. B. digitale Zeiterfassung) ■ Abschluss von Betriebsvereinbarungen

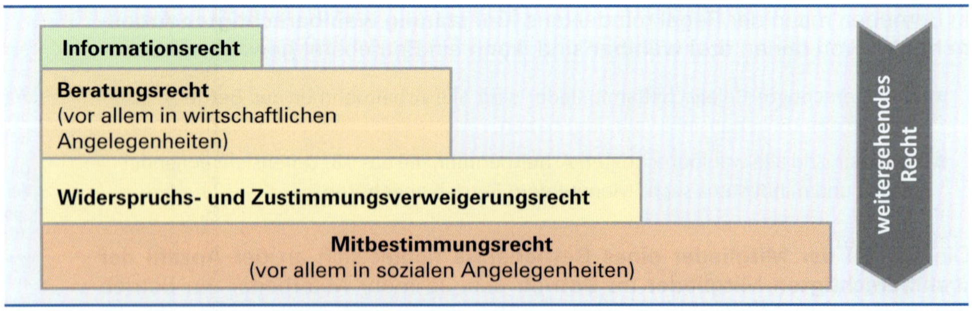

(3) Betriebsversammlung

- Die **Betriebsversammlung** ist die Versammlung der Arbeitnehmer und des Betriebsrats eines Unternehmens.
- **Zweck der Betriebsversammlung** ist, die Arbeitnehmer über die den Betrieb betreffenden Angelegenheiten zu unterrichten.

Der Betriebsrat hat in **jedem Kalendervierteljahr** eine Betriebsversammlung einzuberufen. Sie findet **während der Arbeitszeit** statt. In der Betriebsversammlung berichtet der **Betriebsrat** über **seine Tätigkeit**. Dem Betriebsrat können Anträge unterbreitet und zu Betriebsratsbeschlüssen können die Mitarbeiter Stellung nehmen.

Der Arbeitgeber ist zu den Betriebsversammlungen unter Mitteilung der Tagesordnung **einzuladen**. Er ist berechtigt, in der Versammlung zu **sprechen**.

Betriebsversammlungen sind **nicht öffentlich**.

1.6.2 Jugend- und Auszubildendenvertretung (JAV)

Die **Jugend- und Auszubildendenvertretung** ist die Vertretung der jugendlichen Arbeitnehmer und Auszubildenden im Betriebsrat.

Voraussetzung für die Wahl einer Jugend- und Auszubildendenvertretung in einem Einzelhandelsbetrieb ist, dass **mindestens fünf Arbeitnehmer** beschäftigt sind,

- die das 18. Lebensjahr noch nicht vollendet haben oder
- die in ihrer Berufsausbildung stehen.

Dieser Personenkreis darf eine Jugend- und Auszubildendenvertretung wählen.

Die **Jugend- und Auszubildendenvertreter** können nur Arbeitnehmer des Betriebs sein,

- die das 25. Lebensjahr noch nicht vollendet haben oder
- die zu ihrer Berufsausbildung beschäftigt sind.

Die Jugend- und Auszubildendenvertretung bleibt **zwei Jahre** im Amt. Sie ist **Teil des Betriebsrats.**

Die **Hauptaufgaben** der Jugend- und Auszubildendenvertretung sind, die Förderung der Berufsbildung zu unterstützen und über die Einhaltung der Arbeitnehmerrechte (Gesetze, Verordnungen und Unfallverhütungsvorschriften sowie der Regelungen des Tarifvertrags und der Betriebsvereinbarungen) zu wachen.

1.6.3 Betriebsvereinbarung

Betriebsvereinbarungen sind Absprachen zwischen Arbeitgeber und Betriebsrat.

Betriebsvereinbarungen werden in Angelegenheiten getroffen, in denen der Betriebsrat ein Mitspracherecht hat. Sie müssen schriftlich festgehalten und an geeigneter Stelle im Betrieb ausgelegt werden.

Ein Sonderfall der Betriebsvereinbarung ist der **Sozialplan.** Er stellt eine vertragliche Abmachung zwischen Arbeitgeber und Betriebsrat über den Ausgleich oder die Milderung wirtschaftlicher Nachteile dar, die der Belegschaft als Folge geplanter Betriebsänderungen entstehen (z. B. Lohnminderungen, Versetzungen, Entlassungen).

Der Sozialplan enthält z. B. Regelungen über Ausgleichszahlungen an entlassene Arbeitnehmer, Umzugsbeihilfen bei Versetzungen an andere Orte, Umschulungsmaßnahmen oder Zuschüsse bei Regelungen zum vorgezogenen Ruhestand älterer Mitarbeiter.

Überblick über die betriebliche Mitwirkung und Mitbestimmung nach dem Betriebsverfassungsgesetz

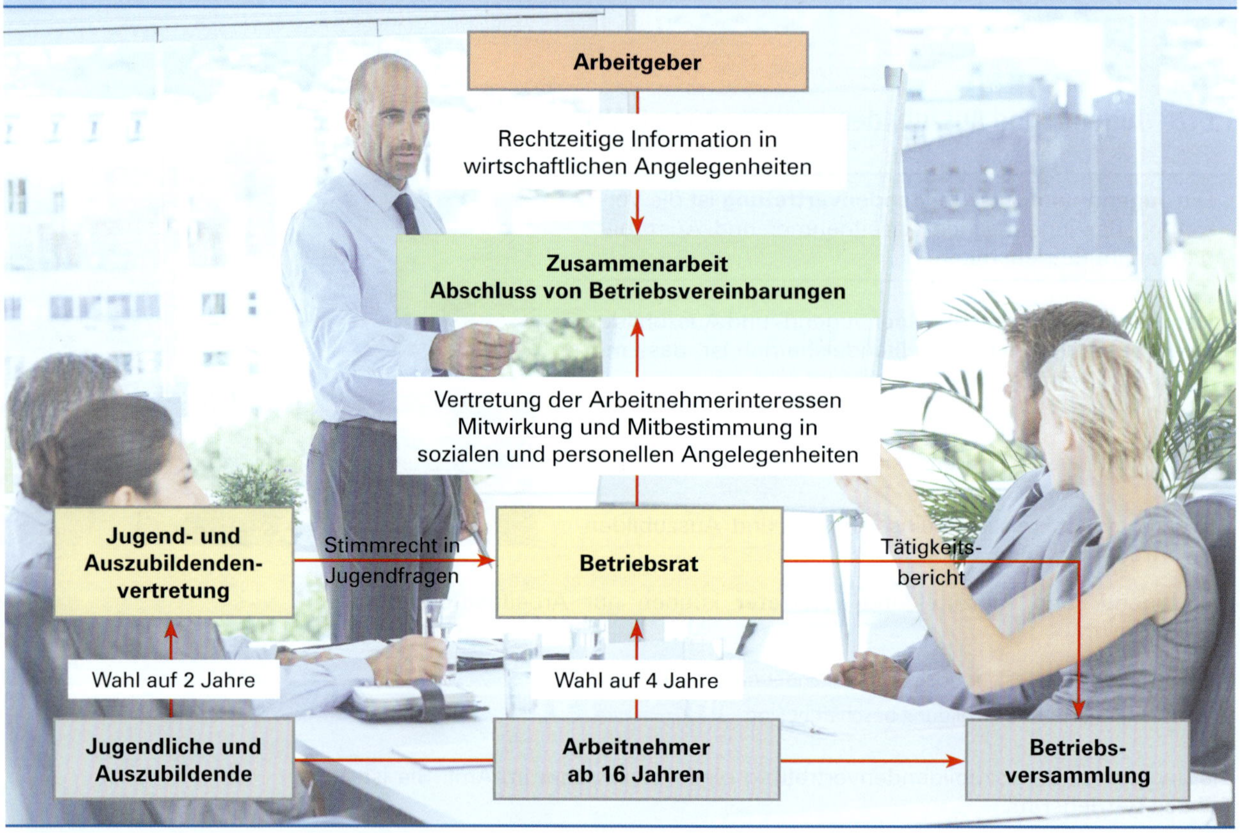

1.6.4 Unmittelbare Rechte der Mitarbeiter nach dem Betriebsverfassungsgesetz

Recht auf Unterrichtung

Der Einzelhandelsbetrieb hat die bei ihm beschäftigten Arbeitnehmer über deren Aufgabe und Verantwortung sowie über die Art ihrer Tätigkeit zu unterrichten.

Recht auf Anhörung

- Die Arbeitnehmer haben das Recht, in allen betrieblichen Angelegenheiten, die ihre Person betreffen, von den zuständigen Stellen des Betriebs gehört zu werden.
- Die Arbeitnehmer können verlangen, dass ihnen die Berechnung und Zusammensetzung ihrer Arbeitsentgelte erläutert und mit ihnen die Beurteilung ihrer Leistungen sowie die Möglichkeiten ihrer beruflichen Entwicklung im Betrieb erörtert werden.

Recht auf Einsicht in die Personalakten

- Die Arbeitnehmer haben das Recht, in die über sie geführten Personalakten Einsicht zu nehmen.
- Die Arbeitnehmer können verlangen, dass mit ihnen die Beurteilung ihrer Leistungen sowie die Möglichkeiten ihrer beruflichen Entwicklung im Betrieb erörtert werden.

Beschwerderecht

Die Arbeitnehmer sind berechtigt, sich bei den zuständigen Stellen des Betriebs zu beschweren, wenn sie sich vom Arbeitgeber oder von Arbeitnehmern des Betriebs benachteiligt, ungerecht behandelt oder in sonstiger Weise beeinträchtigt fühlen.

1.6.5 Vor- und Nachteile der betrieblichen Mitbestimmung

Vorteile	Nachteile
■ Interesse und Motivation der Belegschaft steigen. ■ berücksichtigt die Belange der Arbeitnehmer ■ dient der Konfliktbewältigung und ist ein Beitrag zum Frieden im Betrieb ■ Arbeitnehmer setzen sich für ihren Betrieb ein.	■ Betriebliche Entscheidungen werden verzögert bzw. erschwert. ■ hoher bürokratischer Aufwand ■ eventuell fehlende Sachkenntnisse der Arbeitnehmer ■ Arbeitnehmer tragen für ihre Entscheidungen ein geringeres Risiko als der Arbeitgeber.

VERSTANDEN?

1 Erklären Sie den Begriff Sozialpartnerschaft.

2 Stellen Sie dar, welche Bedeutung die Entscheidung, Tarifverträge für allgemein verbindlich zu erklären, für die Arbeitnehmer hat.

3 Nennen Sie vier Inhalte, die in einem Manteltarifvertrag geregelt werden.

4 Das Elektrogeschäft Klar e. K. zahlt seinen Angestellten grundsätzlich 10 % mehr, als der Tarifvertrag vorsieht. Lediglich dem Neuling Jonas Lahm will es zunächst das Tarifgehalt zahlen.

Aufgabe:

Prüfen Sie, ob diese beiden Maßnahmen rechtlich zulässig sind.

5 Die Einrichtung eines Betriebsrats soll dazu beitragen, Konflikte zwischen der Arbeitnehmer- und der Arbeitgeberseite zu vermeiden, zu mildern oder gar zu lösen.

Aufgabe:

Nennen Sie drei mögliche Konflikte.

6 Nennen Sie die Voraussetzung, die gegeben sein muss, damit eine Betriebsversammlung durchgeführt werden kann.

7 Nennen Sie zwei Angelegenheiten, in denen der Betriebsrat ein Informationsrecht besitzt, und zwei Angelegenheiten, in denen er die Geschäftsleitung beraten kann.

8 Das Schuhhaus Ayse Gül e. Kfr. beschäftigt ständig 50 Arbeitnehmer, darunter 8 Arbeitnehmer im Alter zwischen 18 und 25 Jahren. Keiner davon ist in einem Ausbildungsverhältnis, minderjährige Arbeitnehmer sind nicht angestellt. Ein Betriebsrat besteht bisher nicht.

Aufgaben:

8.1 Begründen Sie, ob die Voraussetzungen für die Wahl eines Betriebsrats und einer Jugend- und Auszubildendenvertretung erfüllt sind.

8.2 Erläutern Sie, wer zur Wahl einer Jugend- und Auszubildendenvertretung wahlberechtigt ist.

8.3 Notieren Sie, für welche Zeit

8.3.1 der Betriebsrat,

8.3.2 die Jugend- und Auszubildendenvertretung

gewählt wird.

8.4 Ayse Gül hat den Angestellten Finn Cerny zum Leiter der Rechnungswesenabteilung ernannt. Der Betriebsrat widerspricht. Er sähe an dieser Stelle lieber das langjährige Gewerkschaftsmitglied Saskia Blau.

Erläutern Sie, ob sich der Betriebsrat durchsetzen kann.

8.5 Tom Schmider, seit langen Jahren im Betrieb angestellt, hat sich um die neue Stelle als Verkaufsleiter beworben. Er wird nicht genommen. Nunmehr verlangt er Einsicht in die Personalakten.

Erklären Sie, ob er dazu berechtigt ist.

8.6 Ohne Anhörung des Betriebsrats führt Ayse Gül neue Arbeitszeiten ein. Der Betriebsrat widerspricht dieser Anordnung. Prüfen Sie, ob die Anordnung trotzdem wirksam ist.

8.7 Die Mitarbeiterin Isabell Mennig wird in den Betriebsrat des Schuhhauses Ayse Gül e. Kfr. gewählt.

8.7.1 Nennen Sie das besondere Recht, das sie mit dieser Wahl in Bezug auf ihr Arbeitsverhältnis erworben hat.

8.7.2 Isabell Mennig erhält Tarifgehalt. Erläutern Sie, wer die Höhe ihres Tarifgehalts ausgehandelt hat.

9 Erläutern Sie, welche Bedeutung der Lohn- und Gehaltstarifvertrag beim Abschluss eines Arbeitsvertrags hat.

10 10.1 Erklären Sie den Begriff Betriebsvereinbarung und nennen Sie zwei Vorgänge, die in einer Betriebsversammlung geregelt werden können.

10.2 Nennen Sie zwei Anlässe, aus denen heraus Sozialpläne erstellt werden können. Nennen Sie die Regelungen, die z. B. in den Sozialplänen getroffen werden.

11 Nennen Sie vier unmittelbare Rechte der Mitarbeiter aus dem Betriebsverfassungsgesetz und geben Sie dazu jeweils ein Beispiel.

12 Beurteilen Sie die Vor- und Nachteile der betrieblichen Mitbestimmung. Begründen Sie Ihre Stellungnahme anhand von Beispielen.

Arbeitsheft Kap. 5

1.7 Soziale Sicherung

1.7.1 Gesetzliche Sozialversicherung

(1) Kennzeichen der gesetzlichen Sozialversicherung

Die gesetzliche Sozialversicherung ist der bedeutsamste Teil der sozialen Absicherung in der Bundesrepublik Deutschland. Kennzeichen der gesetzlichen Sozialversicherung sind:

- Es gilt das **Solidaritätsprinzip:** „Einer für alle, alle für einen!"
- Die Sozialversicherung ist eine **Pflichtversicherung.** Die große Mehrheit der Bevölkerung gehört ihr an.
- Die meisten Leistungen der Sozialversicherung sind **gesetzlich geregelt.**
- **„Hälfte/Hälfte":** Die eine Hälfte der **Beiträge** übernimmt der versicherte Arbeitnehmer. Die andere Hälfte der Beiträge übernimmt der Arbeitgeber.
- Die Beiträge richten sich an der **Höhe des Einkommens** aus.

(2) System der Sozialversicherung

Die gesetzliche Sozialversicherung ist in **fünf Zweige** gegliedert:

Zweige der gesetzlichen Sozialversicherung				
Gesetzliche Krankenversicherung	Soziale Pflegeversicherung	Gesetzliche Rentenversicherung	Gesetzliche Arbeitsförderung	Gesetzliche Unfallversicherung
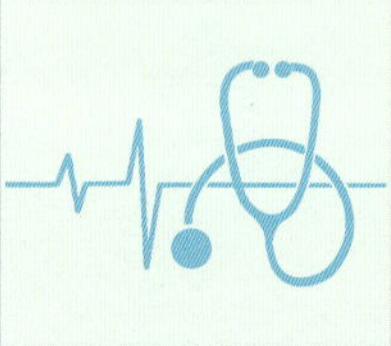				

Der Arbeitgeber muss neu eingestellte Mitarbeiter **innerhalb 14 Tagen** bei der gesetzlichen Krankenversicherung anmelden. Zudem ist er verpflichtet, die **Beiträge der Mitarbeiter einzubehalten,** und an die **gesetzliche Krankenkasse abzuführen.**

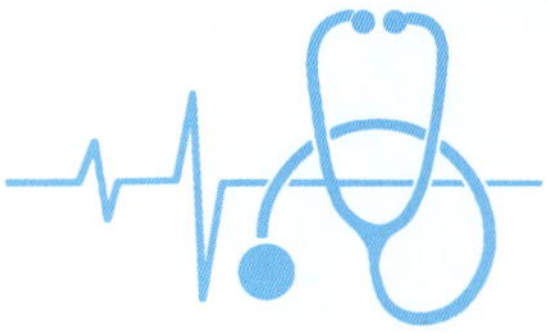

Notiz: Gesetzliche Krankenversicherung

Träger

Sind die **gesetzlichen Krankenkassen,** z. B. die Allgemeine Ortskrankenkasse (AOK), die Betriebskrankenkassen, die Innungskrankenkassen,die Ersatzkassen (z. B. Barmer, DAK, KKH).

Beitragsaufbringung (2025)

- Der **Beitragssatz beträgt** bundeseinheitlich 14,6 % des Bruttolohns. Zusätzlich kann jede Krankenkasse einen einkommensabhängigen **Zusatzbeitrag** erheben.
- Die Beträge werden bis zur **Beitragsbemessungsgrenze** vom jeweiligen Bruttoverdienst berechnet. Über die Beitragsgrenze hinaus werden keine Beiträge erhoben. Die Beitragsbemessungsgrenze beträgt 5 512,50 EUR pro Monat.

Versicherte

- Grundsätzlich alle Arbeitnehmer, wenn sie nicht mehr als die Versicherungspflichtgrenze verdienen. Diese Grenze liegt zurzeit (2025) bei 6 150,00 EUR monatlich. Kinder und Ehepartner sind mitversichert.
- Auszubildende, Studenten, Rentner, Arbeitslose, eine Reihe von Selbstständigen

Leistungen

Die Leistungen der gesetzlichen Krankenkassen sind gesetzlich vorgeschrieben **(Regelleistungen).** Über diese Mindestleistungen hinaus können die Krankenkassen in ihren Satzungen **Mehrleistungen** festlegen. Die wichtigsten Leistungen der gesetzlichen Krankenversicherung sind:

- ärztliche und zahnärztliche Versorgung, Krankenhausbehandlung
- Versorgung mit Arznei-, Verband-, Heil- und Hilfsmittel
- Vorsorgeuntersuchungen (z. B. gegen Krebs)
- Rehabilitationsmaßnahmen
- Krankengeld für Versicherte, die arbeitsunfähig sind

In den folgenden Memo-Notizen zu den einzelnen Zweigen der Sozialversicherung werden die **Rechengrößen der Sozialversicherung** (z. B. Beitragssätze, Beitragsbemessungsgrenzen) angeführt. Diese Werte werden in der Regel jährlich neu festgelegt. Informieren Sie sich mithilfe des Internets über die derzeit geltenden Werte.

Notiz: Soziale Pflegeversicherung

Träger

Sind die **Pflegekassen.** Sie werden von den Krankenkassen verwaltet.

Beitragsaufbringung (2025)

- Der **Beitragssatz** beträgt im Regelfall 3,6 % des Bruttolohns. Die Beitragsbemessungsgrenze entspricht der der Krankenversicherung.
- Der Beitragssatz wird ab dem 2. Kind um 0,25 % gesenkt.
- Für alle **kinderlosen** Pflichtversicherten, die das 23. Lebensjahr vollendet haben, erhöht sich der **Beitrag zur Pflegeversicherung** um 0,6 % des beitragspflichtigen Einkommens. An dieser Erhöhung ist der **Arbeitgeber nicht beteiligt.**

Versicherte

siehe gesetzliche Krankenversicherung

Leistungen

Die wichtigsten Leistungen der sozialen Pflegeversicherung sind:

- bei **häuslicher Pflege:** Pflegehilfe und Pflegegeld
- **teilstationäre Pflege** und **Kurzzeitpflege**
- **vollstationäre Pflege:** Die Pflegekasse trägt die Aufwendungen für Pflege, Betreuung und medizinische Behandlung bis zu einem Höchstbetrag

Die Höhe der Pflegeleistungen richtet sich an der Pflegebedürftigkeit aus. Als **pflegebedürftig** gelten z. B. Personen, die gesundheitlich bedingte **Beeinträchtigungen von Selbstständigkeit oder von Fähigkeiten** aufweisen. Je nach Schwere der Beeinträchtigung werden fünf Pflegegrade unterschieden.

Notiz: Gesetzliche Rentenversicherung

Träger

Ist die Deutsche Rentenversicherung

Beitragsaufbringung (2025)

Der **Beitragssatz** beträgt 18,6 % des Bruttolohns. Die Beitragsbemessungsgrenze liegt bei 8 050,00 EUR monatlich.

Versicherte

- Alle Arbeitnehmer ohne Rücksicht auf die Höhe ihres Einkommens, Auszubildende, Landwirte, bestimmte Selbstständige.
- Wer aus einem Arbeitsverhältnis ausscheidet, kann sich freiwillig weiterversichern. Auf Antrag können sich auch Selbstständige versichern.

Leistungen

- Wichtigste Leistung: Regelaltersrente, wenn der Versicherte die persönliche Altersgrenze erreicht hat (zwischen dem 65. und 67. Lebensjahr).
- Rente wegen Erwerbsminderung
- Rente wegen Todes. Sie wird an Hinterbliebene bezahlt.
- Rehabilitationsleistungen

?

Dem deutschen Rentensystem liegt der **Generationenvertrag** zugrunde. Er besagt, dass die heute Berufstätigen durch ihre Beiträge zur Rentenversicherung die Rente der Älteren finanzieren – in der Erwartung, dass die kommende Generation dann später die Renten für sie aufbringt. Da derzeit die Anzahl der Kinder abnimmt und gleichzeitig die Zahl der Rentner zunimmt, müssen in den kommenden Jahren weniger Beitragszahler mehr Renten finanzieren.

Der Generationenvertrag ist nirgendwo schriftlich festgelegt. Er ist ein allgemeines gesellschaftliches Übereinkommen.

Notiz: Gesetzliche Arbeitsförderung (Arbeitslosenversicherung)

Träger
Ist die **Bundesagentur für Arbeit** mit den Regionaldirektionen und den Agenturen für Arbeit vor Ort

Beitragsaufbringung (2025)
Der **Beitragssatz** beträgt 2,6 %. Die Höhe der Beitragsbemessungsgrenze entspricht der der gesetzlichen Rentenversicherung.

Versicherte
Arbeitnehmer ohne Rücksicht auf die Höhe ihrer Einkommen, Auszubildende

Leistungen
Wichtige Leistungen sind:
- Berufsberatung und Arbeitsvermittlung
- Förderung der beruflichen Bildung durch Aus- und Fortbildung, Umschulung
- Arbeitslosengeld
- Kurzarbeitergeld
- berufliche Rehabilität

Notiz: Gesetzliche Unfallversicherung

Träger
Sind die **Berufsgenossenschaften** und **Unfallversicherungsträger der öffentlichen Hand,** z. B. gewerbliche und landwirtschaftliche Berufsgenossenschaften sowie die Gemeindeversicherungsverbände

Beitragsaufbringung
Die Unfallversicherung hat der **Arbeitgeber allein** zu tragen.

Versicherte
Alle Beschäftigte, Schüler, Studenten

Leistungen
Wichtige Leistungen sind:
- Heilbehandlung nach einem Unfall
- Erlass von Unfallvorschriften durch die Berufsgenossenschaften
- Maßnahmen zur Rehabilitation, Haushaltshilfe
- Übergangsgeld während der Rehabilitation
- Verletzten- und Hinterbliebenenrente

1.7.2 Private Vorsorge

Zur Ergänzung des Rentenanspruchs aus der gesetzlichen Rentenversicherung kann jeder Einzelne noch privat vorsorgen. Der Staat unterstützt die private Vorsorge, indem er die **Altersvorsorge** und die **Vermögensbildung** finanziell fördert.

(1) Staatlich geförderte Altersvorsorge

■ **Riester-Rente**

Die Bezeichnung **Riester-Rente** geht auf Walter Riester zurück, der als Bundesminister für Arbeit und Sozialordnung die Förderung der freiwilligen Altersvorsorge durch eine Altersvorsorgezulage vorschlug.

Ein Beispiel für eine private Altersversorgung ist die **Riester-Rente.** Die Beitragszahlungen werden vom Staat in Form von Zulagen und Steuervorteilen gefördert. Wer die höchstmögliche Förderung (175,00 EUR) erreichen möchte, muss 4 % des versicherungspflichtigen Bruttoeinkommens im Jahr sparen. Für jedes Kind erhält der Riester-Sparer 185,00 EUR bzw. 300,00 EUR für nach 2007 geborene Kinder. Wegen der Förderung in der Ansparphase muss die Rentenzahlung im Alter voll versteuert werden. Die Riester-Verträge gibt es bei Banken, Fonds-Gesellschaften und Versicherungsunternehmen. Der maximale Förderungsbetrag beträgt 2 100,00 EUR.

Beispiel:

29-jährige Mutter mit zwei Kindern

Bruttoeinkommen	32 000,00 EUR
davon 4 %	1 280,00 EUR
– Grundzulage	175,00 EUR
– Kinderzulage	600,00 EUR
jährlicher Beitrag	505,00 EUR
monatlicher Beitrag	42,08 EUR

■ **Betriebliche Altersvorsorge**

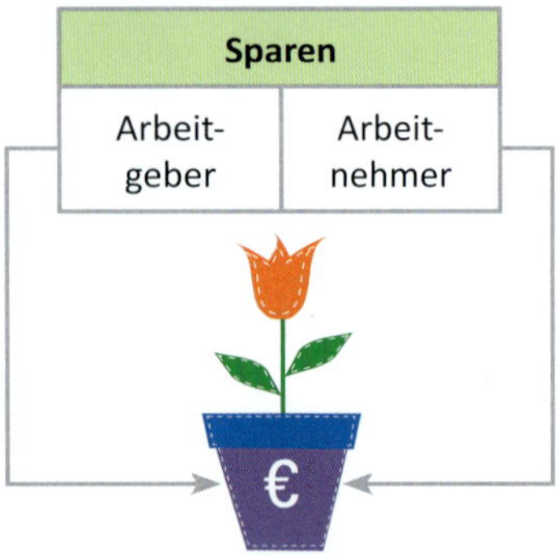

Jeder Einzelhandelsbetrieb muss seinen Mitarbeitern die Möglichkeit geben, in eine betriebliche Altersvorsorge einzuzahlen. Der Arbeitnehmer hat einen **Rechtsanspruch auf eine Entgeltumwandlung** in Höhe von 4 % der Beitragsbemessungsgrenze (Rentenversicherung). Die Anlage muss förderwürdig sein. Der Arbeitgeber kann die betriebliche Altersvorsorge z. B. über eine Versicherung oder eine Pensionskasse organisieren.

(2) Staatliche Förderung der Vermögensbildung

Der **Staat** unterstützt mithilfe des Vermögensbildungsgesetzes [VermBG] Arbeitnehmer beim Aufbau eines eigenen Vermögens. Ergänzt wird die staatliche Förderung, indem der **Arbeitgeber** zusätzlich zum Lohn **vermögenswirksame Leistungen** zahlt und für den Arbeitnehmer **langfristig anlegt.**

Die vermögenswirksame Sparleistung wird unter bestimmten Voraussetzungen staatlich gefördert. Der **Anspruch der Arbeitnehmer** auf vermögenswirksame Leistungen wird im **Arbeitsvertrag,** in **Tarifverträgen** oder **Betriebsvereinbarungen** festgelegt.

Vermögenswirksame Leistungen

- Dies sind Sparbeträge, die der Arbeitgeber für den Arbeitnehmer als **Anreiz zur Vermögensbildung** bzw. zum Aufbau der **privaten** betrieblichen Altersvorsorge bezahlt und anlegt.
- Unter bestimmten Voraussetzungen werden diese staatlich gefördert.

Anlagemöglichkeiten für vermögenswirksame Leistungen

- Bausparen mithilfe eines Bausparvertrags
- Beteiligung an einem Investmentfonds
- Beteiligung an einem Unternehmen (z. B. Genossenschaftsanteile an einer Genossenschaftsbank)
- Sparvertrag bei einem Kreditinstitut

Arbeitnehmersparzulage

- Diese Zulage ist ein Zuschuss des Staats für vermögenswirksame Leistungen.
- **Beispiel:**

  Fürs Bausparen beträgt die Sparzulage 9% für vermögenswirksame Leistungen. Dabei gilt ein Höchstbetrag von 470,00 EUR (Ledige) bzw. 940,00 EUR (Verheiratete). Die Zulage beträgt dann 43,00 EUR (Ledige) bzw. 86,00 EUR (Verheiratete).
- Das Einkommen darf während der siebenjährigen Sperrphase nicht größer als 40 000,00 EUR (bei Ehepaaren 80 000,00 EUR) betragen.

Förderung der Vermögensbildung

(3) Private Vorsorge ohne staatliche Förderung

Berufsunfähigkeitsversicherung

Es ist sinnvoll, sich gegen die Folgen einer Berufs- und Erwerbsunfähigkeit abzusichern. Vor allem Berufsanfänger sollten sich versichern, da sie gerade in der Anfangsphase ihrer Berufstätigkeit nur unzureichend finanziell versorgt sind.

Die Berufsunfähigkeitsversicherung sichert das finanzielle Risiko der Berufs- und Erwerbsunfähigkeit ab. In der Regel sind die Versicherungsverträge so gestaltet, dass der Versicherte die vereinbarte Leistung aus der Berufsunfähigkeitsversicherung (z.B. Rente) erhält, wenn er zumindest 50 Prozent berufsunfähig ist. Generell mitversichert ist heute der Pflegefall.

Die Versicherungs- und Beitragszahlungsdauer kann auf ein bestimmtes Alter – z.B. 45 Jahre – beschränkt werden. In der Regel werden Leistungen aus der Berufsunfähigkeitsversicherung nicht über das 65. Lebensjahr hinaus erbracht.

Während bei der **Berufsunfähigkeit** nur der erlernte Beruf nicht mehr ausgeübt werden kann, ist bei der **(vollen) Erwerbsunfähigkeit** überhaupt keine Erwerbstätigkeit (keine Berufstätigkeit) mehr möglich.

Private Personenversicherungen

Privater Versicherungsschutz

Private Unfallversicherung
Die Leistung der privaten Unfallversicherung besteht darin, den Versicherten gegen die finanziellen Folgen von Unfällen im privaten Bereich abzusichern (Ergänzung der gesetzlichen Unfallversicherung).

Private Krankenversicherung
Sie erstattet vollständig oder teilweise die Kosten, die dem Versicherten aus der Behandlung einer Krankheit oder aus Unfällen entstehen. Sozialversicherungspflichtige können eine Zusatzversicherung abschließen.

Lebensversicherung
Sie dient der Sicherung der Existenz des Versicherten und/oder seiner Familienmitglieder im Fall des Erreichens einer vertraglich festgelegten Altersgrenze oder des Todes.

VERSTANDEN?

1 Nennen Sie die zwei Leistungen, die die gesetzliche Arbeitsförderung erbringt.

1. Heilbehandlung
2. Arbeitslosengeld
3. Krankengeld
4. Rentenzahlung
5. Berufsberatung
6. Sozialhilfe

2 Thorsten Steiner ist Filialleiter und erhält ein monatliches Gehalt in Höhe von 3480,00 EUR. Er ist bei der AOK versichert. Der Beitragssatz (Arbeitnehmeranteil) liegt bei 7,3 %, zuzüglich eines Zusatzbeitrags von 3,0 %, den sich Arbeitgeber und Arbeitnehmer je zur Hälfte teilen.

Aufgaben:

2.1 Berechnen Sie, wie viel EUR Herrn Steiner monatlich für die Krankenversicherung abgezogen werden.

2.2 Der Rentenversicherungsbeitrag (Arbeitgeber- und Arbeitnehmeranteil) beläuft sich auf insgesamt 18,6 %.

Berechnen Sie den Rentenversicherungsbeitrag, den Thorsten Steiner tragen muss.

3 Leon Pfender ist nicht der Motivierteste. Als Verkäufer unterhält er sich lieber mit den Kollegen und Kolleginnen statt Kunden zu beraten. Als ihn sein Abteilungsleiter zurechtweist, geht Leon Pfender wütend ins Personalbüro, kündigt fristlos und lässt sich seine Papiere geben. Am nächsten Tag beantragt er bei der Agentur für Arbeit Arbeitslosengeld.

Aufgabe:

Recherchieren Sie, ob Leon Pfender Arbeitslosengeld erhalten wird. Wenn nein, begründen Sie rechtlich, warum nicht. Wenn ja, nennen Sie den Zeitpunkt, ab dem Leon Pfender Arbeitslosengeld erhält.

4 Recherchieren Sie, welche Zielsetzung das Bürgergeld hat.

1. Eingliederung in den Arbeitsprozess
2. Hilfe bei Berufsunfähigkeit
3. Sicherung des Lebensunterhalts
4. Angebot zur Arbeitsvermittlung

---

5 Mia Klein, kaufmännische Angestellte, wird krank. Sie freut sich trotzdem, denn jetzt – so meint sie – erhält sie 6 Wochen lang das volle Gehalt und das Krankengeld.

Aufgabe:

Recherchieren Sie, ob die Freude von Mia Klein berechtigt ist.

---

6 Die Mitarbeiter des Bioladens Kathrin Krause e. Kfr. sind alle sozialversichert.

Aufgabe:

Unterscheiden Sie die gesetzliche Sozialversicherung von der privaten Versicherung (Individualversicherung).

---

7 Recherchieren Sie, was unter dem sogenannten Dreischichtenmodell der sozialen Absicherung zu verstehen ist.

---

8 Als Angestellter des Kaufhauses Ella Ott KG sind Sie Mitglied der gesetzlichen Rentenversicherung.

Nennen Sie den Träger der Versicherung.

1. Berufsgenossenschaft
2. Bundesagentur für Arbeit
3. Betriebskrankenkasse
4. Deutsche Rentenversicherung
5. Allgemeine Ortskrankenkasse

---

9 Finn Goldberg interessiert sich für die betriebliche Altersvorsorge. Seine Kollegin, die zurzeit in der Personalabteilung ausgebildet wird, hat ihn informiert, dass jeder Arbeitnehmer einen Rechtsanspruch auf eine Entgeltumwandlung hat. Er möchte Näheres dazu erfahren.

Aufgabe:

Erläutern Sie den Rechtsanspruch auf Entgeltumwandlung für Arbeitnehmer, indem Sie im Internet recherchieren.

---

10 Informieren Sie sich im Internet über Anlagemöglichkeiten für vermögenswirksame Leistungen. Präsentieren Sie in Ihrer Klasse eine Möglichkeit, die Sie für interessant halten.

---

11 11.1 Erläutern Sie die Leistungen einer Berufsunfähigkeitsversicherung. Begründen Sie, warum eine solche Versicherung für Berufsanfänger vorteilhaft sein kann.

11.2 Nennen Sie drei weitere private Personenversicherungen.

Arbeitsheft Kap. 6

1.8 Schutzbestimmungen im Einzelhandel

1.8.1 Technischer Arbeitsschutz

Zum sozialen Arbeitsschutz siehe Kapitel 1.4, S. 26 ff.

(1) Arbeitsschutzgesetz [ArbSchG]

Nach dem Arbeitsschutzgesetz [ArbSchG] sind die Arbeitgeber verpflichtet, die zur Sicherheit und Gesundheit der Beschäftigten bei der Arbeit erforderlichen Arbeitsschutzmaßnahmen zu treffen. Hierzu sind den Beschäftigten geeignete Anweisungen zu erteilen.

Sicherheitszeichen weisen die Mitarbeiter auf mögliche Gefahren und Risiken hin.

Verbotszeichen

Keine offene Flamme

Gebotszeichen

Kopfschutz benutzen

Warnzeichen

Warnung vor elektrischer Spannung

Rettungszeichen

Rettungsweg Notausgang (rechts)

Bei einem **Betriebsunfall** oder bei einem **Wegeunfall** (d. h. einem Unfall auf dem Hinweg zur Arbeitsstätte beziehungsweise dem Rückweg nach Hause) ist die zuständige **Berufsgenossenschaft** zu **informieren.** Voraussetzung: Es handelt sich um einen Arbeitsunfall, der zu einer Arbeitsunfähigkeit von mehr als drei Kalendertagen führt (Unfallanzeige).

Diese Meldung muss sowohl vom Arbeitgeber als auch vom behandelnden Arzt erfolgen.

Berufsgenossenschaften sind Verbände mit Zwangsmitgliedschaft für die versicherungspflichtigen Betriebe zur Finanzierung der gesetzlichen Unfallversicherung. Die Berufsgenossenschaften übernehmen den Versicherungsschutz bei Arbeitsunfällen, Wegeunfällen und Berufskrankheiten.

(2) Arbeitsstättenverordnung

Sie enthält bestimmte sicherheitstechnische, arbeitsmedizinische und hygienische Anforderungen an Arbeitsstätten (z. B. Arbeits-, Wasch-, Umkleide-, Pausenräume).

Beispiele:

Regelungen zur Lüftung, Raumtemperatur, Beleuchtung, Gase und Lärm, Notausgänge, Fluchtwege, Erste-Hilfe-Räume.

(3) Arbeitssicherheitsgesetz [ASiG]

Das Arbeitssicherheitsgesetz regelt die Pflichten des Einzelhandelsbetriebs zur Bestellung von **Betriebsärzten, Sicherheitsingenieuren** und anderen **Fachkräften für Arbeitssicherheit.** Deren Aufgabe ist es, die Arbeitsschutz- und Unfallverhütungsvorschriften den **besonderen Betriebsverhältnissen anzupassen.**

Der Einzelhandelsbetrieb ist verpflichtet, **Betriebsärzte** zu bestellen. Diese haben die Aufgabe, ihn beim Arbeitsschutz und bei der Unfallverhütung zu unterstützen, die Arbeitnehmer zu untersuchen, arbeitsmedizinisch zu beurteilen und zu beraten.

(4) Brandschutz

Um einem Brand im Einzelhandelsbetrieb vorzubeugen, müssen die geltenden Brandschutzbestimmungen eingehalten werden. Wichtige Brandschutzmaßnahmen sind z. B.:

- Das Personal muss im betrieblichen Brandschutz ausgebildet werden. Einmal im Jahr ist eine Brandschutzübung mit den Mitarbeitern abzuhalten.
- Die Vorschriften und Regeln zur Brandverhütung und Brandbekämpfung sind an den vorgegebenen Stellen auszuhängen.
- Einbau von Brand- und Rauchmeldern
- Einbau von Sprinkleranlagen
- Bereitstellen von Feuerlöschern

Brandschutzzeichen (Beispiele)

(5) Überwachung der Arbeitsschutzbestimmungen

Für die **Überwachung der Arbeitsschutzbedingungen** sind zuständig:

Gewerbeaufsichtsämter	Sie überwachen die Arbeitsschutzvorschriften und sorgen dafür, dass Missstände beseitigt werden.
Berufsgenossenschaften	■ Sie erstellen **Unfallverhütungsvorschriften,** die die Unternehmen zur Einführung von Schutzmaßnahmen verpflichten. ■ Die Unfallverhütungsvorschriften müssen im **Betrieb ausgelegt** oder **ausgehängt** werden. ■ Mitarbeiter der Berufsgenossenschaften **überwachen deren Einhaltung,** beraten, beanstanden und verlangen gegebenenfalls die Beseitigung von Mängeln.
Sicherheitsbeauftragte	Sie haben darüber zu wachen, dass die Unfallvorschriften eingehalten werden.

1.8.2 Kündigungsschutzgesetz [KSchG]

(1) Allgemeiner Kündigungsschutz

Der allgemeine Kündigungsschutz [KSchG] schützt Arbeitnehmer vor **sozial ungerechtfertigter Kündigung.**

Voraussetzung ist, dass das Arbeitsverhältnis im gleichen Unternehmen ohne Unterbrechung **länger als sechs Monate** bestanden hat. Zudem muss das Unternehmen in der Regel **mehr als zehn Arbeitskräfte** (Auszubildende nicht mitgerechnet) beschäftigen.

Eine Kündigung ist nur wirksam, wenn sie **sozial gerechtfertigt** ist. Eine Kündigung ist z. B. in folgenden Fällen sozial gerechtfertigt [§ 1 II KSchG]:

Der Kündigungsgrund liegt in der **Person** des Arbeitnehmers.	Der Kündigungsgrund liegt im **Verhalten** des Arbeitnehmers.	Die Kündigung ist durch **dringende betriebliche Erfordernisse** bedingt.
Beispiele: ■ Eine Buchhalterin ist nicht in der Lage, sich auf ein neues Softwareprogramm umzustellen. ■ Ein Verkäufer leidet unter einer schweren Krankheit, sodass er seine Arbeit nicht mehr ausführen kann.	**Beispiele:** ■ Eine Kassiererin unterschlägt mehrere tausend Euro. ■ Ein Mitarbeiter wird gegen den Arbeitgeber tätlich.	**Beispiele:** ■ Entlassungen wegen Aufgabe einer Warenabteilung ■ Schließung einer Filiale

Sozialauswahl

Bei betrieblich notwendigen Entlassungen müssen zudem u. a.

- die Dauer der Betriebszugehörigkeit,
- das Lebensalter und
- die Unterhaltspflichten der Arbeitnehmer

berücksichtigt werden.

Eine **sozial ungerechtfertigte Kündigung** ist **rechtsunwirksam.**

Beispiel:

Einem einzelnen Verkäufer in einem Kaufhaus mit 200 Mitarbeitern wird mit der Begründung gekündigt, es läge ein Umsatzrückgang vor.

Das Arbeitsverhältnis kann von jeder Vertragspartei ohne Einhaltung einer Kündigungsfrist gelöst werden, wenn ein wichtiger Grund vorliegt **(fristlose Kündigung).**

Beispiele für wichtige Gründe:

- Verstöße gegen die Schweigepflicht
- Diebstahl
- grobe Beleidigungen
- Tätlichkeiten
- Mobbing (soziale Isolierung von Kollegen und Kolleginnen durch üble Nachrede, Missachtung und Unterstellungen)
- ungerechtfertigte Arbeitsverweigerung

(2) Besonderer Kündigungsschutz

Einen besonderen Kündigungsschutz genießen folgende Personengruppen:

Auszubildende	Ihnen kann nach Ablauf der Probezeit während der Berufsausbildung nur aus einem wichtigen Grund gekündigt werden.
Betriebsratsmitglieder, Jugend- und Auszubildendenvertreter	Ihre Kündigung ist während ihrer Zugehörigkeit zum Betriebsrat bzw. zur Jugend- und Auszubildendenvertretung in der Regel unzulässig.
Frauen	Während der Schwangerschaft und bis zum Ablauf von vier Monaten nach der Entbindung besteht Kündigungsschutz.
schwerbehinderte Menschen	Ihnen kann durch den Arbeitgeber ohne vorherige Zustimmung des Integrationsamtes nicht gekündigt werden. Die Kündigungsfrist beträgt mindestens vier Wochen.
Arbeitnehmer mit Elternzeit	Der Arbeitgeber darf das Arbeitsverhältnis höchstens acht Wochen vor Beginn der Elternzeit und während der Elternzeit nicht kündigen.

VERSTANDEN?

1 Beschreiben Sie, welche Pflichten der Arbeitgeber gemäß dem Arbeitsschutzgesetz gegenüber seinen Beschäftigten hat.

2 Geben Sie an, wer zur Bestellung von Betriebsärzten, Sicherheitsingenieuren und anderen Fachkräften für Arbeitssicherheit verantwortlich ist.

3 Nennen Sie die Aufgaben der Fachkräfte für Arbeitssicherheit.

4 Ermitteln Sie, wer die Einhaltung der Bestimmungen des Arbeitsschutzgesetzes überwacht.

5 Recherchieren Sie, welche Maßnahmen bei einem Arbeitsunfall zu ergreifen sind, und präsentieren Sie die Ergebnisse in der Klasse.

6 Beschreiben Sie aus Ihrem eigenen Arbeitsalltag, welche Unfallgefahren am Arbeitsplatz bestehen und welche Unfallverhütungsmaßnahmen dagegen zu beachten sind.

7 Nennen Sie vier gesetzliche Bestimmungen (Gesetze, Vorschriften, Verordnungen) des technischen Arbeitsschutzes.

8 Recherchieren Sie die Bedeutung der unten aufgeführten Sicherheitszeichen. Erläutern Sie Ihren Mitschülern deren Aussagegehalt und geben Sie jeweils an, ob es sich um ein

- Rettungszeichen,
- Warnzeichen,
- Brandschutzzeichen,
- Verbotszeichen oder um ein
- Gebotszeichen

handelt.

1

2

3

4

5

9 In einem Brandfall ist es lebenswichtig, richtig zu reagieren. Bringen Sie die folgenden Handlungsschritte in die richtige Reihenfolge und begründen Sie Ihre Lösung.

▪ **In Sicherheit bringen**
gefährdete Personen warnen
Türen und Fenster schließen
auf Anweisungen achten
gekennzeichnete Fluchtwege benutzen

▪ **Feuerlöscher auslösen**
Sicherungsstift oder -lasche ziehen
Schlagknopf betätigen
Feuer gezielt löschen

▪ **Feuerlöscher vom Kundendienst überprüfen und auffüllen lassen**

▪ **Richtig löschen**
genug Abstand vom Feuer halten
mit kurzen, gezielten Stößen löschen
Löschmittel auf brennenden Gegenstand sprühen
bei mehreren Feuerlöschern: gleichzeitig einsetzen
elektrische Anlagen und Fettbrände nie mit Wasser löschen

▪ **Feuerwehr anrufen**
Was ist passiert? Wo und wann?
Auf Rückfragen warten!

10 Nennen Sie fünf Beispiele von Beschäftigten, die einen besonderen Kündigungsschutz genießen.

2 Stellung des Einzelhandels in der Wirtschaft

2.1 Private Haushalte und Unternehmen im Wirtschaftskreislauf

Arbeitsheft Kap. 7

Im Wirtschaftsleben stehen sich private Haushalte und Unternehmen gegenüber.

- **Private Haushalte** sind sämtliche Verbraucher. Sie kaufen Waren und bieten ihre Arbeitskraft an.
- **Unternehmen** stellen Waren her und bieten sie zum Verkauf an.

Damit die Unternehmen Waren herstellen können, benötigen sie Folgendes:

- die Arbeitsleistung der Mitarbeiter **(Faktor Arbeit)**
- ein Grundstück **(Faktor Boden)**
- Maschinen, Gebäude, Geld **(Faktor Kapital)**

Die Faktoren Arbeit, Boden und Kapital sind die Mittel, die zur **Produktion** von Gütern genutzt werden. Man spricht daher auch von **Produktionsfaktoren.**

Die Beziehungen zwischen den privaten Haushalten und den Unternehmen verlaufen so:

privater Haushalt

Die privaten Haushalte stellen den Unternehmen ihre Arbeitsleistung zur Verfügung.
(→ Güterstrom)

Beispiel:

Azra Toprak arbeitet nach ihrer Ausbildung zur Verkäuferin als Fachberaterin im Bereich Neue Medien im Elektrofachmarkt Medimax.

Unternehmen

privater Haushalt

Die privaten Haushalte erhalten von den Unternehmen Geld (Einkommen) für die Arbeitsleistung.
(← Geldstrom)

Beispiel:

Azra Toprak bekommt für ihre Arbeitsleistung vom Elektrofachmarkt Medimax monatlich ein Gehalt bezahlt.

Unternehmen

privater Haushalt

Die Unternehmen stellen Waren her. Die Waren bieten sie den privaten Haushalten zum Kauf an.
(← Güterstrom)

Unternehmen

Beispiel:

Der Elektrofachmarkt Medimax bietet seinen Kunden unter anderem das Smartphone-Modell „Ultra X5" zum Kauf an.

privater Haushalt

Mit dem Einkommen kaufen die privaten Haushalte Waren. Sie geben Geld für den Konsum aus.
(→ Geldstrom)

Unternehmen

Beispiel:

Azra Toprak kauft sich von ihrem ersten Gehalt ein neues Smartphone.

Den Güterströmen fließen gleichgroße Geldströme entgegen. Güterkreislauf und Geldkreislauf wiederholen sich ständig. Daher spricht man von einem **Wirtschaftskreislauf.**

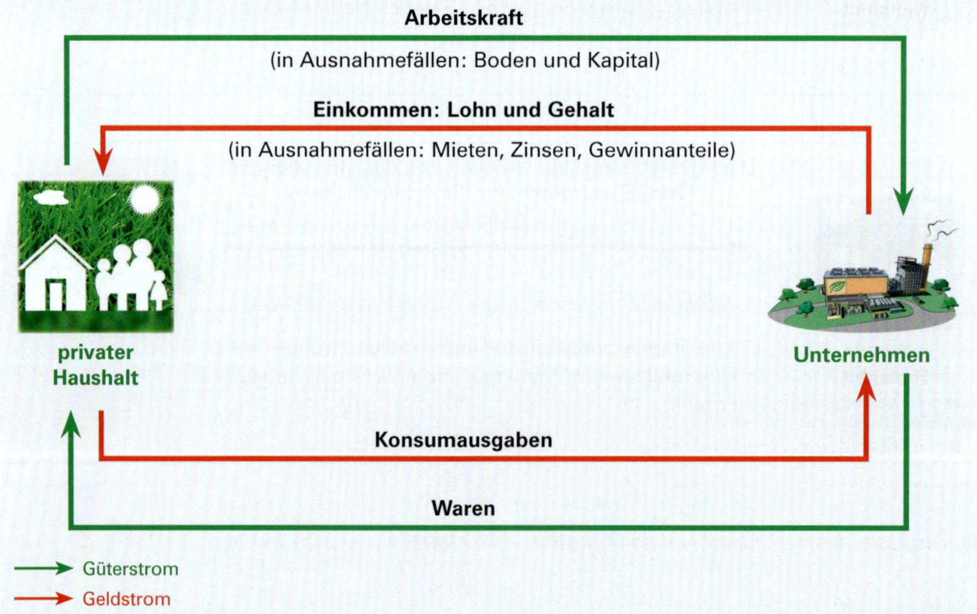

2.2 Stellung der Handelsbetriebe in der Wirtschaft

2.2.1 Gliederung der Unternehmen in Bereiche

Arbeitsheft Kap. 8

Unternehmen lassen sich drei Bereichen (Sektoren) zuordnen: Betriebe, die Rohstoffe gewinnen, werden der **Urproduktion** (dem **primären Wirtschaftssektor**) zugewiesen. Industrie und Handwerksbetriebe werden dem Bereich **Weiterverarbeitung (sekundärer Wirtschaftssektor),** Handels- und Dienstleistungsbetriebe dem Bereich **Verteilung/Dienstleistungen (tertiärer Wirtschaftssektor)** zugerechnet.

primär: an erster Stelle, zuerst vorhanden
sekundär: an zweiter Stelle
tertiär: an dritter Stelle

Urproduktion und **Weiterverarbeitung** sind in der **Leistungserstellung, Handel** und **Dienstleistungen** in der **Leistungsverteilung** tätig.

(1) Erzeugnisbetriebe

Sie übernehmen die Aufgabe der Rohstoffgewinnung (Urproduktion).

Beispiele:

- Land- und forstwirtschafliche Betriebe
- Bergwerke
- Kiesgruben
- Steinbrüche
- Fischereibetriebe

(2) Verarbeitungsbetriebe

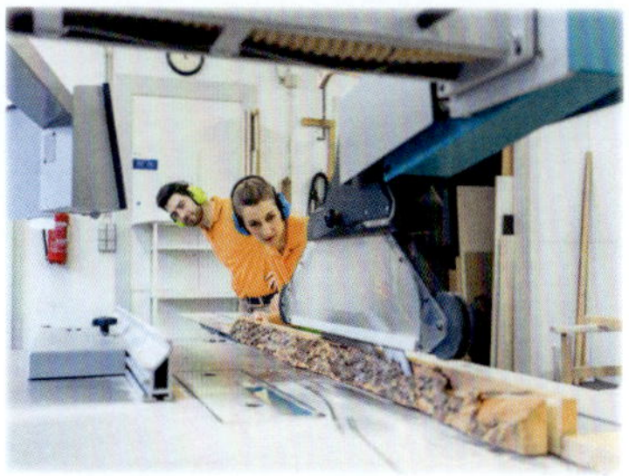

Sie übernehmen die Weiterverarbeitung der Rohstoffe.

Beispiele:

- Werkzeughersteller
- Maschinenhersteller
- Textilfabriken
- Hersteller für Tiefkühlkost
- Möbelhersteller
- Autohersteller

(3) Verteilungs- und Dienstleistungsbetriebe

- **Verteilungsbetriebe** versorgen Unternehmen und Haushalte mit Gütern.

Beispiele:

- **Einzelhandel**
- Großhandel
- Logistikunternehmen
- Verkehrsunternehmen

- **Dienstleistungsbetriebe** erstellen und verkaufen Dienstleistungen.

Beispiele:

- Friseursalon
- Banken
- Versicherungen
- Rechtsanwälte

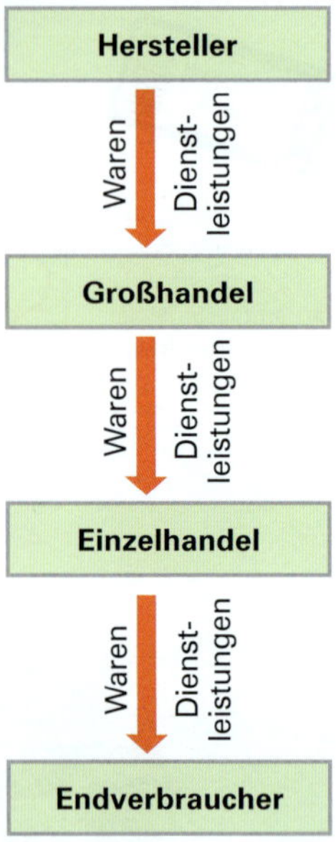

2.2.2 Bedeutung des Einzelhandels

Der Einzelhandel bezieht vom Hersteller bzw. Großhändler eine Reihe von **Waren**. Die **eigene Leistung** des Einzelhandelsbetriebs besteht darin, ein **bedarfsgerechtes Sortiment an Waren und Dienstleistungen** anzubieten. Er versorgt damit die Kunden z. B. mit Lebensmitteln, Kleidung, elektrischen Geräten und Reinigungsmitteln.

Der Einzelhandel stellt damit die Verbindung her zwischen **Industrie bzw. Handwerk** und den **Verbrauchern**. Er übernimmt die **Verteilung der Waren** und verbindet dies häufig mit **unterschiedlichen Dienstleistungen** (z. B. Warenanlieferung zur Wohnung des Kunden, Installation, Wartung, Reparatur und Ersatzteilhaltung).

- Der Einzelhandel macht die angebotenen Waren für den **Verbraucher geeignet**.
- Der Einzelhandel übernimmt die **Verteilung der hergestellten Waren** und bietet hierbei **unterschiedliche Dienstleistungen** an.

2.3 Bedürfnisse, Bedarf, Nachfrage und Güter

2.3.1 Bedürfnisse, Bedarf und Nachfrage

(1) Bedürfnisse

- **Bedürfnisse** sind **Mangelempfindungen der Menschen,** die diese zu beheben bestrebt sind.
- Bedürfnisse sind die **Antriebe (Motive)** für das wirtschaftliche Handeln der Menschen.

Bedürfnisse lassen sich nach ihrer Dringlichkeit in Existenz-, Kultur- und Luxusbedürfnisse unterscheiden:

- **Existenzbedürfnisse** sind körperliche Bedürfnisse. Sie müssen befriedigt werden: Ihre Befriedigung ist **lebensnotwendig**.

Beispiele:

- Hunger
- Durst
- das Bedürfnis, sich vor Kälte zu schützen

- **Kulturbedürfnisse** entstehen mit zunehmender kultureller (also technischer, wirtschaftlicher oder künstlerischer) Entwicklung. Sind die Existenzbedürfnisse erst einmal erfüllt, wachsen die Ansprüche, die der Einzelne an das Leben stellt.

Beispiele:

- eine gut schmeckende Mahlzeit zu sich nehmen
- Konzertbesuch
- modische Kleidung
- Ferienreise

- **Luxusbedürfnisse** sind Bedürfnisse nach Sachgütern oder Dienstleistungen, die sich in einer bestimmten Gesellschaft nur wenige Begüterte leisten können.

Beispiele:

- ein edles Restaurant besuchen
- Modellkleider
- eine Villa mit Schwimmbecken
- eine Segeljacht

Eine **genaue Abgrenzung** zwischen Kultur- und Luxusbedürfnissen ist **nicht möglich.** Gemeinsam ist ihnen, dass ihre Befriedigung **nicht** unbedingt lebensnotwendig ist.

(2) Bedarf

Bedürfnisse hat jeder Mensch. Ob er sie alle befriedigen kann, hängt in der Regel von seinem Vermögen und/oder von seinem Einkommen ab.

Bedarf sind die Teile der Bedürfnisse, die mit den gegebenen finanziellen Mitteln erfüllt werden können.

Ziel des Menschen ist es, mit den **vorhandenen Mitteln** einen **möglichst großen Nutzen** zu erzielen.

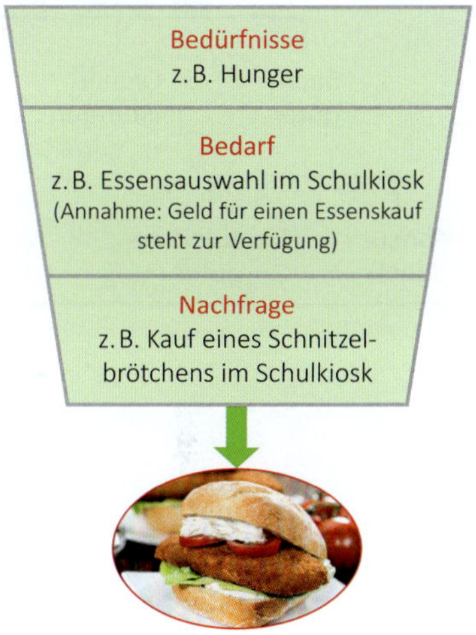

(3) Nachfrage

Geht man in ein Geschäft und möchte man die gewünschte Ware kaufen, wird aus dem Bedarf eine Nachfrage.

Eine **Nachfrage** ist der Teil des Bedarfs an Waren und Dienstleistungen, der am Markt **tatsächlich nachgefragt** wird.

2.3.2 Güter

(1) Begriff Güter

Bedürfnisse wollen befriedigt werden. Wer Hunger hat, braucht Nahrung. Wer Durst hat, braucht Getränke, um seinen Durst zu stillen. Wer friert, braucht Kleidung. Wer Neues wissen will, braucht z. B. eine Zeitung oder das Internet. Und wer krank ist, braucht eine ärztliche Beratung.

Der Gebrauch oder Verbrauch von Sachen und Dienstleistungen, die der Bedürfnisbefriedigung dienen, erhöht das Wohlbefinden. Sie stiften einen **Nutzen.**

Güter sind Mittel, die dem Menschen Nutzen stiften.

(2) Arten der Güter

Gliederung nach der Verfügbarkeit der Güter

Freie Güter	Sind Güter, die in unbeschränktem Maße zur Verfügung stehen (z. B. Luft, Meerwasser). Sie können von jedem Menschen nach Belieben in Anspruch genommen werden. Sie sind nicht Gegenstand des Wirtschaftens.
Wirtschaftsgüter	Sind Güter, die knapp sind. Mit knappen Gütern muss gewirtschaftet werden. Sie werden am Markt angeboten und erzielen einen Preis.

Gliederung der Wirtschaftsgüter

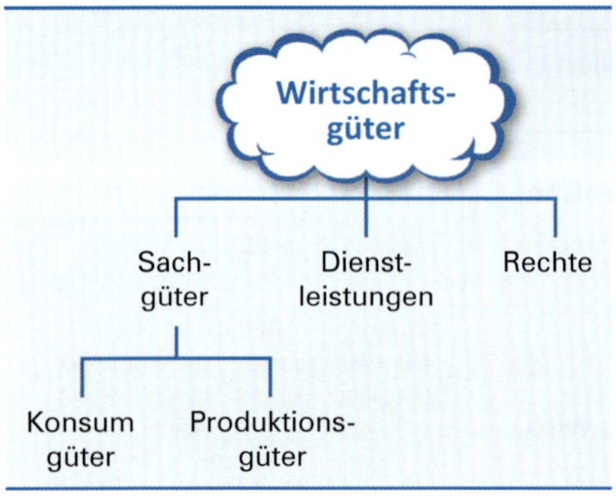

Güterart	Beispiele
Sachgüter – **Konsumgüter** werden vom Endverbraucher verwendet. – **Produktionsgüter** dienen der Herstellung anderer Güter.	■ Schrank, Kleid, Fernseher, Obst ■ Stichsäge im Betrieb, Schweißautomat, Server, Geschäfts-/Verkaufsräume
Dienstleistungen	■ Beratung durch eine Verkäuferin ■ Reparatur der Ladenkasse ■ Geldauszahlung am Geldautomat
Rechte	■ Name eines Markenartikels ■ Recht auf gute Ausbildung ■ Eigentumsvorbehalt

Konsumgüter und Produktionsgüter können nach der **Nutzungsmöglichkeit** unterschieden werden in:

- Gebrauchsgüter: Sie können über einen **längeren Zeitraum** genutzt werden.
- Verbrauchsgüter: Sie können nur **einmal** genutzt werden.

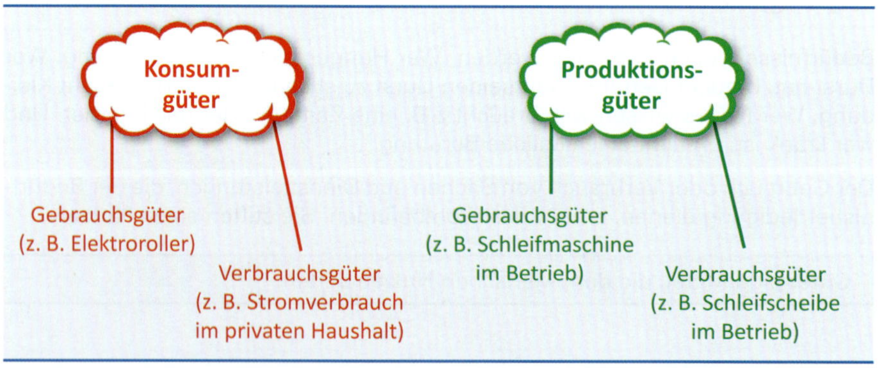

2.4 Ökonomisches Prinzip

Den **unbegrenzten Bedürfnissen** des Menschen stehen **begrenzte Mittel** gegenüber. Aus der Knappheit der Gütervorräte folgt, dass der Mensch die vorhandenen Güter sparsam verwalten muss. Der Mensch ist gezwungen zu **wirtschaften.**

Die Verwendung der knappen Güter sollte nach dem **Wirtschaftlichkeitsprinzip (ökonomisches Prinzip)** erfolgen. Es sind **zwei Handlungsmöglichkeiten** denkbar:

- das Maximalprinzip
- das Minimalprinzip

Maximalprinzip

Das **Maximalprinzip** besagt: Mit den **gegebenen Mitteln** ist der **größtmögliche (maximale) Nutzen** anzustreben.

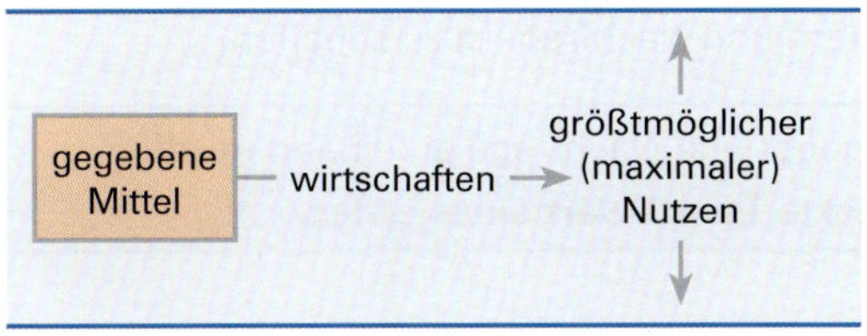

Beispiel:

Das Lebensmittelhaus Hans Wetzel e. Kfm. setzt sich zum Ziel, mit der vorhandenen Anzahl an Mitarbeitern den größtmöglichen Gewinn zu erzielen.

Minimalprinzip

Das **Minimalprinzip** besagt: Ein **geplanter Nutzen** ist mit dem **geringsten (minimalen) Einsatz an Mitteln** zu erwirtschaften.

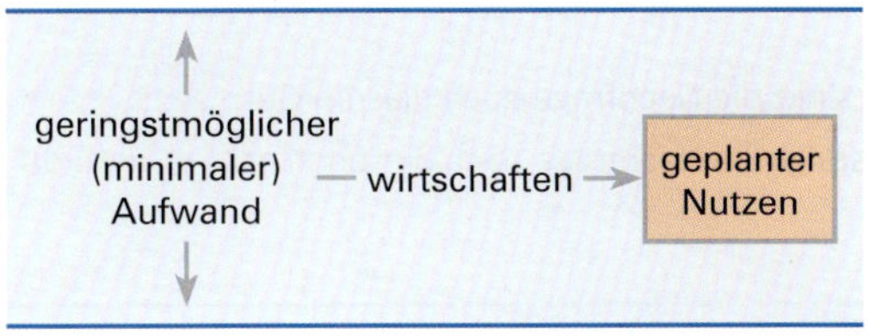

Beispiel:

Eine Fast-Food-Kette möchte die Umsatzerlöse des vergangenen Jahres beibehalten. Zugleich soll die Mitarbeiterzahl verringert werden.

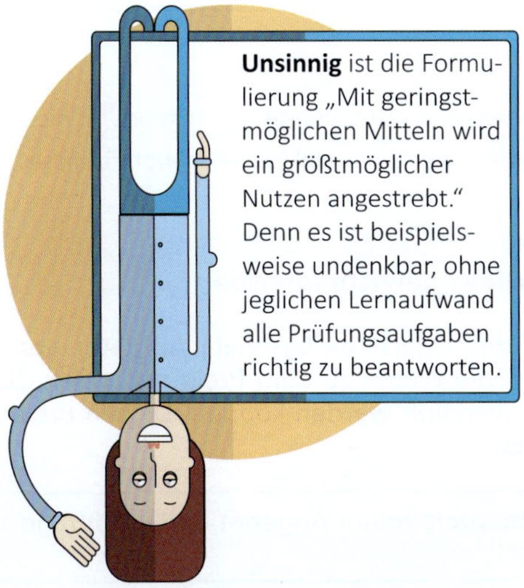

Arbeitsheft Kap. 9

2.5 Exkurs: Preisbildung auf dem Markt

(1) Begriff Markt

Wenn Angebot und Nachfrage zusammentreffen, bildet sich ein Markt. Das kann z.B. auf dem Wochenmarkt, im Baumarkt, im Internet oder bei einer Versteigerung sein.

Anbieter und **Nachfrager** verfolgen dabei unterschiedliche Interessen.

- Anbieter versuchen ihre Güter zu einem hohen Preis zu verkaufen.
- Nachfrager versuchen die Güter möglichst billig zu erwerben.

Der Markt hat die Aufgabe, einen **Ausgleich** zwischen den **entgegengesetzten** Interessen von Anbietern und Nachfragern zu schaffen.

- **Markt** ist der Ort, an dem Angebot und Nachfrage aufeinandertreffen.
- **Preis** ist der in Geld ausgedrückte **Tauschwert** eines Gutes.

(2) Verlauf von Nachfrage und Angebot

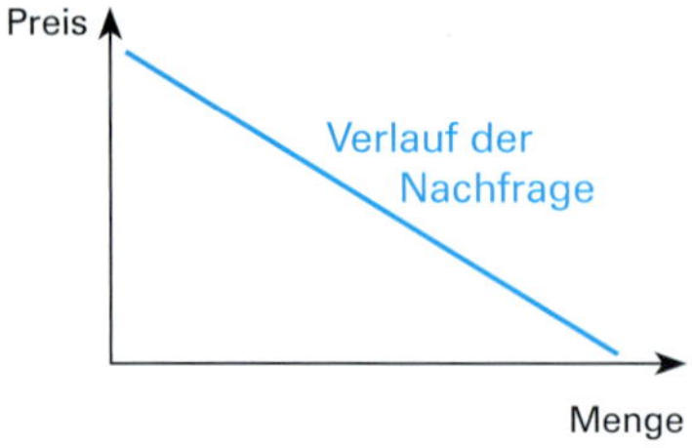

Nachfrage sind die auf dem Markt auftretenden Kaufwünsche.

Es gilt:

- Mit **steigendem Preis** eines Gutes **sinkt** die Nachfrage nach diesem Gut.
- Mit **sinkendem Preis** eines Gutes **steigt** die Nachfrage nach diesem Gut.

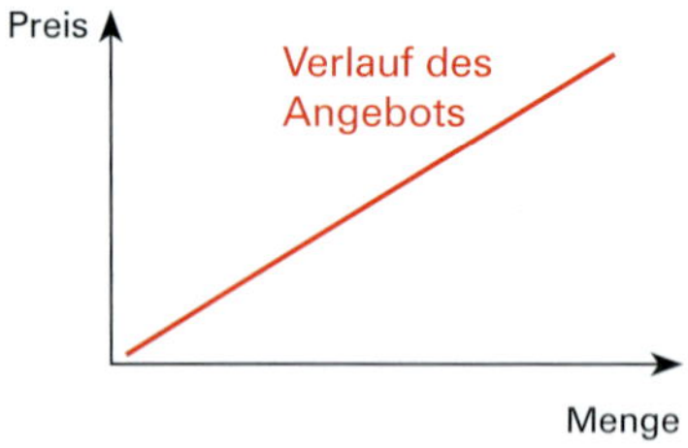

Angebote sind die auf dem Markt auftretenden Verkaufswünsche.

Es gilt:

- Mit **steigendem Preis** eines Gutes **steigt** das Angebot für dieses Gut.
- Mit **sinkendem Preis** eines Gutes **sinkt** das Angebot für dieses Gut.

(3) Bildung des Gleichgewichtspreises

Angenommen, auf dem Markt treffen **viele Anbieter und Nachfrager** aufeinander. Dann werden die Waren zu dem Preis gehandelt, bei dem die **meisten Waren** gekauft bzw. verkauft werden können. Diesen Preis bezeichnet man als **Gleichgewichtspreis**.

Der **Gleichgewichtspreis** bringt Angebot und Nachfrage zum Ausgleich, er „räumt den Markt"!

Beispiel:

Die Popcorn-Sorte „Salty 100" wird auf einem Großmarkt gehandelt. Vielen Anbietern stehen viele Nachfrager gegenüber.

Aufgabe:

Ermitteln Sie den Gleichgewichtspreis beim nachfolgenden Nachfrage- und Angebotsverlauf!

Preis je kg in EUR	Nachfrage in kg	Angebot in kg	umsetzbare Menge in kg
10	25	5	5
11	20	10	10
12	15	15	15
13	10	20	10
14	5	25	5

← **Marktgleichgewicht** (Zeile 12)

Lesebeispiel 1:

Wenn der Preis je kg **10,00 EUR** beträgt, werden 25 kg nachgefragt. Es werden jedoch nur 5 kg angeboten. **Begründung:** Nur wenige Anbieter möchten zu diesem **niedrigen** Preis ihre Ware verkaufen. **Folge:** Es entsteht ein **Nachfrageüberschuss** in Höhe von 20 kg.

Lesebeispiel 2:

Wenn der Preis je kg **14,00 EUR** beträgt, werden 25 kg angeboten. Es werden jedoch nur 5 kg nachgefragt. **Begründung:** Nur wenige Nachfrager möchten zu diesem **hohen** Preis diese Ware kaufen. **Folge:** Es entsteht ein **Angebotsüberschuss** in Höhe von 20 kg.

Lösung:

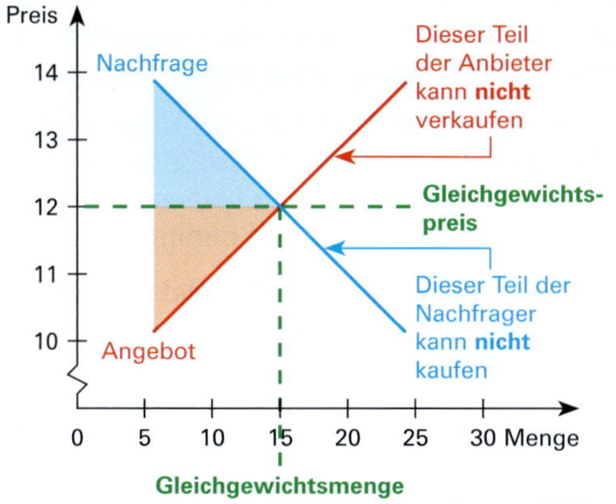

Erläuterungen:

- Beim **Gleichgewichtspreis in Höhe von 12,00 EUR** entsprechen sich Angebot und Nachfrage.

- Alle **Nachfrager,** die nur einen **geringeren Preis** als den Gleichgewichtspreis in Höhe von 12,00 EUR zu zahlen bereit waren, können **nicht kaufen.** Sie gehen leer aus.
- Alle **Nachfrager,** die einen **höheren Preis** als 12,00 EUR zu zahlen bereit waren, müssen **weniger** Geld ausgeben als geplant.
- Alle **Anbieter,** die einen **höheren Preis** als den Gleichgewichtspreis in Höhe von 12,00 EUR fordern, können **nicht verkaufen.** Sie bleiben auf ihrem Angebot sitzen.
- Alle **Anbieter,** die einen **niedrigeren** Preis als 12,00 EUR gefordert haben, erlösen **mehr** Geld als geplant.

Arbeitsheft Kap. 10

2.6 Umweltschutz und Nachhaltigkeit im Einzelhandel

2.6.1 Begriffe Umweltschutz und Nachhaltigkeit

(1) Umweltschutz

Der **Umweltschutz** umfasst alle Maßnahmen, welche die natürliche Lebensgrundlage der Menschen schützen und erhalten.

Wichtige **Prinzipien zum Schutz der Umwelt** sind z. B.,

- Handeln so vorausschauend zu organisieren, dass Wasser-, Boden- und Luftverschmutzungen vermieden werden.
- Verantwortung für zukünftige Generationen zu übernehmen.
- Sicherzustellen, dass der Verursacher der Umweltbelastung die Kosten trägt.
- Kosten durch die Gemeinschaft (Staat) nur zu übernehmen, wenn der Verursacher nicht ermittelt werden kann.

(2) Nachhaltigkeit

Nachhaltigkeit bedeutet, dass wir heute so leben und handeln, dass **künftige Generationen** überall eine **lebenswerte Umwelt** vorfinden und ihre Bedürfnisse befriedigen können.

Agenda: wörtlich übersetzt „das, was getan werden muss". Eine Agenda ist eine Liste von Gesprächs- und Verhandlungspunkten, die nun umgesetzt werden sollen. Wenn man „etwas auf die Agenda setzt", macht man einen bestimmten Gesprächsgegenstand zum Thema.

Der Gedanke der Nachhaltigkeit findet sich in der **Agenda 2030** wieder. Diese Agenda wurde auf einem Gipfel der **Vereinten Nationen** von allen Mitgliedstaaten verabschiedet und gilt für alle Staaten dieser Welt.

Die Kernaussage der Agenda 2030 bildet ein Katalog von Zielen. Mit diesen Zielen werden **alle drei Dimensionen** (Größenordnungen) der Nachhaltigkeit – Soziales, Wirtschaft (Ökonomie) und Umwelt (Ökologie) – **gleichermaßen** berücksichtigt. Die Ziele sind unteilbar und bedingen einander.

Die Agenda 2030 ist auch **für jeden Einzelhandelsbetrieb von Bedeutung**:

Dimensionen der Nachhaltigkeit

- qualitativ hochwertiges Sortiment aufbauen
- mit einem vielseitigen Sortiment zu attraktiven Preisen möglichst viele Einkommensschichten ansprechen
- ständig auf die Wettbewerbsfähigkeit achten, um die geschaffenen Arbeitsplätze langfristig zu erhalten

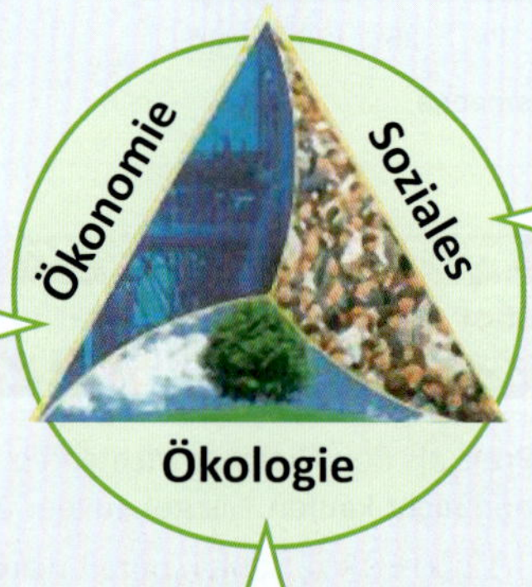

- Mitarbeiter leistungsgerecht bezahlen und hierbei auf die Gleichstellung von Mann und Frau achten
- familienfreundliche Arbeitszeitmodelle anbieten
- Ausbildungsstellen anbieten
- nur Lieferer berücksichtigen, die die Sozialstandards einhalten
- soziale Einrichtungen unterstützen (z. B. durch Sponsoring)

- Vermeidung von überflüssigem und aufwendigem Verpackungsmaterial
- recycelfähige Abfälle aussondern
- Maßnahmen ergreifen, um Energie einzusparen
- umweltverträgliche sowie regionale Waren in das Sortiment aufnehmen

2.6.2 Maßnahmen zum Umweltschutz und zur Nachhaltigkeit im Einzelhandel

(1) Sortimentsgestaltung

Der Einzelhandel nimmt eine Mittlerstellung zwischen Hersteller und Kunde ein. Diese Mittlerstellung kann der Einzelhandel dazu nutzen, zukunftsweisenden und umweltfreundlichen Waren einen besonderen Stellenwert im Sortiment einzuräumen.

Über die Mitarbeiter hat der Einzelhandel zudem die Möglichkeit, den Kunden umweltfreundliche Waren zu empfehlen. Indirekt kann der Einzelhandel so Einfluss nehmen auf die verstärkte Herstellung von umweltfreundlichen Waren.

Bei der **Sortimentsgestaltung** sind **umweltfreundliche** und **gesundheitsverträgliche Waren** in den Mittelpunkt zu stellen.

(2) Umweltorientierte Unternehmensführung

Der Einzelhandel hat bei allen betrieblichen Entscheidungen die **Auswirkungen auf die Umwelt** zu beachten.

Möglichkeiten für eine umweltorientierte Unternehmensführung im Einzelhandel sind:

- Verzicht auf umweltbelastende Verpackungen bzw. Wiederverwertung von Verpackungsmaterialien.
- Aufnahme von Mehrweggebinden, langlebigen reparaturfreundlichen Waren sowie umweltverträgliche Waren, z. B. Verkauf energie- und wassersparender Geräte.
- Einwirken auf einen umweltfreundlichen Transport, um die Umweltbelastung durch den Güterverkehr einzuschränken.

EMAS
GEPRÜFTES UMWELTMANAGEMENT

Ein Einzelhandelsbetrieb kann seine umweltorientierte Unternehmensführung durch eine **Zertifizierungsstelle** überprüfen lassen. Für die Einzelhandelsbetriebe besteht ein EU-weites Gemeinschaftssystem für Umweltmanagement und Umweltbetriebsprüfung (EMAS). Hier können sich Einzelhandelsbetriebe von unabhängigen Umweltgutachtern überprüfen und zertifizieren lassen.

Mit der Zertifizierung erhält der Einzelhandelsbetrieb eine **EU-Öko-Audit-Registrierungsurkunde.** Er ist damit berechtigt, mit diesem Logo zu werben.

Unter **Zertifizierung** versteht man ein ständiges Überprüfungs- und Bestätigungsverfahren durch eine unparteiische Instanz, das zeigt, dass sich ein entsprechend bezeichnetes Erzeugnis, Verfahren oder eine Dienstleistung in Übereinstimmung mit einer bestimmten Norm befindet.

EMAS steht für **E**co-**M**anagement and **A**udit **S**cheme.

Audit: Anhörung.

VERSTANDEN?

1 1.1 Unterscheiden Sie die Begriffe Bedürfnis und Bedarf.

1.2 Beschreiben Sie, wie Sie im Einzelhandel den Bedarf an Gütern und Dienstleistungen Ihrer Kunden feststellen können

1.2.1 bei Selbstbedienung

1.2.2 im Kontakt mit dem Kunden

2 2.1 Erläutern Sie die Begriffe
- freie Güter
- Wirtschaftsgüter

2.2 Nennen Sie dazu jeweils zwei Beispiele.

3 Begründen Sie, warum die Luft und das Wasser zunehmend zu Wirtschaftsgütern werden.

4 Unterscheiden Sie Konsumgüter von den Produktionsgütern und nennen Sie jeweils Beispiele.

5 Beschreiben Sie aus Ihrem beruflichen Alltag drei Dienstleistungen, die in Ihrem Einzelhandelsunternehmen häufig vom Verkaufspersonal vorgenommen werden.

6 Notieren Sie, welche zwei Unternehmen zum tertiären Wirtschaftssektor gehören.

1. Maschinenfabrik Dresden AG
2. Franz OHG Kräuterladen e. K.
3. Zimmerei Otto GmbH
4. Bremer Kaffee-Großhandel GmbH
5. Brauerei Härle KG

7 Björn Heine, Inhaber eines Möbelhauses, bestellt nach einem Angebotsvergleich beim preisgünstigsten Anbieter 50 Bürostühle HP 20.

Aufgabe:

Nennen Sie das ökonomische Prinzip, nach dem Björn Heine handelt.

8 Beschreiben Sie Möglichkeiten der umweltfreundlichen Sortimentsgestaltung in der Branche, in der Sie bisher Erfahrungen sammeln konnten.

9 Erläutern Sie Möglichkeiten, im Einzelhandel die Umwelt durch betriebliche Entscheidungen zu schonen. Nennen Sie Beispiele aus den Bereichen

9.1 Verpackung

9.2 Energieverbrauch

9.3 Transport

10 Informieren Sie sich über die Nachhaltigkeitsbestrebungen Ihres Ausbildungsbetriebes und berichten Sie darüber.

3 Aufgaben des Einzelhandels

Der Einzelhandel stellt für die **Verbraucher** ein **Warenangebot (Sortiment) bereit.** Er berät die Kunden beim **Kauf** und bietet ihnen nach dem Kauf der Ware gegebenenfalls **Kundendienstleistungen** an.

Leistungen	Beispiele
Sortimentsbildung	In einem Media-Markt werden Fernseher von verschiedenen Herstellern in unterschiedlichen Größen, verschiedenen Qualitäten, Farben, Materialien angeboten.
Raumüberbrückung	In einem Lebensmittelgeschäft in Biberach kann der Kunde Orangen aus Israel, Wein aus Frankreich, Kaffee aus Bolivien kaufen.
Lagerhaltung/ Zeitüberbrückung	Der Verbrauch von Kirschmarmelade ist fast gleichmäßig über das ganze Jahr verteilt. Die Kirschmarmelade wird jedoch nur zu einer bestimmten Jahreszeit hergestellt.
Mengenausgleich	Ein Raumausstatter kauft 200 m Vorhangstoff (in Ballen) und verkauft ihn meterweise.
Information und Beratung	■ Beratungsgespräch beim Kauf einer Wohnzimmereinrichtung ■ Pflegehinweise beim Kauf einer Lederjacke ■ Beratung zur richtigen Bedienung der gekauften Espressomaschine
Serviceleistungen	■ Aufbau einer Einbauküche durch das Möbelhaus (technisch) ■ Verkauf eines Pkw gegen Ratenzahlung (kaufmännisch)

4 Zusammenhang von Sortiment, Betriebsform und Verkaufsform

Damit der Einzelhandelsbetrieb die Aufgaben bestmöglich erfüllen kann, muss er zunächst folgende vier Fragen klären:

Zu den **Verkaufsformen** siehe Lernfeld 2, S. 104 f.

- Welches **Sortiment** möchte er seinen Kunden anbieten?
- Welchen **Standort** soll er für sein Geschäft wählen?
- In welcher **Betriebsform** möchte er sein Geschäft betreiben?
- Mit welcher **Verkaufsform** sollen die Waren angeboten werden?

4.1 Sortiment

4.1.1 Begriff und Gliederung des Sortiments

Sortiment ist die Gesamtheit der Waren und Dienstleistungen, die ein Einzelhandelsbetrieb zusammengestellt hat und dem Verbraucher anbietet.

Der Aufbau des Sortiments lässt sich in verschiedenen Ebenen darstellen **(Sortimentspyramide)**.

Sortimentspyramide

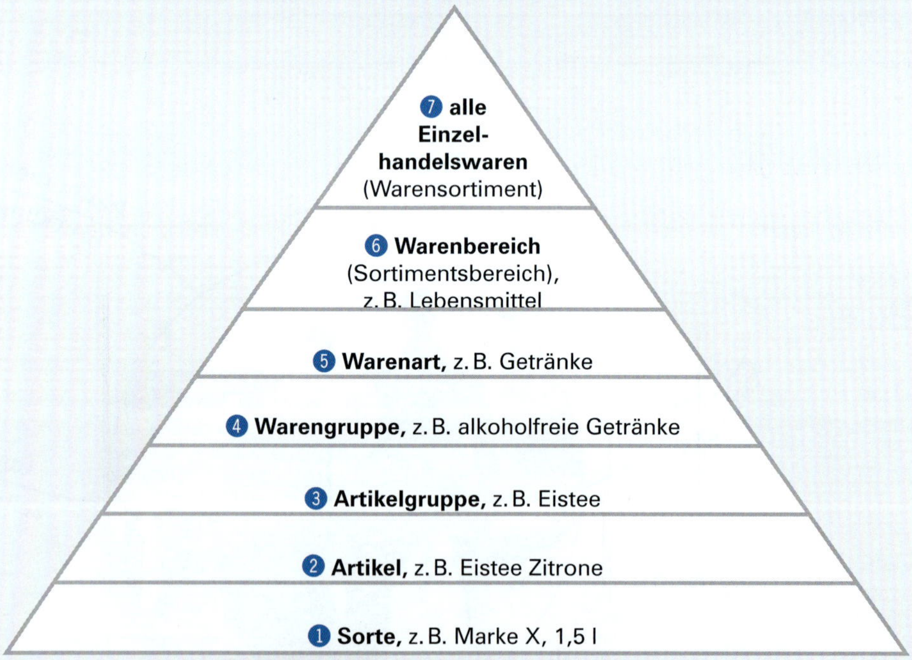

Erläuterungen zur Sortimentspyramide auf S. 64:

Zu ❶: Die **Sorte** ist die kleinste Einheit des Sortiments.

Zu ❷: Eng verwandte Sorten werden zu **Artikeln** zusammengefasst. Sie unterscheiden sich z. B. nach Geschmacksrichtungen, Größe, Farbe, Verpackungseinheit.

Zu ❸: Gleichartige Artikel ergeben zusammengefasst die **Artikelgruppe.**

Zu ❹: Artikelgruppen mit einer ähnlichen Zusammensetzung, Verwendung, Herstellung, Form usw. bezeichnet man als **Warengruppe.**

Dienstleistungen gelten in der Regel als Warengruppe. Sofern eine Dienstleistung (z. B. Zustellen von Lebensmitteln, Uhren reparieren, Möbel aufbauen) dem Kunden berechnet wird, erhält sie eine Artikelnummer und wird vom Warenwirtschaftssystem erfasst.

Zu ❺: Gleichartige Warengruppen zusammengefasst ergeben eine **Warenart.**

Zu ❻: Die Zusammenstellung gleichartiger Warenarten (z. B. „Food" und „Nonfood" im Lebensmittelgeschäft) ergeben einen **Warenbereich.**

Zu ❼: Die Summe der Warenbereiche ergibt das **Warensortiment** des Einzelhandelsbetriebes.

4.1.2 Umfang des Sortiments

(1) Breites und schmales Sortiment

Die **Sortimentsbreite** kennzeichnet die **Anzahl der Warengruppen.** Ein Sortiment ist umso **breiter,** je **mehr verschiedene Warengruppen** es umfasst.

Beispiel:

Ein Warenhaus führt folgende Warengruppen: Textilien, Haushaltswaren, Spielwaren, Sportartikel, Schuhe, Lebensmittel.

Ein **schmales (enges) Sortiment** weist nur **wenige Warengruppen** auf.

Beispiele:

Fachgeschäft für Damen- und Herrenoberbekleidung; Fachgeschäft für Früchte; Fachgeschäft für Sportartikel.

(2) Tiefes und flaches Sortiment

Die **Sortimentstiefe** kennzeichnet die **Anzahl der Artikel,** die der Handelsbetrieb **innerhalb einer Warengruppe** anbietet. Die Artikel unterscheiden sich dabei hinsichtlich ihrer Qualität, Preislage und Ausführungen. Ein Sortiment ist umso **tiefer,** je **mehr gleichartige Artikel** geführt werden. Aus Kundensicht verfügt solch ein Handelsbetrieb über eine „große Auswahl."

Beispiel:

Ein Jeansladen führt alle großen Marken, alle Größen, viele Farben, eine Vielzahl von Preislagen …

Ein **flaches Sortiment** bietet nur **wenige Artikel** innerhalb einer Warengruppe an.

Beispiel:

Eine Boutique führt nur top-modische Kleider, T-Shirts und Hosen; häufig nur Einzelteile von bekannten Modeschöpfern; weniger Farben; nur hochpreisige Ware.

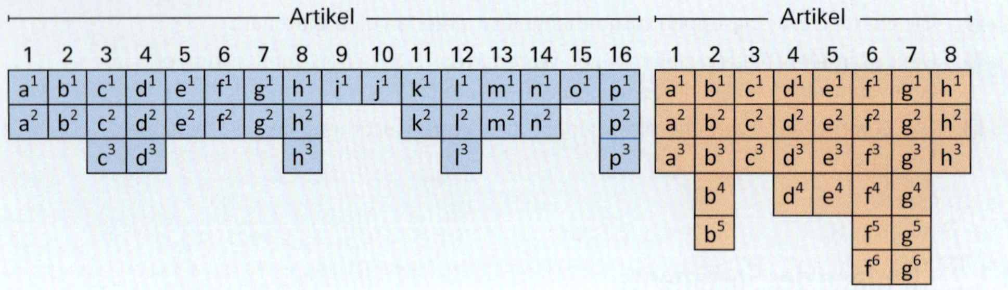

breites, aber flaches Sortiment | **schmales, aber tiefes Sortiment**

4.1.3 Sortimentsgerüst

(1) Kernsortiment

Das Kernsortiment umfasst die Warengruppen, auf die sich die **Haupttätigkeit** des jeweiligen Einzelhandelsgeschäfts erstreckt. Es wird das ganze Jahr über angeboten und ist in ständiger Verkaufsbereitschaft. Mit ihm wird der **überwiegende Teil des Umsatzes und des Gewinns** erzielt.

(2) Zusatzsortiment

Das Zusatzsortiment beinhaltet Artikel, die das **Kernsortiment ergänzen.** Mit diesem Sortiment zielt der Einzelhandelsbetrieb auf das **One-Stop-Shopping** ab. Hierbei kann der Verbraucher in einem Geschäft alles für einen speziellen Wunsch kaufen.

Beispiel: Schuhfachgeschäft

Das Kernsortiment sind Herren-, Damen- und Kinderschuhe.

Das Zusatzsortiment umfasst Ledertaschen, Ledermäntel, Schuhcreme, Socken ...

(3) Randsortiment

Das Randsortiment setzt sich aus selten verlangten Artikeln des Kern- und Zusatzsortiments zusammen.

Beispiele:

Sondergrößen bei Kleidern und Schuhen, Maßanfertigung in einer Boutique.

(4) Auslauf-, Saison-, Probesortiment

Das **Auslaufsortiment** umfasst Waren, die in absehbarer Zeit aus dem Sortiment herausgenommen werden.

Das **Saisonsortiment** umfasst Waren, die nur zu bestimmten Zeiten (z. B. Skimode im Winter, Bademode im Sommer) oder zu bestimmten Anlässen (z. B. Feuerwerkskörper zu Silvester, Osterhasen zur Osterzeit) im Sortiment geführt werden.

Das **Probesortiment** umfasst Waren, die neu ins Sortiment aufgenommen werden (z. B. Diätsortiment im Supermarkt).

(5) Aktionssortiment

Es umfasst **Aktionsware** (Saisonartikel, Modeartikel, Neuheiten), die **kurzzeitig** und **preisaggressiv** angeboten wird, um damit den Absatz des Kernsortiments zu unterstützen bzw. ein Abwandern von Kunden zu verhindern.

4.1.4 Artikelarten

(1) Markenartikel

Ein Markenartikel zeichnet sich insbesondere durch folgende Merkmale aus:

- Die Qualität ist gleichbleibend hoch.
- Der Hersteller des Markenartikels wirbt für den Einzelhandel.
- Der Markenartikel ist flächenmäßig (überall) bekannt und verfügbar.
- Der Hersteller beeinflusst die Preisgestaltung (Preisempfehlungen).
- Die Verkaufspreise sind in der Regel überall gleich oder zumindest ähnlich.

(2) Handelsmarken (Eigenmarken)

Um die Abhängigkeit von Markenartikeln zu verringern, sind Großunternehmen des Einzelhandels dazu übergegangen, eigene Handelsmarken zu schaffen.

Beispiele für Handelsmarken:

- Gut & Günstig (Edeka)
- Tip (Real, Extra)
- Ja! (Rewe)
- Tandil (Aldi Süd)

Handelsmarken erreichen selten den Bekanntheitsgrad eines Markenartikels. Sie werden meistens nur in den eigenen oder in angeschlossenen Einzelhandelsunternehmen abgesetzt.

Handelsmarkenartikel sind meistens günstiger als Markenartikel. Sie genießen allerdings nicht das Image eines Markenartikels. Überzeugt die Handelsmarke den Kunden, sorgt dies für einen Imagegewinn. Die Kundenbindung nimmt zu.

Gelegentlich werden Handelsmarken auch unter dem eigenen Namen angeboten (z. B. die EDEKA-Eigenmarken wie EDEKA Bio + Vegan, EDEKA Selection).

(3) Me-too-Artikel und No-Name-Artikel

Me-too-Artikel sind Waren, die andere Waren nachahmen. Durch die Einsparung von Forschungs- und Entwicklungskosten lassen sich Wettbewerbsvorteile über niedrige Preise erzielen. In der Regel erreichen solche Produkte weder das Qualitätsniveau noch den Bekanntheitsgrad von Markenartikeln.

Beispiel:

Ein Hersteller orientiert sich bei der Gestaltung seiner Jeans an einer bekannten Jeans-Marke.

No-Name-Artikel werden mit unterschiedlichem Qualitätsniveau angeboten. Sie stammen häufig aus Überschussproduktion und Insolvenzen und werden zu „Dauer-Niedrig-Preisen" angeboten.

Beispiel:

Eine Boutique führt neben Markenkleidung noch preiswerte und markenlose Kleider und T-Shirts.

4.1.5 Planung des Sortiments

Wichtigstes Ziel des Einzelhandelsbetriebs bei der Sortimentsplanung ist, ein **kundengerechtes Gesamtsortiment** zusammenzustellen.

Bei der Planung des Gesamtsortiments muss sich der Einzelhandelsbetrieb an den Erwartungen seiner Kunden, dem Angebot der Konkurrenz und dem Sortimentsumfang ausrichten.

4.2 Standort

Der Standort ist für den Erfolg eines Einzelhandelsbetriebs mit entscheidend. Man muss einen Standort finden, der die Zielsetzung des Einzelhandelsbetriebs unterstützt.

Wichtige **Standortfaktoren** für den Einzelhandel sind:

- die Nähe zu Lieferanten und Kunden,
- die Möglichkeit qualifizierte Mitarbeiter zu bekommen,
- die Höhe der Kosten, z. B. Miete, Pacht, Grundstückspreise, Lohnkosten,
- den Umfang der Umweltauflagen,
- die Güte der Verkehrsanbindung.

Die Frage des Standorts steht im Einzelhandel in enger Beziehung zur gewählten Betriebsform. Ein Fachgeschäft sucht z. B. in der Regel eine zentrale Innenstadtlage, während ein Verbrauchermarkt häufig eine verkehrsgünstig gelegene Stadtrandlage bevorzugt.

4.3 Betriebsformen

Arbeitsheft Kap. 12

Die **Betriebsform** ist die Form, in der ein Einzelhandelsbetrieb sein Geschäft am Markt betreibt.

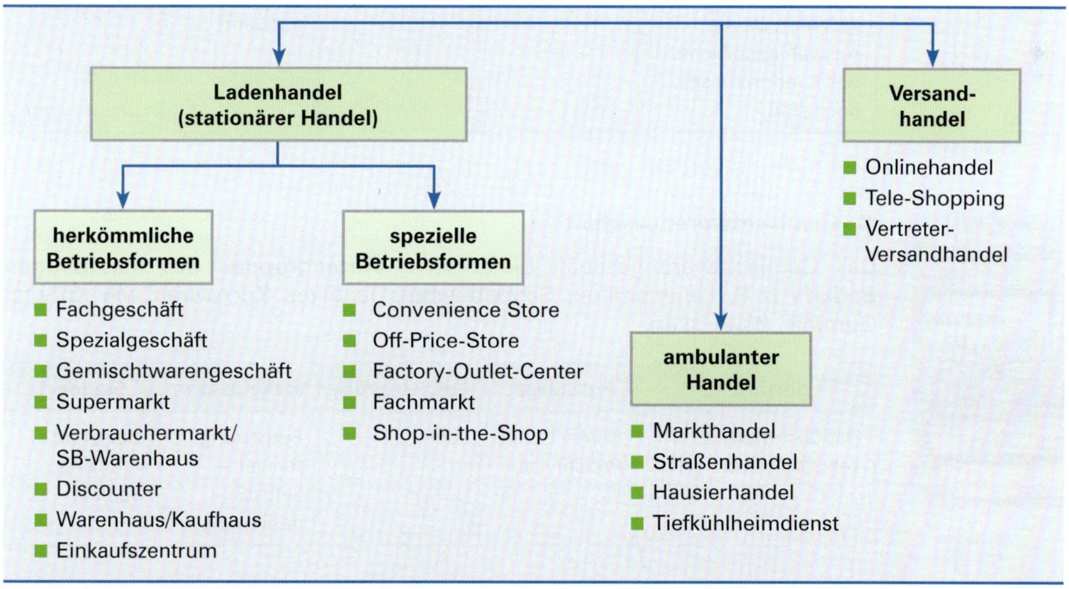

4.3.1 Ladenhandel (stationärer Handel)

(1) Herkömmliche Betriebsformen

Zu den **Verkaufsformen** siehe Lernfeld 2, S. 104 f.

Fachgeschäft

Fachgeschäfte bieten **Waren einer bestimmten Branche** an (z. B. Lebensmittel, Spielwaren), oder sie orientieren sich an einer **bestimmten Bedarfsgruppe** (z. B. Textilien, Elektrogeräte, Haushaltswaren, Bürobedarf).

Sortiment	Preisniveau	Betriebsgröße	Verkaufsform	Standort
Das Branchensortiment ist schmal und tief mit ergänzenden Dienstleistungen.	mittleres bis hohes Preisniveau	klein bis mittelgroß; in der Regel unter 2 000 m^2	Vorwahl, hoher Beratungs- und Bedienungsaufwand	zentrale Innenstadtlage sowie Einkaufszentren

Spezialgeschäft

Das Spezialgeschäft deckt nur **eine Warengruppe** ab (z. B. Juwelen, Brautmoden, Wein-Depot, Feinkost, Süßenwaren, Tabakwaren) und weist in diesem Bereich eine **große Sortimentstiefe** auf. Eine besondere Form des Spezialgeschäfts ist die **Boutique**.

Sortiment	Preisniveau	Betriebsgröße	Verkaufsform	Standort
Das Sortiment ist schmaler als das eines Fachgeschäftes. Es ist jedoch tiefer angelegt als im Fachgeschäft, da die Auswahlansprüche des Kundenkreises hoch sind.	hohes bis exklusives Preisniveau	klein bis mittelgroß	hoher und qualifizierter Bedienungs-, Beratungs- und Serviceaufwand	zentrale Innenstadtlage

Gemischtwarengeschäft

Das Gemischtwarengeschäft bietet **viele Warengruppen des kurzfristigen Bedarfs** (z. B. Lebensmittel, Schreibwaren, Textilien, Kurzwaren wie Knöpfe, Gummis, Bänder) an.

Sortiment	Preisniveau	Betriebsgröße	Verkaufsform	Standort
Das Sortiment ist sehr breit und flach.	relativ hohes Preisniveau	klein	Bedienung, teilweise Selbstbedienung	Kleinstädte, ländliche Gebiete

■ **Supermarkt** (z. B. REWE, Edeka)

Supermärkte bieten ein **umfangreiches Angebot** von Waren im Bereich der **Nahrungs- und Genussmittel einschließlich Frischwaren.** Ergänzend werden dazu Waren des täglichen und des kurzfristigen Bedarfs angeboten.

Sortiment	Preisniveau	Betriebsgröße	Verkaufsform	Standort
Breites, aber flaches Sortiment im Bereich Nahrungs- und Genussmittel einschließlich Frischwaren. Durchschnittliche Artikelzahl ca. 13 000.	mittleres Preisniveau; oft Sonderangebote als Kampfsortiment gegenüber Konkurrenten	mittel bis groß (mindestens 400 m^2)	überwiegend Selbstbedienung, Vollbedienung bei Frischwaren	City- oder Vorortlagen; oft in abgeschlossenen Wohngebieten angesiedelt

■ **Verbrauchermarkt/SB-Warenhaus** (z. B. Marktkauf, Kaufland)

Verbrauchermärkte und SB-Warenhäuser sind **räumlich erweiterte Supermärkte** mit ergänzenden Dienstleistungsabteilungen (z. B. Restaurant, Kindergarten, Schlüsseldienst, Tankstelle). Sie bieten ein umfangreiches Sortiment an Ge- und Verbrauchsgütern des täglichen und des kurz- und mittelfristigen Bedarfs an. Oft gibt es Spezialabteilungen, die die Qualität eines Fachgeschäftes besitzen.

Sortiment	Preisniveau	Betriebsgröße	Verkaufsform	Standort
Breites und tiefes Sortiment von vorwiegend Nahrungs- und Genussmitteln sowie auch ein breites, ausreichendes Sortiment an Gebrauchs- und Verbrauchsgütern.	niedrige Preise mit einer ausgeprägten Sonderangebotspolitik	groß (1 500 m^2 bis 5 000 m^2)	vorwiegend Selbstbedienung, Bedienung (bei Frischwaren)	verkehrsorientierte Standorte in Stadtrandlagen oder auf der „Grünen Wiese“

Auf der **„Grünen Wiese“** bedeutet, der Verbrauchermarkt/SB-Warenmarkt liegt außerhalb der Stadt.

■ **Discounter** (z. B. Aldi, Lidl)

Das Discountgeschäft bietet eine **begrenzte Warenauswahl** bei einer **einfachen Verkaufsraumgestaltung** an. Dabei werden die Waren in großen Mengen zu **niedrigen Preisen** abgesetzt.

Sortiment	Preisniveau	Betriebsgröße	Verkaufsform	Standort
Sortiment ist eng und flach. Es werden Produkte mit einem anspruchslosen Sortimentsniveau angeboten, die eine hohe Umschlagshäufigkeit erzielen können. Umfasst zwischen 600 und 2 500 Artikel.	sehr niedrige Preise, die ständig deutlich unterhalb des üblichen im Einzelhandel bestehenden Preisniveaus liegen	mittel (ab 700 m^2)	Selbstbedienung	Stadtrandlagen, teilweise auch wohnortnahe Lagen

Umschlagshäufigkeit besagt, wie oft sich der durchschnittliche Sortimentsbestand in einem Zeitraum (z. B. Quartal) umgeschlagen (verkauft) hat.

Warenhaus/Kaufhaus (z. B. GALERIA)

Warenhäuser besitzen ein **umfassendes Waren- und Serviceangebot,** das alle Branchen und Bedarfsgruppen abdeckt. Oft gibt es Spezialabteilungen, die sich mit jedem Fachgeschäft messen können.

Kaufhäuser sind den Fachgeschäften verwandt. Das Warenangebot beschränkt sich dabei auf **wenige Branchen.** Sie besitzen keine Lebensmittelabteilung.

Vollsortiment heißt: Setzt sich aus verschiedenen Warengruppen zusammen und spricht verschiedene Personengruppen an.

Sortiment	Preisniveau	Betriebsgröße	Verkaufsform	Standort
Bei **Warenhäusern** ist das Sortiment breit und tief **(Vollsortimenter).** Es umfasst durchschnittlich über 100 000 Artikel. Bei **Kaufhäusern** ist das Sortiment breit und tief, jedoch auf eine bzw. wenige Branchen begrenzt.	mittleres bis hohes Preisniveau mittleres, zum Teil niedriges Preisniveau	bei Warenhäusern mindestens 6 000 m^2 bei Kaufhäusern von ca. 1 500 bis 3 000 m^2	Vorwahlsystem (z. B. Kleider) Bedienung bei erklärungsbedürftigen Waren (Schmuck, Uhren) z. T. auch Selbstbedienung	vorwiegend in Innenstadtlagen größerer Städte

Einkaufszentrum (Shopping-Center, Einkaufsmall)

In Einkaufszentren sind **verschiedene selbstständige Betriebsformen** wie Fach- und Spezialgeschäfte, Discounter, Warenhäuser, Boutiquen sowie Dienstleistungsbetriebe (Reinigung, Schlüsseldienst) **zusammengefasst.** Einkaufszentren sind keine eigenständige Betriebsform.

Sortiment	Preisniveau	Betriebsgröße	Verkaufsform	Standort
Es wird versucht, möglichst viele Branchen und Bedarfsgruppen mit dem Sortiment abzudecken. Einkaufszentren werden zentral verwaltet. Werbemaßnahmen zielen darauf ab, dass die Verbraucher das Einkaufszentrum als eine Einheit auffassen.	unterschiedliche Preisstrategien je nach angesiedelter Betriebsform	groß	abhängig von der angesiedelten Betriebsform	Stadtrandlage, „Grüne Wiese“ und in Innenstädten (z. B. Kö-Galerie in Düsseldorf)

(2) Spezielle Betriebsformen

■ Convenience Store (Nachbarschaftsläden)

Convenience Stores sind kleine Einzelhandelsgeschäfte, die in der Nähe der Konsumenten (in kleinen Gemeinden, am Arbeitsplatz, Tankstellen, Bahnhöfe, Flugplätze) angesiedelt sind. Das angebotene Sortiment umfasst vor allem Nahrungs- und Genussmittel sowie weitere problemlose Waren des täglichen Bedarfs. Es handelt sich um moderne „Tante-Emma-Läden“ mit einem relativ hohen Preisniveau.

Convenience: Bequemlichkeit, Annehmlichkeit.

■ Off-Price-Store (Unterbietergeschäft)

Hier werden hochwertige und bekannte Markenartikel (insbesondere Bekleidung und Schuhe sowie Porzellan und Glaswaren) zu Preisen verkauft, die dauerhaft deutlich unterhalb des im Einzelhandel üblichen Preisniveaus liegen.

■ Factory-Outlet-Center (FOC)

Factory-Outlet-Center (Fabrikläden) sind Verkaufsstellen von Herstellern für Verbraucher. Factory-Outlets weisen in der Regel eine einfache Ausstattung auf. Hier werden vor allem Waren zweiter Wahl, Über- oder Restbestände sowie Retouren des Produktionsprogramms der Hersteller im Direktvertrieb abgesetzt.

Beispiele:

- Fabrikverkaufsläden von Boss, Escada, Joop, Bally u. a. in Metzingen
- WMF u. a. in Geislingen
- Designer Outlet Soltau
- Bogner in Heimstetten bei München

■ Fachmarkt

Fachmärkte (z. B. OBI, TOOM-Baumarkt, Media-Markt) sind Einzelhandelsbetriebe, die ein breites und tiefes Sortiment in

- einer **Warengruppe** (z. B. Bekleidungsfachmarkt, Schuhfachmarkt),
- einem **Bedarfsbereich** (z. B. Baufachmarkt, Elektrogerätefachmarkt, Sportfachmarkt) oder
- für eine **bestimmte Zielgruppe** (z. B. Möbelfachmarkt für Designermöbel)

anbieten. Die Kunden können sich auf eine sortimentsspezifische und qualitativ gute bis sehr gute Fachberatung stützen. Der angebotene Service ist vergleichsweise hoch. Das Preisniveau ist niedrig bis mittelhoch.

■ Shop-in-the-Shop

Beim Shop-in-the-Shop-Konzept werden im Rahmen der Verkaufsraumgestaltung in Waren- und Kaufhäusern **einzelne Abteilungen optisch abgetrennt** und im **Boutiquestil eingerichtet.** Dem Kunden wird damit der Eindruck vermittelt, dass er von einem Laden in einen anderen Laden geht (der „Laden im Laden“).

4.3.2 Versandhandel

Der Versandhandel stellt eine Form des Einzelhandels dar, bei dem die Waren **mittels Katalog, Prospekt, Anzeige, Internet, Fernsehen oder Radio** angeboten werden.

Der Kunde bestellt per Internet oder Telefon und erhält die Ware durch Versanddienste bzw. die Deutsche Post AG geliefert.

(1) Onlinehandel

Der Onlinehandel ist ein „elektronischer Handel“, bei dem Güter und Dienstleistungen über das Internet gekauft bzw. verkauft werden. Der Handel wird über Onlineshops, Internetportale, Shopping-Communities und Onlineauktionen abgewickelt. Große Anbieter sind z. B. Amazon und Otto.

Auf den Onlinehandel wird im Folgenden nicht näher eingegangen. Er ist Lerninhalt des 3. Ausbildungsjahres

(2) Tele-Shopping

Beim Tele-Shopping werden die Waren in Form von Werbespots oder in TV-Verkaufsschaus, präsentiert. Die Bestellung der Waren durch den Kunden erfolgt von zu Hause aus z. B. per Telefon, E-Mail, wobei die gewünschte Zahlungsart anzugeben ist. Die Zustellung der bestellten Ware erfolgt durch einen Zustelldienst direkt in die Wohnung des Kunden.

Sortiment	Preisniveau	Betriebsgröße	Verkaufsform	Standort
Warenhausähnliches Sortiment oder Spezialisierung auf eine bestimmte Warengruppe (z. B. Bücher).	niedriges Preisniveau	unterschiedlich	Kataloge, Prospekte, Anzeigen, Internet, Radio, Fernsehen	oft in der Nähe von Produktionsstandorten oder Hafenstädten

(3) Vertreter-Versandhandel

Beim Vertreter-Versandhandel erfolgt die Bestellung durch einen Vertreter an der Haustür bzw. in der Wohnung (z. B. Vorwerk, Avon Cosmetics).

4.3.3 Ambulanter Handel

(1) Markthandel

Beim Markthandel werden an festgelegten Markttagen Güter des täglichen Bedarfs wie Obst, Gemüse, Blumen, Käse, Fisch u. Ä. an bestimmten Plätzen in Verkaufsständen und Verkaufswagen angeboten.

(2) Straßenhandel

Waren wie Obst, Gemüse, Imbissgerichte (z. B. Bratwurst, Döner, Hähnchen vom Grill), Blumen u. Ä. werden auf der Straße in provisorischen Verkaufsständen und Verkaufswagen angeboten.

(3) Hausierhandel

Waren wie Seifen, Küchenmesser, kleine Teppiche, Bürsten werden von Händlern (sogenannte Hausierer) an der Haustür angeboten.

(4) Tiefkühlheimdienst

Fahrerverkäufer verkaufen regelmäßig oder auf Wunsch Tiefkühlkost an der Haustür der Kunden (z. B. bofrost, Eismann).

4.4 Verkaufsformen

Die **Verkaufsform** legt fest, auf welche Art und Weise der Einzelhandelsbetrieb seine Waren verkauft.

Die Verkaufsformen werden im Lernfeld 2 dargestellt (siehe S. 104 f.).

Die Verkaufsform steht in **engen Zusammenhang** mit den **verschiedenen Betriebsformen.** So ist die **Bedienung** bei erklärungsbedürftigen und hochwertigen Waren zweckmäßig, während beim Discounter die Wahl der Verkaufsform die **Selbstbedienung** ist.

Das **Vorwahlsystem** ist wiederum bei frei zugänglichen Waren (z. B. Schuhe, Kleider in Regalen bzw. auf Ständern) geeignet.

VERSTANDEN?

1 Ihr Ausbildungsbetrieb, ein Supermarkt im Zentrum einer mittleren Großstadt, eröffnet eine neue Filiale in einem Einkaufscenter eines neu gebauten Vorortes dieser Großstadt.

Sie erhalten die Aufgabe, den Sortimentsmanager bei der Planung des Sortiments zu unterstützen.

Aufgaben:

1.1 Formulieren Sie je drei Leitfragen zu folgenden Punkten:
- Kundenerwartungen
- Konkurrenzsituation
- Sortimentsumfang

1.2 Erläutern Sie die Bedeutung des Standorts für
- die Sortimentsgestaltung,
- die Personalgewinnung und
- die Kostensituation

des Unternehmens.

---

2 Stellen Sie Ihrer Klasse ein Einkaufscenter vor, das Sie kennen. Informationen dazu finden Sie auch im Internet.

Aufgaben:

2.1 Geben Sie Informationen über den genauen Standort und die Größe.

2.2 Nennen Sie die unterschiedlichen Betriebsformen, die Sie dort finden.

2.3 Erläutern Sie die angebotenen Sortimente, Preisniveaus und Verkaufsformen.

---

3 Bei einigen Produkten des Kernsortiments erwartet Ihr Ausbildungsunternehmen eine harte Konkurrenz von einem Discounter, der sich ebenfalls in dem Einkaufscenter befindet.

Aufgaben:

Erläutern Sie die Merkmale eines Discounters im Hinblick auf

3.1 Sortiment

3.2 Preisniveau

3.3 Verkaufsform

---

4 In den letzten Jahren haben sich die Kaufgewohnheiten der Kunden zunehmend ins Internet (Versandhandel, Onlinehandel) verlagert.

Aufgaben:

4.1 Nennen Sie drei Vorteile des Versandhandels/Onlinehandels aus der Sicht des Kunden.

4.2 Führen Sie drei Vorteile an, die der Ladenhandel (stationärer Handel) dem Kunden bieten kann.

4.3 Erläutern Sie drei Möglichkeiten, die Kunden an das Einzelhandelsunternehmen im stationären Handel zu binden.

---

5 Ein wichtiger Bereich des ambulanten Handels ist der Markthandel. Beschreiben Sie die Bedeutung des Markthandels an einem Ort, den Sie kennen, anhand der Auswirkungen auf

5.1 das Leben in der Innenstadt

5.2 den örtlichen Einzelhandel

5.3 Feste und Events je nach Jahreszeit

---

5 Organisation des Einzelhandelsbetriebs

5.1 Unternehmensziele

Arbeitsheft Kap. 13

Die Zusammenarbeit in einem Einzelhandelsunternehmen ist erfolgreich, wenn alle Beteiligten eine **verbindliche Vorgabe (ein Leitbild)** für ihre Arbeit haben. Das **Unternehmensleitbild** legt fest, wie der Einzelhandelsbetrieb sein **Geschäft betreiben** und sich in der **Öffentlichkeit darstellen** will. Die Unternehmensziele leiten sich aus dem Unternehmensleitbild ab. Sie geben der Geschäftsführung, den Abteilungsleitern und den Verkäufern eine Orientierung für die Art und Weise, wie sie ihre Aufgaben zu erfüllen haben.

Damit die Orientierung zweifelsfrei möglich ist, sind die Unternehmensziele **eindeutig zu formulieren** und **verbindlich festzulegen.**

Unternehmensziele beschreiben, was der Einzelhandelsbetrieb mit seinem Unternehmen erreichen möchte.

Beispiele:

- Durch die Senkung der Preise für Winterschuhe um 10% soll der Umsatz in der 8. Woche um 15% gesteigert werden.
- Durch eine sorgfältige Trennung der Abfälle soll das Müllaufkommen um 10% gesenkt werden.
- Durch die Bereitstellung einer Kinderbetreuung soll den Mitarbeitern mit Kindern die Arbeitszeiteinteilung erleichtert werden.

Die Ziele der Einzelhandelsunternehmen können in drei Gruppen gegliedert werden:

- wirtschaftliche Ziele
- soziale Ziele
- ökologische Ziele

(1) Wirtschaftliche Ziele

Gewinnerzielung

Jeder Einzelhandelsbetrieb betreibt sein Geschäft, um einen Gewinn zu erzielen. Damit sichert er den Bestand des Geschäfts, sein Einkommen und seinen Lebensstandard. Inwieweit ihm dies gelingt, lässt sich mithilfe der Rentabilität und Wirtschaftlichkeit messen.

Rentabilität

Die Rentabilität gibt die Verzinsung des eingesetzten Kapitals an. Dazu wird der erzielte **Gewinn ins Verhältnis zum Kapital** gesetzt. Die Rentabilität zeigt, mit wie viel Prozent sich das eingesetzte Kapital verzinst hat.

Beispiel:

Das eingesetzte Kapital beträgt 250000,00 EUR. Der Gewinn des Jahres 20.. beträgt 21250,00 EUR.

$$\text{Rentabilität} = \frac{21250 \cdot 100}{250000} = \underline{\underline{8{,}5\,\%}}$$

Einzelheiten zu den Kennzahlen Rentabilität und Wirtschaftlichkeit werden im 3. Ausbildungsjahr im Lernfeld 11 behandelt.

$$\text{Rentabilität} = \frac{\text{Gewinn} \cdot 100}{\text{Kapital}}$$

Je höher der Prozentsatz, desto besser für den Einzelhandelsbetrieb!

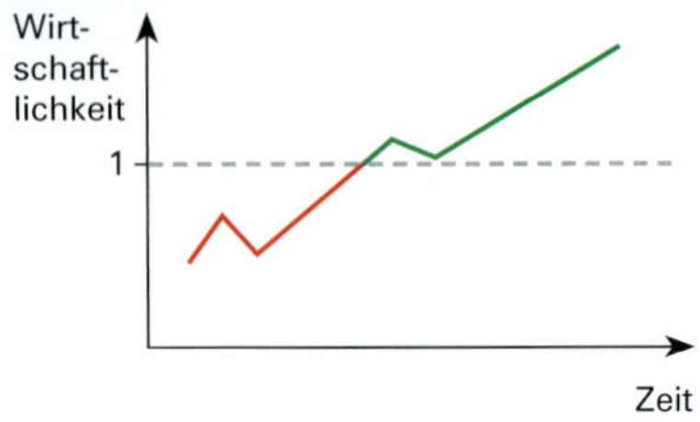

Leistungen sind die betrieblichen Erträge eines Einzelhandelsbetriebs.

■ **Wirtschaftlichkeit**

Die Wirtschaftlichkeit setzt die **erbrachte Leistung** (z. B. Umsatz) ins **Verhältnis** zu den **Kosten** (z. B. Personalkosten, Kosten für Werbung). Die Wirtschaftlichkeit zeigt, in welchem Umfang das ökonomische Prinzip verwirklicht wurde.

Beispiel:

Umsatz des Jahres 20.. 270000,00 EUR, Kosten im gleichen Zeitraum 90000,00 EUR.

$$\text{Wirtschaftlichkeit} = \frac{270000}{90000} = \underline{\underline{3}}$$

$$\text{Wirtschaftlichkeit} = \frac{\text{Leistungen (EUR)}}{\text{Kosten (EUR)}}$$

Ein Einzelhandelsunternehmen arbeitet immer dann wirtschaftlich, wenn das Ergebnis größer 1 beträgt.

(2) Soziale Ziele

Soziale Ziele strebt ein Einzelhandelsbetrieb an, wenn für ihn das Wohl der Mitarbeiter ein zentrales Unternehmensziel ist. Er möchte zufriedene Mitarbeiter, weil dadurch deren Leistungsbereitschaft steigt, die Anzahl der Kündigungen sinkt und das Arbeitsergebnis besser wird.

Beispiele für soziale Ziele:

- Arbeitsplatzsicherung
- gutes Betriebsklima
- Schaffung sozialer Einrichtungen (z. B. Betriebskindergarten) für die Belegschaft
- wirtschaftliche Besserstellung der Arbeitnehmer (z. B. Urlaubsgeld, Wohnungshilfe, Jubiläumsgeschenke)
- Altersabsicherung und Absicherung gegen Risiken des Lebens (z. B. Betriebsrente, Krankheitsbeihilfen)

ökologisch: die Beziehung zwischen Lebewesen und ihrer Umwelt betreffend
recyceln: wieder in den Kreislauf zurückführen

(3) Ökologische Ziele

Die zunehmenden Belastungen der natürlichen Umwelt (des **Ökosystems**) und die notwendige Schonung der nicht erneuerbaren knappen Vorräte (z. B. Roh- und Energiestoffe) erfordern

- umweltschonende und recyclingfähige (wiederverwertbare) Waren,
- Abfallminderung (z. B. durch Einsparung von Verpackungsmaterial).

Beispiele im Einzelhandel:

- In der Getränkeabteilung werden nur Mehrwegflaschen angeboten.
- Im Warenangebot befinden sich keine Waren, die gentechnisch veränderte Organismen (GVO) enthalten.
- Die Sammlung und umweltfreundliche Beseitigung von Problemabfällen wird unterstützt.
- Die energieeinsparenden Maßnahmen im Unternehmen werden ständig überwacht und gegebenenfalls verbessert.

5.2 Begriff und Aufbau der Organisation

Arbeitsheft Kap. 14

Organisation gestaltet den **Aufbau** und die **betrieblichen Abläufe** des Einzelhandelsbetriebs.

Durch die Organisation muss der Einzelhandelsbetrieb **zwei Bereiche** regeln:

- zum einen hat er **Aufgaben** und **Zuständigkeiten** der einzelnen Mitarbeiter festzulegen **(Aufbauorganisation)** und
- zum anderen hat er die **Abfolge der Arbeiten** mithilfe von **Arbeitsanweisungen** zu bestimmen **(Ablauforganisation)**.

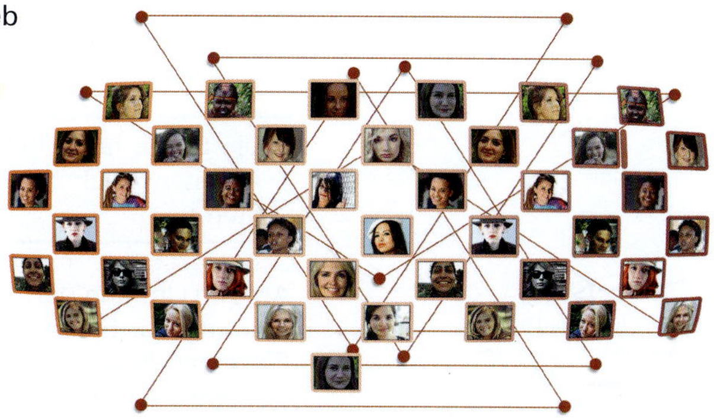

5.3 Aufbauorganisation

5.3.1 Gliederung der betrieblichen Aufgaben

Die **Aufbauorganisation** legt die **Aufgaben** und **Zuständigkeiten** von Mitarbeitern fest. Dazu werden **Stellen** und **Abteilungen** gebildet.

Die **Gliederung der Aufgaben** erfolgt im Einzelhandelsbetrieb entweder nach **Funktionen (Aufgaben)** oder nach **Objekten (Warengruppen)**:

- Die Gliederung nach **Funktionen** ist vor allem bei kleineren Einzelhandelsbetrieben üblich.

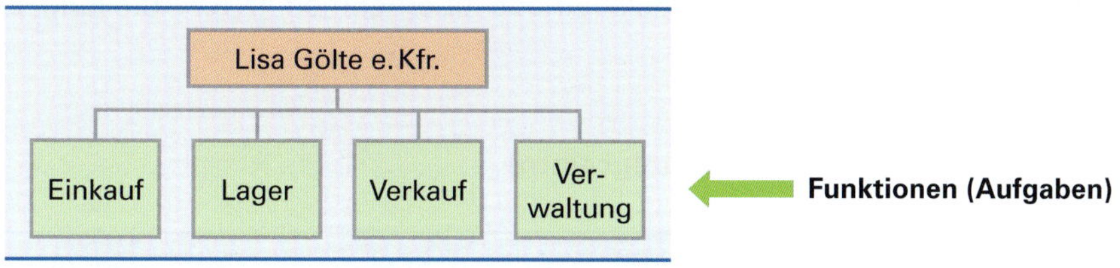

- Die Gliederung nach **Objekten** ist meist bei größeren Einzelhandelsbetrieben anzutreffen.

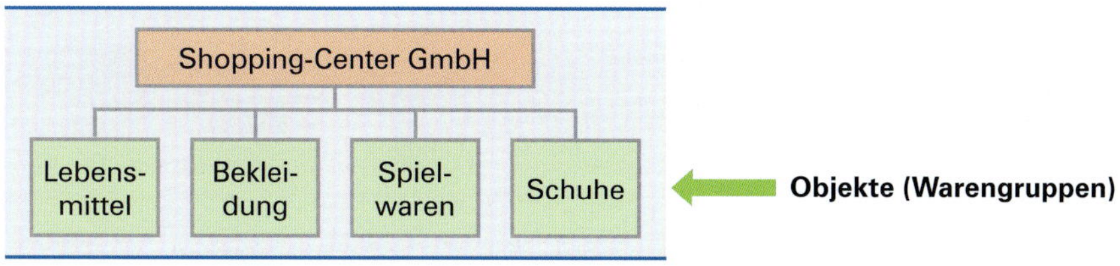

5.3.2 Stellenbildung, Abteilungsbildung und Organisationsplan

(1) Stellenbildung

Alle Arbeiten in einem Einzelhandelsbetrieb, die von **einer Person** bewältigt werden können, nennt man **Stellenaufgabe.** Die mit einer Stellenaufgabe betraute Person ist der **Stelleninhaber.** Die **Stelle** ist die kleinste Einheit der Aufbauorganisation. Die Anzahl der Stellen in einem Einzelhandelsbetrieb hängt von seiner Größe ab.

> Die **Stelle** fasst Teilaufgaben zu einem Arbeitsbereich für eine Person zusammen.

Art und Umfang der Aufgabe sowie die Einbindung der Stelle in die Organisation des Einzelhandelsbetriebes werden in einer **Stellenbeschreibung** festgehalten. Aus der Stellenbeschreibung leiten sich die **Zuständigkeit** und die **Verantwortung des Stelleninhabers** ab.

Stellenbeschreibung: Fachverkäufer/-in Bekleidung

- Kunden bedienen
- Kunden informieren (z. B. Modetrends, Farben, Preise) und beraten (z. B. Material, Qualität, Pflege)
- Lagerbestände überwachen
- Lieferbereitschaft sichern
- Neubestellungen veranlassen
- Waren auszeichnen
- Waren im Verkaufsraum präsentieren

Auf die Stellenbeschreibung wird im 3. Ausbildungsjahr im Lernfeld 13 näher eingegangen.

(2) Abteilungsbildung

Werden mehrere Stellen unter einer **gemeinsamen Leitung** (z. B. einem **Abteilungsleiter)** zusammengefasst, spricht man von einer **Abteilung.**

> Die **Abteilung** fasst mehrere Stellen zu einem Verantwortungsbereich unter einer gemeinsamen Leitung (z. B. Abteilungsleiter) zusammen.

Zwischen den Abteilungen gibt es Rangunterschiede. Es gibt Abteilungen, die **Teilaufgaben** erfüllen (z. B. Spielwarenabteilung), und Abteilungen, die die **Hauptaufgaben** des Einzelhandelsbetriebs übernehmen (z. B. Abteilung Einkauf).

(3) Organisationsplan (Organigramm)

> Der **Organisationsplan** weist die einzelnen Stellen- und Abteilungspläne aus. Er zeigt den organisatorischen Aufbau eines Einzelhandelsbetriebs.

Beispiel: Organisationsplan der Central-Supermarkt GmbH

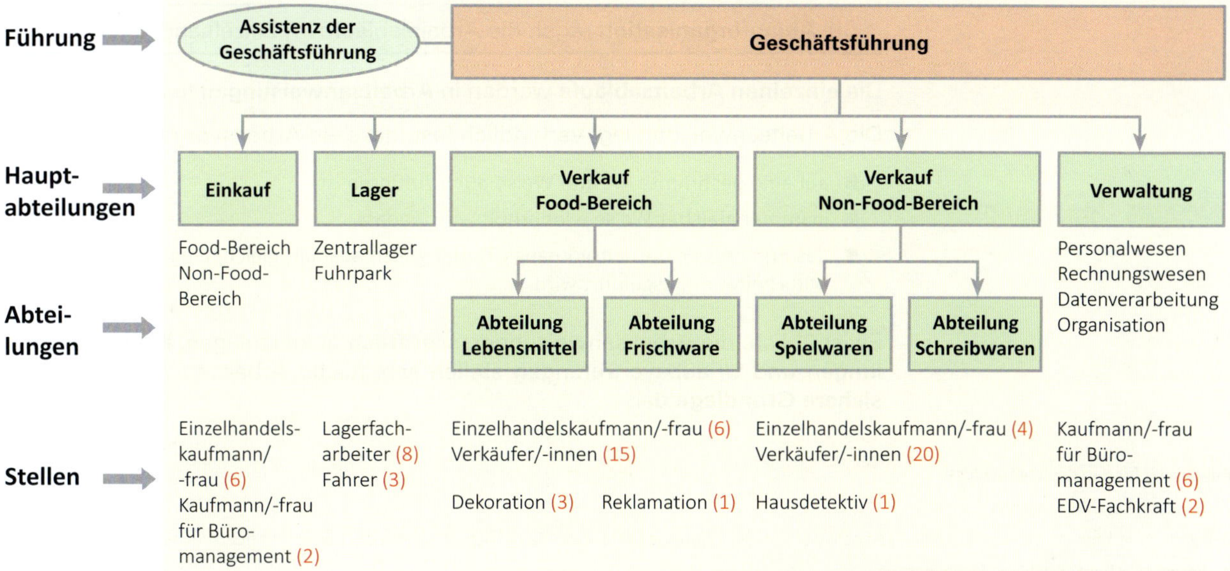

(Die roten Zahlen bedeuten die jeweiligen Mitarbeiterzahlen)

5.3.3 Leitungssysteme

Leitungssysteme (Weisungssysteme) sind Organisationspläne, die alle Mitarbeiter durch **Anordnungen (Weisungen)** erfassen.

Durch das Leitungssystem werden die **Zuständigkeiten (Kompetenzen)** zwischen der Geschäftsleitung, den Hauptabteilungen, den Abteilungen und den Stellen geregelt. Es wird festgelegt, wer die Entscheidungen trifft **(Leitungsaufgaben)** und wer die Entscheidungen auszuführen hat **(Ausführungsaufgaben).**

Beispiele:

- Der Abteilungsleiter der Hauptabteilung Einkauf muss ab einem Wareneinkauf in Höhe von 50000,00 EUR das Einverständnis der Geschäftsleitung einholen.
- Der Abteilungsleiter Lebensmitteleinkauf hat die Anweisungen der Hauptabteilung Einkauf auszuführen.
- Der Abteilungsleiter Lebensmitteleinkauf ist berechtigt, den Mitarbeitern seiner Abteilung (Stelleninhabern) Aufträge zu erteilen.

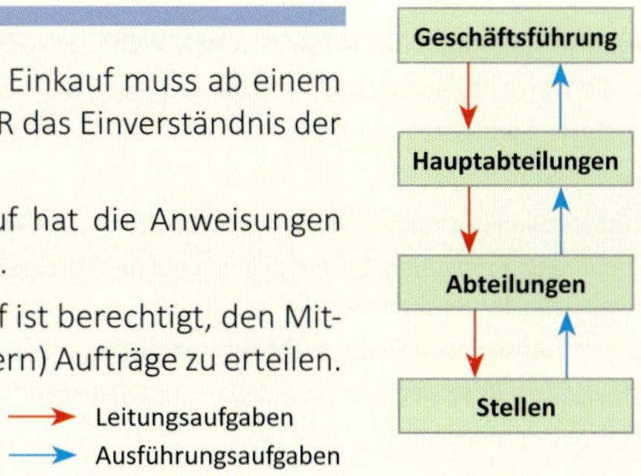

5.4 Ablauforganisation

Die **Ablauforganisation** regelt die Arbeitsabläufe im Einzelhandelsbetrieb.

Die **einzelnen Arbeitsabläufe** werden in **Arbeitsanweisungen** festgehalten.

Die Arbeitsanweisung legt verbindlich fest, dass ein Arbeitsvorgang

- auf eine **bestimmte Art und Weise** durchzuführen ist,
- in immer **gleicher Weise wiederholt** wird, sodass
- das Ergebnis des Arbeitsvorgangs immer **gleich ausfällt,** gleichgültig, von welchem Mitarbeiter er ausgeführt wird.

Es ist üblich, die Arbeitsanweisungen **schriftlich** niederzulegen. Bei Neueinstellungen und Urlaubsvertretungen stellen schriftliche Arbeitsanweisungen eine **sichere Grundlage** dar.

Anweisung für den Kassenabschluss

1. Telecash-Abschluss machen

Belegübersicht kann nur vor dem Abschluss gemacht werden. Bei Differenzen sind in der Belegübersicht Doppelbuchungen leicht erkennbar.

2. Bargeld für Bankeinzahlung fertig machen

2.1 Kassenschublade öffnen: Taste **„Funktionen"** und anschließend die Taste **„Schublade"** drücken. Passwort eingeben und auf **„OK"** drücken. Kassenschublade öffnet sich und ein Bon wird ausgedruckt. Bon unterschreiben und Grund für Öffnung der Kasse vermerken – **Bon** geht an Buchhaltung.

2.2 Die Taste **„Ausg"** auf Bildschirm drücken, Auszahlungsart **„Bareinzahlung"** wählen (die Letzte in der Liste) und die Taste **„Enter"** drücken. Den **Bankeinzahlungsbetrag** (mit den zwei Kommastellen) eingeben und Taste **„OK"** drücken. **Bon** geht unterschrieben an Buchhaltung.

3. Wechselgeld zählen

Es gibt die Möglichkeit, das Wechselgeld über das sogenannte **„Zählformular"** zu errechnen. Dabei muss für jede vorhandene Währungseinheit nur die Menge eingegeben werden. Die Werte werden dann automatisch aufsummiert. Das Wechselgeld kann auch manuell addiert und der Endbetrag eingegeben werden.

4. Zwischenabschluss durchführen (X-Abschluss)

Mit dieser Funktion kann vor Durchführung des End-Abschlusses geprüft werden, ob Differenzen vorhanden sind. Wenn der Zwischenabschluss ausgedruckt ist, müssen die Soll-Werte mit den Ist-Werten (Wechselgeld, Girocard-Abschluss) verglichen werden. Wenn Differenzen vorhanden sind, können diese noch gezielt gesucht und korrigiert werden. Nach einer evtl. Korrektur kann der Zwischenabschluss noch einmal ausgedruckt werden (kann beliebig oft geschehen). Wenn beim Kassieren das falsche Zahlmittel verbucht wurde (z. B. Girocard-PIN statt Girocard-Last), so kann dies vor Abschluss mit der Funktion Zahlmitteltausch korrigiert werden. Im Kassierprogramm auf Funktionen und dann **„Z Tausch".**

5. Kassenabschluss durchführen (Z-Abschluss)

5.1 Jetzt müssen die Ist-Werte eingegeben werden

- Gezähltes Bargeld in der Kasse (Wechselgeld)
- Werte von Girocard-Abschluss
  - Elektronische Lastschrift
  - Girocard-PIN
  - Mastercard
  - Visacard

HIER MÜSSEN UNBEDINGT UND OHNE AUSNAHME IMMER DIE TATSÄCHLICHEN WERTE EINGEGEBEN WERDEN.

5.2 Bevor die OK-Taste gedrückt wird, nochmals die Werte prüfen und dann abschließen (auch wenn eine nicht gefundene Differenz vorhanden ist).

5.3 **Kassenabschluss muss nicht in der Filiale archiviert werden,** kann jederzeit im Abschlussarchiv aufgerufen und bei Bedarf ausgedruckt werden.

6. Wechselgeld für den nächsten Tag eingeben

Der Kassenabschluss ist nach folgendem Muster zu erstellen und nach ZL 80 in die Buchhaltung zu schicken.

6.1 Für den Kassenabschluss kann Konzeptpapier verwendet werden. Es muss jedoch auf der Vorderseite unbedruckt sein. Die bedruckte Rückseite muss mit einem Stift durchgestrichen sein (z. B. stimmige Reduzierungslisten).

6.2 Auf die Vorderseite wird der Kassen- und Girocard-Abschluss geklebt. **Nicht zusammentackern!!!**

6.3 Auf die Rückseite kommt der Bareinzahlungsbeleg und der Beleg, wenn die Kassenschublade geöffnet worden ist (Beschriftet mit Grund- und Unterschrift).

6.4 Ausgabenbelege werden dem Kassenbericht lose beigefügt.

Quelle: „Organisationsanweisungen für die Handhabung der Kassenabrechnung" des Schuhhauses Werdich GmbH & Co. KG, Dornstad

Die **Arbeitsanweisung** ist ein Hilfsmittel zur Sicherung eines reibungslosen Arbeitsablaufs.

VERSTANDEN?

1 Ordnen Sie die folgenden Unternehmensziele (1.1 bis 1.3) jeweils den unten aufgeführten Fällen (❶ bis ❺) zu. Wenn mehrere Unternehmensziele gleichzeitig angesprochen werden sollten, nennen Sie die zutreffenden Lösungsziffern.

1.1 Wirtschaftliche Ziele

1.2 Soziale Ziele

1.3 Ökologische Ziele

❶ Einführung einer flexiblen Arbeitszeitregelung, damit die Mitarbeiter Arbeitszeit und Privatleben besser vereinbaren können.

❷ Es wird eine Prämie für praktikable Vorschläge umweltfreundlichen Verhaltens am Arbeitsplatz gezahlt.

❸ Durch Gewährung von Bonuspunkt-Programmen sollen Kunden an das Unternehmen gebunden werden.

❹ Die Verkäufer bekommen leistungsbezogene Zusatzzahlungen auf ihr Gehalt, wenn sie die Beratung von Kunden verstärken und damit den Umsatz steigern. Außerdem soll durch diese Maßnahme die Arbeitszufriedenheit der Mitarbeiter erhöht werden.

❺ Es wird ein Vertrag mit einem Personal Trainer aus einem Fitnessclub geschlossen, der in geeigneten Betriebsräumen die Mitarbeiter in flexibel wählbaren freien Zeiten mit Ausgleichssport betreut.

---

2 Finn-Luca wird in einem Fachgeschäft für elektronische Medien der Informations- und Unterhaltungstechnik ausgebildet. Dieser Betrieb ist Teil einer Einzelhandelskette.

In den letzten Jahren hat sich das Kundenverhalten in Richtung Onlinehandel verlagert. Dadurch sind Änderungen der Organisation in der Filiale geplant, in der Finn-Luca ausgebildet wird. Das hat Auswirkungen auf den Verlauf seiner Ausbildung. Finn-Luca recherchiert daher, welche Bedeutung Organisation für einen Betrieb hat.

2.1 Erläutern Sie den Begriff „Organisation".

2.2 Beschreiben Sie die Aufgabe der betrieblichen Organisation.

2.3 Unterscheiden Sie die Begriffe Aufbau- und Ablauforganisation.

2.4 Erläutern Sie den Begriff Organigramm.

2.5 Stellen Sie in einer vereinfachten Skizze die Aufbauorganisation Ihres Ausbildungsbetriebes dar.

---

3 Beschreiben Sie wesentliche Tätigkeiten der Stelle eines Fachverkäufers in einer Abteilung Ihres Ausbildungsbetriebes oder eines Einzelhandelsbetriebes, den Sie kennen.

3.1 Welche Teilaufgaben erfüllt der Verkäufer?

3.2 In welcher Abteilung befindet sich diese Stelle?

3.3 Erläutern Sie, wodurch Abteilungen sich von einer Stelle unterscheiden.

---

4 Im Laufe seiner Ausbildung bekommt Finn-Luca immer mehr Verantwortung übertragen. Aber nicht jeder Mitarbeiter im Betrieb ist in gleicher Weise berechtigt oder in der Lage, ihm Anweisungen zu geben.

4.1 Nennen Sie die Funktion eines Leitungssystems.

4.2 Definieren Sie die Bedeutung von Arbeitsanweisungen.

4.3 Erstellen Sie eine klare und verständliche Arbeitsanweisung für den Arbeitsplatz, an dem Sie gerade ausgebildet werden.

4.4 Berichten Sie, welche Folgen unklare Arbeitsanweisungen haben können.

4.5 Recherchieren Sie im Berufsbildungsgesetz, welche Besonderheit bei Auszubildenden zu beachten ist, wenn diese Arbeiten zugewiesen bekommen.

4.6 Berichten Sie, wie Sie Ihre eigene Arbeit organisieren.
- Welche Vorbereitungen treffen Sie?
- Welche Hilfsmittel benötigen Sie?
- Nennen Sie Beispiele von Arbeitsanweisungen, die Sie zu befolgen haben.

6 Präsentation erstellen

6.1 Ziel

Eine Präsentation ist eine Möglichkeit, anderen Personen bestimmte Inhalte (beispielsweise Ergebnisse eines Projekts oder gesammelte und aufbereitete Informationen zu einem Betrieb) vorzustellen.

6.2 Vorbereitung

(1) Erwartungshaltung des Publikums berücksichtigen

Die Vorbereitung einer Präsentation ist von großer Bedeutung. Es geht nicht darum, sein eigenes Fachwissen darzustellen, sondern auf die Erwartungen der Zuhörer einzugehen.

Als Vortragender müssen Sie die spezifische Erwartungshaltung der Zuhörer erkunden. Dies gelingt Ihnen am besten über die **SIE-Analyse**. Sie richtet sich auf die:

- **S**ituation der Zuhörer
- **I**nteressen der Zuhörer
- **E**instellungen der Zuhörer

Je stärker Sie auf die Zuhörer eingehen, umso wahrscheinlicher erreichen Ihre Ausführungen die Teilnehmer.

Die Präsentation sollte auf das Wissen der Zuhörer zugeschnitten sein und ihren Erwartungen in Bezug auf Umfang und Einzelheiten entsprechen. Dadurch wird erreicht, dass die Zuhörer dem Vortragenden aufmerksam folgen können. Sie werden sich weder langweilen noch den „roten Faden“ verlieren.

(2) Wichtige Voraussetzungen klären

Bevor man anfängt, die Präsentation schriftlich auszuarbeiten, sollten Sie folgende Punkte klären:

- Welches Thema soll präsentiert werden?
- Welche Vorkenntnisse haben die Zuhörer?
- Wie viele Teilnehmer hören zu?
- Welchen Nutzen sollen die Zuhörer von der Präsentation haben?
- Wie viel Zeit ist für die Präsentation vorgesehen?
- Welche technischen Hilfsmittel stehen zur Verfügung?
- Falls es mehrere Präsentationen gibt: Welche Themen gehen voraus und welche folgen?

(3) Ziele und Termine setzen

Zu einer guten Vorbereitung gehört auch, dass Sie sich der Ziele, die Sie durch die Präsentation verfolgen, genau bewusst werden. Die Ziele sind im Vorfeld schriftlich festzuhalten. Ohne die **Festlegung der Ziele** ist ein logischer Aufbau der Präsentation mit einer überzeugenden Argumentationskette nicht möglich. Die formulierten Ziele müssen **realistisch,** d. h. in dem zur Verfügung stehenden Zeitraum zu verwirklichen sein.

Damit Sie die Ziele termingerecht umsetzen, müssen Sie einen **Arbeits- und Zeitplan** erstellen. Die einzelnen Arbeitsschritte werden darin gegliedert, chronologisch (zeitlich) geordnet und terminiert.

Beispiel:

Arbeits- und Zeitplan

Aufgabenstellung: ....

Ziel: ....

Planung von Lösungsschritten

Was ist zu tun?	Von bzw. bei wem?	Bis wann?	✓
Informationen zur „Firmengeschichte" und „unternehmensbezogenen Datenfeldern" sammeln, auswerten, ...	Geschäftsleitung, Bereichsleitungen, Firmenbroschüre, ...		
⋮	⋮	⋮	

Um bei der Präsentationsvorbereitung alle Informationen und Medien frühzeitig zu beschaffen, Termine mit eingeplanten Gesprächspartnern einzuhalten und nicht zuletzt die inhaltliche Ausarbeitung der Präsentation vorzubereiten, ist es sinnvoll, eine To-do-Liste aufzustellen.

Eine **To-do-Liste** wird angefertigt, um den Überblick zu bewahren und keine Termine zu verpassen.

Die einfachste To-do-Liste ist ein Papier, auf das man alle zu erledigenden Tätigkeiten schreibt.

Priorität: Rangfolge; Stellenwert, den etwas innerhalb einer Rangfolge einnimmt; Vorrangigkeit.

Zur sinnvollen Nutzung der To-do-Liste trägt man die zu erledigenden Tätigkeiten ein und gewichtet sie nach festgelegten Kriterien, beispielsweise nach der inhaltlichen Bedeutung für die Präsentation oder dem Termindruck. Dies geschieht, indem man eine entsprechende **Priorität** vergibt.

(4) Informationen beschaffen

„Die Zahl derer, die durch zu viele Informationen nicht mehr informiert sind, wächst."

Rudolf Augstein (1923–2002), deutscher Journalist, Herausgeber von „Der Spiegel"

Bei der **Informationsbeschaffung** kommt es darauf an, **nützliche** und **richtige** Informationen aus unterschiedlichen und **zuverlässigen** Quellen zu erhalten.

Über die meisten Themen gibt es sehr viele Informationen. Die eigentliche Schwierigkeit besteht darin, aus einem **Überangebot** genau die Informationen zu beschaffen, die vom Umfang und Niveau, von der Aktualität und vom Wahrheitsgehalt zu der betreffenden Präsentation passen.

Informationen können auf folgende Arten beschafft werden:

Elektronische Medien	Printmedien	Sonstiges
■ Internet (Suchmaschinen, Wissensplattformen, . . .) ■ Fernsehen/Radio ■ DVDs ■ . . .	■ Zeitungen/Zeitschriften ■ Bücher ■ Lexika ■ Prospekte ■ . . .	■ Betriebsbesichtigungen ■ Ausstellungen ■ Messen ■ . . .

Bei Informationen aus dem Internet muss man immer mit unbeabsichtigten Fehlern und beabsichtigten Falschangaben rechnen. Beschafft man sich Daten von Behörden, Ministerien, Verwaltungen, Berufsgenossenschaften, Bibliotheken usw. kann man davon ausgehen, dass diese zuverlässig und richtig sind.

Bei der Nutzung der beschafften Informationen, auch bei Bildmaterial, muss auf das **Urheberrecht** geachtet und die **Quelle angegeben** werden.

Methode: Suchen im Internet

Da es Milliarden von Internetseiten gibt, ist es notwendig, bestimmte Suchmethoden zu kennen. Um ein ganz bestimmtes Dokument zu finden, werden **Suchmaschinen** eingesetzt. Das sind Programme, die die Dokumente des World Wide Web ständig nach bestimmten Stichworten durchsuchen und diese Informationen in einer Datenbank abspeichern. Es gibt unterschiedliche Arten von Suchmaschinen, z. B. automatische Systeme oder Webkataloge (von Redakteuren erstellt). Bekannte Suchmaschinen sind z. B. Google, bing und Yahoo.

Zur Suche ist ein **Kernbegriff** zu wählen, der genau bezeichnet, was gesucht wird. Gegebenenfalls ist eine Einengung des Begriffes vorzunehmen oder ein Synonym anzugeben (d. h. ein Begriff der gleichbedeutend ist). Je nach Suchmaschine sind Begriffsverknüpfungen zu verwenden („AND“ und „OR“) oder Ausschlussverfahren anzuwenden („NOT“, „AND NOT“). Als **„Trunkierungen“** bezeichnet man Suche nach Wortstämmen.

Wichtig ist die **Bewertung** der Informationen, denn die Zuverlässigkeit ist in einem offenen System wie dem Internet sehr unterschiedlich. Die Grundfragen lauten:

Wer liefert die Information?

Welches grundlegende Interesse wird mit der Information verfolgt?

Wer gehört zur hauptsächlichen Zielgruppe dieser Information?

Wie zuverlässig ist die Informationsquelle?

Dateien im Internet zu nutzen, birgt auch technische Risiken. Die **Datensicherheit** muss durch verschiedene Maßnahmen beachtet werden:

- Nur Programme herunterladen, die von vertrauenswürdigen Quellen stammen.
- Virenscanner einsetzen. Virenscanner regelmäßig aktualisieren, da ständig neue Computerviren entwickelt werden.

Beim Austausch besonders sensibler Daten (z. B. über Bankverbindungen) sollten nur sichere Internetverbindungen genutzt werden. Diese sind mit https:// („s“ für „secure“ = sicher) und der Abbildung eines kleinen Schlosses in der Browserzeile gekennzeichnet (statt lediglich http://).

Bei der Nutzung von Inhalten ist das **Urheberrecht** zu beachten. Musik, Filme, Bücher usw. dürfen nicht einfach kopiert und als Download beliebig genutzt werden. Die Rechte liegen beim Urheber, der um Erlaubnis gefragt werden muss. Bei Verletzung des Urheberrechts stehen dem Urheber Schadensersatzansprüche zu. Der Urheber kann das Recht der Veröffentlichung an Verlage oder Internetseiten übertragen. Der Urheberschutz erlischt 70 Jahre nach dem Tod des Autors. Das Urheberrecht müssen auch die Nutzer von **sozialen Netzwerken** wahren.

Nach dem Sammeln der für die Präsentation **relevanten** Informationen müssen diese auf das Wesentliche **reduziert** und anschließend **visualisiert** werden.

visualisieren: veranschaulichen, auf optisch ansprechende Weise darstellen.

(5) Ablauf der Präsentation planen

Einstieg	■ Den Einstieg sollten Sie gut planen und üben. Der erste Eindruck entscheidet oft darüber, ob bei den Zuhörern Interesse oder Ablehnung erzeugt wird. ■ Der Einstieg besteht aus – einer **Begrüßung** der Zuhörer, – einer **Vorstellung** der eigenen Person und aller anderen an der Präsentation beteiligten, – dem **Grund der Präsentation** und – einer **Ablaufübersicht** mit behandelten Themen, Zeitabschnitten, Frage- oder Diskussionsteil und geplanten Pausen.
Hauptteil	■ Im Hauptteil der Präsentation werden alle gesetzten Ziele inhaltlich abgearbeitet. ■ Die Ziele werden durch Aussagen und Behauptungen, durch aufschlussreiche Diagramme, Argumente, Lösungsvorschläge oder Schlussfolgerungen belegt oder bewiesen.
Abschluss	■ Die Präsentation kann durch eine Zusammenfassung, einen Ausblick, eine offene Frage, ein Zitat oder eine Anekdote beendet werden. ■ Da den Zuhörern der Schluss des Vortrags am besten im Gedächtnis bleibt, sollten Sie den Schluss gut nutzen. Sie können nochmals die wichtigsten Aussagen kurz wiederholen. ■ Am Ende bedanken Sie sich beim Publikum für die geschenkte Aufmerksamkeit.

6.3 Grundlegende Präsentationsregeln

Das Gelingen einer Präsentation hängt sehr stark davon ab, welchen Eindruck Sie beim Publikum hinterlassen. Das heißt, auch eine fachlich und inhaltlich sehr gute Präsentation erzielt die optimale Wirkung auf die Zuhörer erst in Verbindung mit geschickt eingesetzten sprachlichen und körpersprachlichen Mitteln.

(1) Körpersprache einsetzen

Die Körpersprache wird ausführlich in Lernfeld 2, Kapitel 1.1.4, S. 98 ff., behandelt.

Die Körpersprache ist die **Sprache „ohne Worte“.** Sie erfolgt normalerweise unbewusst, unwillkürlich und unbeabsichtigt. Die Körpersprache trifft Aussagen, vermittelt Botschaften.

Zur Körpersprache gehören:

- Blickkontakt
- Mimik
- Gestik
- Körperhaltung

Der **direkte Blickkontakt** ist eines der wichtigsten Mittel, um Verbindung zum Publikum aufzunehmen und zu halten. Ein Blick kann ruhig, freundlich, ablehnend, gelangweilt usw. sein.

Zuhörer, die während einer Präsentation selten oder gar nicht angeschaut werden, sind oft unaufmerksamer, weil sie sich vom Redner nicht beachtet und angesprochen fühlen.

(2) Sprache einsetzen

Verständlichkeit

Die Präsentation muss von den Zuhörern inhaltlich verstanden werden. Aus diesem Grund hängt es vom Wissen der Zuhörer ab, welche Fachbegriffe Sie im Vortrag verwenden können. Fremdwörter sollten Sie nur verwenden, wenn es keine entsprechenden deutschen Begriffe gibt oder sie jedem geläufig sind.

Kurze und vollständige Sätze erleichtern die Aufnahmefähigkeit. Bewusst gesetzte Pausen geben dem Publikum die Möglichkeit, kurz über das Gesagte nachzudenken und es zu verarbeiten oder sich wieder zu konzentrieren. Ihre Aussprache sollte natürlich, deutlich und klar sein.

Veränderung der Stimme

Die Präsentation wirkt auf den Zuhörer lebendiger und abwechslungsreicher, wenn Sie ihre Stimme in Melodie, Klangfarbe, Lautstärke und Betonung verändern. Der Vortrag wird dynamischer und das Publikum hat einen höheren Unterhaltungswert. Das Sprechtempo darf weder zu schnell noch zu langsam sein.

(3) Gestaltung von Präsentationsfolien

✔ Die Präsentationsfolien müssen gut lesbar sein.

Beispiel:

Auf einem Blatt Papier die Schriftgrößen 12 pt (Standardtext) bis 16 pt (Überschriften) und für eine Powerpointfolie mindestens 24 pt (Standardtext) bis 40 pt (für den Folientitel) benutzen. Schriftarten, die auf Bildschirmen gut lesbar sind, sind Calibri, Tahoma, Verdana oder andere schnörkellose Schriften.

Gut geeignete Schriften:	**Weniger gut geeignete Schriften:**
Schriftart Verdana	Schriftart Times New Roman
Schriftart Tahoma	*Schriftart Monotype Corsiva*
Schriftart Calibri	Schriftart Tekton Pro

✔ Die Präsentationsfolien müssen **übersichtlich** aufgebaut sein.

Beispiel:

Die Schriftgrößen und Hervorhebungen (Unterstreichung, fette, kursive oder farbige Schrift) sollten gezielt und sparsam eingesetzt werden. Die Informationsmenge pro Seite sollte sich auf wenige Sachpunkte beschränken. Durch Hauptüberschriften (Titel) und Untertitel kann man Kernaussagen und Informationen strukturieren.

✔ Bei einem **leicht getönten** Hintergrund der Präsentationsfolie kann der Text besser gelesen werden.

Beispiel:

Schwarze Schrift auf pastellfarbenem Hintergrund ist angenehm zu lesen.	Ein weißer Hintergrund wirkt oft sehr grell.	Ein Hintergrund in intensiver Farbe oder mit Farbverlauf lenkt ab.

Durch farbige Schrift können Wörter hervorgehoben werden. Dabei müssen Sie auf ausreichend **Kontrast** zwischen Schriftfarbe und Hintergrund achten.

Beispiel:

Wie sehr fällt Ihnen diese Farbe im Gegensatz zu dieser Farbe auf?	Auf weißem Hintergrund wirken eingesetzte Farben anders als auf farbigem Hintergrund.	Hier sehen Sie eine Schrift auf dunklerem Hintergrund.

Eine inhaltliche **Überfrachtung** muss vermieden werden. Bei sehr viel Text muss sich der Leser zu sehr konzentrieren, um die wichtigen Informationen herauszufiltern.

(4) Medieneinsatz bei einer Präsentation

Im Folgenden werden die wichtigsten **Medien** für eine Präsentation kurz vorgestellt:

- Ein **Flipchart** ist ein großer Block auf einem Standgestell. Die Blätter werden von Hand beschrieben, können vorbereitet oder während des Vortrags beschrieben werden. Aufgrund der Größe (DIN A1) ist dieses Medium für Präsentationen in einer kleineren Gruppe geeignet. Ein Flipchart ist sehr kostengünstig. Durch spontane Skizzen oder den Einsatz verschiedener Farben kann der Vortrag interessanter gestaltet werden.

- **Videos** oder **Filme** können bestimmte Sachverhalte realitätsgetreu wiedergeben. Zum Vorführen des Films kann man ein Fernsehgerät benutzen, das Video in eine PowerPoint-Präsentation einbetten und mithilfe eines **Beamers** an eine Projektionswand projizieren.
- Mit einem **Laptop** und der Hilfe eines Programms zur Erstellung von Präsentationen können Tabellen, Bilder, kurze Videos und Texte beliebig aneinandergefügt werden. Der Laptop sollte immer im Wechsel mit anderen Medien eingesetzt werden, damit sich die Aufmerksamkeit des Publikums wieder auf den Referenten richtet und der Vortrag nicht zu eintönig wird.

- Mithilfe eines **Overheadprojektors** können vorbereitete Folien aufgelegt oder während der Präsentation beschrieben bzw. ergänzt werden. Der Vorteil ist, dass die Vorbereitung keinen großen Aufwand erfordert, Teile der Folie ab- oder aufgedeckt werden können und Sie dem Publikum zugewandt bleiben.

  Eine Weiterentwicklung des Overheadprojektors ist der **Visualizer (Dokumentenkamera)**. Mit ihm können farbige Abbildungen und sogar Gegenstände gefilmt und projiziert werden.

6.4 Bewertung

(1) Bedeutung der Bewertung

Der Arbeitsaufwand für eine abwechslungsreiche, inhaltlich und fachlich richtige Präsentation ist groß. Ob Ihre Präsentation die gewünschte Wirkung auf die Zuhörer hatte, kann durch eine Selbsteinschätzung nur schwer ermittelt werden.

Eine offene und ehrliche Rückmeldung der Zuhörer gibt Ihnen die Möglichkeit, Ihre Stärken und Schwächen herauszufinden, um zukünftige Präsentationen besser zu machen.

Die Bewertung kann z. B. mit einem sehr einfachen Feedback erfolgen, das positive und verbesserungsfähige Punkte auflistet, oder mit einem vorstrukturierten Bewertungsbogen zu verschiedenen Kriterien.

(2) Feedback

Ein Feedback ist eine gezielte, **offene Rückmeldung** an den Feedback-Empfänger, wie sein Verhalten von anderen wahrgenommen und interpretiert (gedeutet) wird. Sinnvolle **Anlässe** fürs Feedback sind neben der Nachbereitung einer Präsentation das Mitarbeiter-Vorgesetzten-Gespräch im Rahmen der Mitarbeiterführung.

Das Feedback ist eines der wirksamsten und einfachsten Instrumente, um mit wenig Aufwand die Selbstwahrnehmung und das Verhalten des Feedback-Empfängers zu verbessern. Ein Feedback ist jedoch nur dann nützlich, wenn es **deutlich** und **unmissverständlich** gegeben wird. Ein kritisches Feedback, das sich auf störende Verhaltensweisen bezieht, kann unter Umständen zu schwierigen Situationen führen, in denen sich mindestens einer der Beteiligten unwohl fühlt.

Damit das Feedback **konstruktiv** für Sie ist, müssen bestimmte Feedback-Regeln beachtet werden.

Konstruktiv: aufbauend, erhaltend, stärkend (Gegenteil: destruktiv). Hilfreiches Feedback ist konstruktiv.

Regeln für das Geben von Feedback	Regeln für das Empfangen von Feedback
■ Beobachtungen konkret benennen. Verhalten genau beschreiben. ■ Das Gegenüber wissen lassen, welche Empfindungen das Verhalten ausgelöst hat. ■ Die eigenen Gefühle in der Ich-Form äußern. „Es hat mich erstaunt ...“ ■ Eigene Ziele und Wünsche klar äußern. ■ Auf Wertungen und Vorurteile verzichten. ■ Direkte Feedbacks geben (unter vier Augen, persönlich, die Person direkt ansprechen). ■ Keine verallgemeinernden „Abrechnungen“. ■ Die passende Situation wählen. Feedback-Empfänger soll das Gesicht nicht verlieren. ■ Positives (Anerkennung) ebenfalls nennen.	■ Entgegennehmen – Verständnis zeigen. ■ Kein Rechtfertigen, keine Verteidigung. ■ Nachfragen, wenn etwas nicht verstanden wurde. ■ Für das offene Feedback danken. ■ Selbst entscheiden, was man beibehalten, was man verändern möchte. ■ Dem Feedback-Geber sagen, was das Feedback bewirkt hat.

Das Feedback-Geben sollte folgendermaßen ablaufen:

Möglichst positiver Einstieg (Ort, Zeit, ...) → Wahrnehmung (positive und negative) objektiv wiedergeben → Über eigene Bedürfnisse und Gefühle informieren → Veränderungs- bzw. Verbesserungswunsch äußern → Möglichst positiver Abschluss des Feedbacks

(3) Bewertungsbogen

Die einfachste Form eines Bewertungsbogens gibt den Zuhörern einer Präsentation die Möglichkeit, ihre Eindrücke in die Abschnitte „Positiv" („+") und „Negativ" („−") zu ordnen.

Beispiel:

Bewertung der Präsentation vom: *23. September 20..*
Thema: *Ein Betrieb stellt sich vor: die Heimwerker GmbH*

+	−
⋮	⋮

Um die Aussagekraft zu erhöhen und zu einer verlässlicheren Bewertung der Gesamtleistung zu kommen, sollten **Bewertungskriterien** entwickelt und gewichtet werden.

Beispiel:

Bewertungskriterien	−	Ø	+	Gewichtung in Punkten	Erreichte Punktzahl	Notizen, Bemerkungen
Einleitung				5		
Inhalt, fachliche Richtigkeit				20		
⋮	⋮	⋮	⋮	⋮	⋮	⋮

VERSTANDEN?

1 Erstellen Sie eine Liste mit Kriterien, die zur Bewertung einer Präsentation wichtig sind.

2 Entwerfen Sie einen ausführlichen Bewertungsbogen mit Abstufungen in der Bewertung („sehr gut“, „gut“, „...“ oder „voll erfüllt“, „teilweise erfüllt“, „...“), der Ihre Kriterienliste enthält.

3 Erarbeiten Sie ein Thema (z. B. „Ihr Betrieb“, „Sicherheitsbestimmungen in unserem Betrieb“, „Das Sortiment bei uns“ oder einen anderen Schwerpunkt). Erstellen Sie hierzu eine Präsentation mit einem Präsentationsmedium Ihrer Wahl.

Lernfeld 2

Verkaufsgespräche kundenorientiert führen

Arbeitsheft Kap. 1

1 Kommunikations- und Warenkenntnisse als Voraussetzung für erfolgreiche Verkaufsgespräche

1.1 Grundlagen der Kommunikation

1.1.1 Sprache als Vertrauensauslöser

Kommunikation: Verständigung untereinander
Atmosphäre: hier: Ausstrahlung, Stimmung

Der Verkäufer gewinnt insbesondere durch seine Sprache das Vertrauen der Kunden. Mit der Sprache kann der Verkäufer das Gespräch positiv gestalten. Er kann eine angenehme, verkaufsfördernde Atmosphäre schaffen.

Die Sprache ist das **wichtigste Verkaufsinstrument** eines Verkäufers.

Es ist nicht nur wichtig, **was** ein Verkäufer sagt, sondern auch **wie** er es sagt.

1.1.2 Verwenden von Gesprächsförderern

Gesprächsförderer sind Aussagen und Verhaltensweisen des Verkäufers, die dem Kunden signalisieren: *„Ich finde Sie sympathisch, und ich werde Sie gerne und gut beraten."*

Wichtige Gesprächsförderer sind:

1. aktives Zuhören
2. kundenorientierte Sprache
3. gute Stimmtechnik

(1) Aktives Zuhören

Jeder kennt das Spiel „Stille Post" und jeder ist immer wieder erstaunt, was am Ende der „Flüsterkette" als Ergebnis herauskommt. Sich auf sein Gegenüber zu konzentrieren, ist für einen Verkäufer sehr wichtig, da er nur so die Kundenwünsche ermitteln kann. Dabei muss er auch die mitschwingenden Botschaften des Kunden heraushören.

Zuhören ist eine **aktive Tätigkeit.** Durch aktives Zuhören zeigt der Verkäufer dem Kunden, dass er mit ernsthaftem Interesse eine Lösung für sein Anliegen sucht.

Ausbildungsgespräch

Ausbilderin: *„Eine gute Verkäuferin kann gut reden, aber eine sehr gute Verkäuferin, die kann zuhören."*

Auszubildende: *„Dann werde ich schnell eine Spitzenverkäuferin! Zuhören ist doch einfach."*

Ausbilderin: *„Ja, dem Klang der Stimme lauschen, das ist nicht so schwer. Einem Kunden aktiv zuhören bedeutet jedoch, sich in ihn hineinzuversetzen, mit ihm zu denken und mitzufühlen. Wir müssen dazu wirklich an der Meinung des Kunden interessiert sein."*

(2) Kundenorientierte Sprache

Kunden persönlich ansprechen mit dem „Sie-Stil"

Zum „Sie-Stil" siehe auch die Ausführungen auf Seite 127.

Mit Wörtern wie „ich" oder „man" fühlt sich ein Kunde nicht persönlich angesprochen. Eine kundenorientierte Sprache beinhaltet die Wörter „Sie", „Ihr", „Ihre" oder „Ihnen". Diese Vorgehensweise wird allgemein als **„Sie-Stil"** bezeichnet. Ein Kunde hört es lieber, wenn ein Verkäufer zu ihm sagt *„Damit können Sie …"* anstatt *„Damit kann man …"*.

Positive Formulierungen verwenden

Eine wichtige Regel ist: **Negative Formulierungen** stören die Gesprächsatmosphäre *(„Ich glaube nicht, dass wir etwas Passendes finden")*, **positive Formulierungen** führen zu einer angenehmen Gesprächsatmosphäre *(„Bei Badeanzügen haben wir eine außergewöhnlich vielfältige Auswahl")*.

Beispiel: Positive Verkaufs-Formulierungen

- *„Welchen Wunsch darf ich Ihnen noch erfüllen?"*
- *„Kennen Sie unsere neuen Spezialitäten schon?"*
- *„Ich bin immer für Sie da. Das bedeutet für Sie …"*
- *„Sie gehen kein Risiko ein. Sie sparen dadurch …"*

Verständliche Formulierungen benutzen

Für den Verkaufserfolg ist es wichtig, dass der Verkäufer **verständliche Formulierungen** verwendet.

Checkliste: Verständlich formulieren

- ✓ kurze Sätze bilden
- ✓ bekannte Wörter verwenden (kein „Fachchinesisch“)
- ✓ anschaulich sprechen
- ✓ sich auf das Wesentliche beschränken
- ✓ den „Sie-Stil“ einsetzen

Beispiel:

„Mit dieser Saftpresse sind Sie technisch auf dem neuesten Stand. Sie ist handlich. Sie können jede Frucht schonend bis auf den letzten Tropfen auspressen. Außerdem lässt sich das Gerät sehr leicht reinigen. Dies bedeutet eine enorme Zeitersparnis für Sie. Wir gewähren Ihnen zwei Jahre Garantie. Alle Serviceleistungen werden bei uns ausgeführt. Sie müssen dadurch nie lange auf Ihr Gerät verzichten. Wir sind jederzeit Ihr Ansprechpartner. Sie erhalten diese Saftpresse zu einem sensationellen Preis.“

(3) Stimme als Werkzeug des Verkäufers

Stimme und Sprache stellen eine Einheit dar. Es geht darum, den Inhalt entsprechend zu präsentieren.

Checkliste: Stimme und Sprache einsetzen

- ✓ angenehmer Tonfall
- ✓ klare Aussprache
- ✓ melodische Stimmführung
- ✓ abwechslungsreiche Lautstärke
- ✓ gekonnte Sprechpausen

Der richtige Einsatz der Stimme macht es dem Kunden leichter und angenehmer, mit dem Verkäufer ein Gespräch zu führen. Dabei ist darauf zu achten, dass die Stimme natürlich klingt.

Neben dem äußeren Erscheinungsbild trägt die Stimme maßgeblich dazu bei, eine **positive persönliche Ausstrahlung** zu vermitteln.

Ausbildungsgespräch

Auszubildende:

„Die Stimme ist doch unabänderlich! Bin ich mit meiner Stimme für den Verkauf überhaupt geeignet?“

Ausbilderin: *„Durch ein ständiges Training können Sie Ihre sprachlichen Fertigkeiten verbessern. Hilfreich sind auch Videoaufzeichnungen. Dadurch erlangen Sie mehr Sicherheit im Verkauf. Ihnen fallen Ihre eigenen Schwächen auf, die Sie dann nach und nach abbauen können.“*

1.1.3 Vermeiden von Gesprächsstörern

Gesprächsstörer sind Aussagen des Verkäufers, die das Verkaufsgespräch **belasten.** Sie sollten vermieden werden.

Gesprächsstörer	Erläuterungen	Beispiele
Befehle	Durch sie kommt zum Ausdruck, dass sich der Verkäufer gegenüber dem Kunden überlegen fühlt.	■ *„Greifen Sie sofort zu!“* ■ *„Entscheiden Sie sich jetzt!“* ■ *„Gehen Sie zu Herrn Feist mit Ihrer Beschwerde!“*
Killerphrasen	Es sind abwertende und verletzende Äußerungen, die oft verwendet werden, wenn Sachargumente fehlen.	■ *„Ich bin hier der Fachmann!“* ■ *„Das verstehen Sie nicht!“* ■ *„So ein Quatsch!“*
Überredungsversuche	Dadurch möchte der Verkäufer dem Kunden den Kauf aufzwingen.	■ *„Ich kann nicht oft genug sagen, nehmen Sie ...“* ■ *„An Ihrer Stelle würde ich mit dem Kauf nicht warten, denn ...“* ■ *„Mit diesem Ballkleid sind Sie die Schönste ...“*
Vorwürfe	Sie werden häufig gemacht, wenn der Kunde der Argumentation des Verkäufers nicht folgt.	■ *„Ich habe doch mehrmals gesagt ...“* ■ *„Wären Sie früher gekommen ...“* ■ *„Sie haben meinen Rat nicht befolgt ...“*
Erwartungen dämpfen	Durch sie verunsichert der Verkäufer den Kunden.	■ *„Dieses Handy ist schwierig zu bedienen.“* ■ *„Mit diesem Geschenkvorschlag werden wir sicher Schwierigkeiten haben.“* ■ *„Mit diesen Ausstattungswünschen wird das Auto aber teuer.“*

1.1.4 Körpersprache

Zur **Körpersprache** gehören

Die Körpersprache ist die **Sprache „ohne Worte".** Sie erfolgt häufig unbewusst, unwillkürlich und unbeabsichtigt. Die Körpersprache trifft Aussagen, vermittelt Botschaften.

Beispiel:

Wenn der Kunde bei der Vorführung einer Kaffeemaschine den Blickkontakt mit dem Verkäufer meidet, so kann dies Desinteresse oder Ablehnung bedeuten.

- Ein guter Verkäufer spricht mit seiner Stimme und mit dem ganzen Körper. Er unterstreicht das Gesagte durch seine **Mimik,** seine **Gestik** und seine **Körperhaltung.**
- Ein guter Verkäufer achtet auf die **Körpersprache des Kunden.**
- **Kein Körpersignal** ist absolut **eindeutig zu erklären.**

(1) Mimik

Tipp: Mit der Körpersprache nicht übertreiben. Zu viel kann den Kunden abschecken.

Unter **Mimik** versteht man das Mienen- und Gebärdenspiel des menschlichen **Gesichts.**

Das Gesagte wird unbewusst oder bewusst durch Mimik unterstrichen. Die Mimik des Kunden gibt dem Verkäufer Anhaltspunkte über dessen Gefühlszustand (z.B. ob er sich freut, unsicher, angespannt, interessiert oder ablehnend ist).

Beispiele:

Mimik, die Interesse und Offenheit signalisiert:

- Augen sind weit geöffnet
- freundliches Lächeln, wobei der Kunde mit dem Verkäufer Augenkontakt hat
- Mundwinkel und Augenbrauen sind etwas nach oben gezogen
- Konzentrationsfalte über der Nasenwurzel

Mimik, die Unzufriedenheit, Unbehagen signalisiert:

- Augen sind etwas zusammengekniffen
- gequältes Lächeln, wobei der Kunde mit dem Verkäufer keinen Augenkontakt hat
- Mundwinkel sind herabgezogen
- zusammengekniffene Lippen
- Rümpfen der Nase

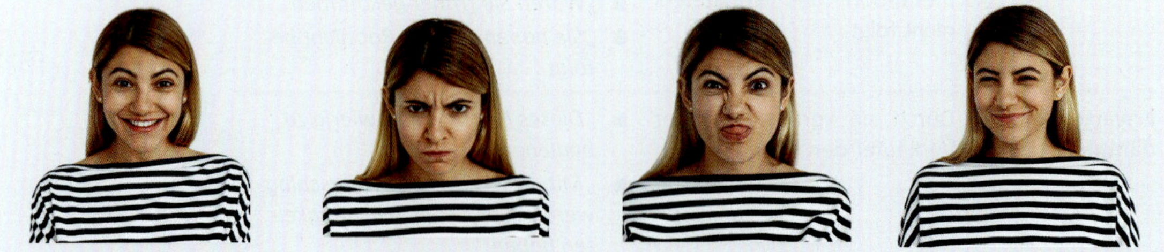

(2) Gestik

Unter **Gestik** versteht man die **Bewegungen des Körpers,** insbesondere von **Kopf, Arm, Hand** und den **Fingern.**

Zum einen wird die Gestik dazu benutzt, die Beschreibung eines Sachverhaltes zu unterstützen (z. B. die Größe des Zierbaumes, der in einem Katalog abgebildet ist, wird durch eine entsprechende Handbewegung dem Kunden verdeutlicht). Zum anderen drückt die Gestik auch Gefühle aus wie z. B. Stärke, Unsicherheit, Offenheit, Hilflosigkeit.

Beispiel:

Die Hände und insbesondere die Handbewegungen sind mitentscheidend, ob ein Verkäufer überzeugend wirkt.

- Durch Verlegenheitsgesten wie das Spielen mit den Haaren oder Schmuck wird ein ängstlicher und nervöser Eindruck vermittelt.
- Die Hand vor dem Mund lässt einen Verkäufer gehemmt und unehrlich aussehen. Es scheint so, als ob der Verkäufer seine Worte nicht aus seinem Mund lassen möchte.
- Ein Verkäufer, der die Hände ausbreitet und dem Kunden die offenen Handflächen zeigt, signalisiert Offenheit.
- Ballt der Verkäufer die Hand zu einer Faust oder weist er mit dem Zeigefinger auf den Kunden, bedeutet dies Aggression bzw. „Ich" weiß es besser.

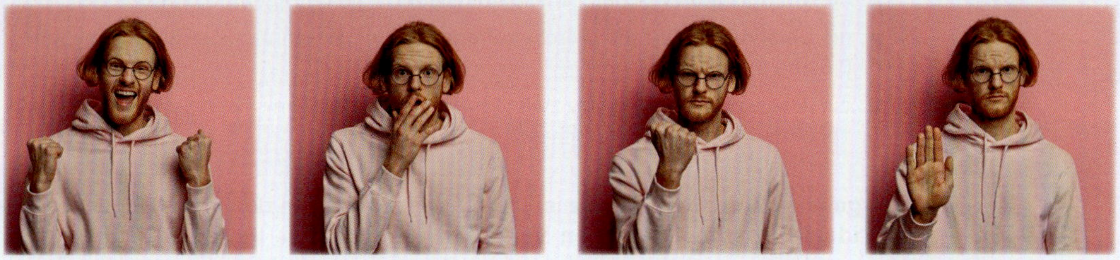

(3) Körperhaltung

Die Körperhaltung des Verkäufers vermittelt deutliche Signale.

Beispiele:

Ausdruck von Interesse, positiver Einstellung:

- ✓ Aufrichten des Kopfes
- ✓ Zuwendung des Körpers zur Ware bzw. dem Kunden
- ✓ Vorwärtsbewegung von Kopf und Körper

Ausdruck von Desinteresse, negativer Einstellung:

- ⊗ Zurücknehmen des Kopfes
- ⊗ Abwendung des Körpers von der Ware bzw. dem Kunden
- ⊗ Rückwärtsbewegung von Kopf und Körper (größere Distanz zum Kunden)

(4) Distanzzonen

Der richtige „Abstand" zum Kunden ist von hoher Bedeutung. Ein Verkäufer, der die Distanzzonen nicht beachtet, verletzt die Privatsphäre des Kunden.

Man unterscheidet folgende Distanzen:

- die **Intimdistanz** zwischen Familienmitgliedern. Sie beträgt bis 0,6 m.
- die **persönliche Distanz** zwischen Freunden und Bekannten. Sie beträgt zwischen 0,6 und 1,2 m.
- die **gesellschaftliche Distanz** zwischen fremden Personen (z. B. zwischen Käufer und Verkäufer). Sie beträgt zwischen 1,20 und 3,00 m.

Die **gesellschaftliche Distanz** ist (zumindest zu Beginn des Verkaufsgespräches) der **ideale Abstand zwischen Verkäufer und Kunden.** In der Bekleidungsbranche, in der auch mal Körperkontakt notwendig wird, bestehen andere Regeln. Hier sollte der Verkäufer den Kunden um sein Einverständnis fragen, bevor er in „seine Sicherheitszone" eindringt.

Distanzzonen

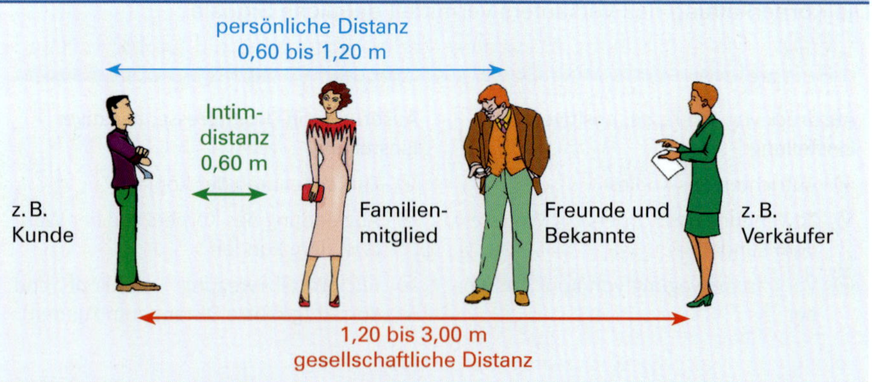

Überblick: Was Mimik, Gestik und Körperhaltung bedeuten:

Körperhaltung

Ablehnung:
Körperliches Zurückweichen (Distanz vergrößern); Blick über Schulter; Oberkörper wird abgewendet

Rücksichtslosigkeit/Dominanz:
Sitzen mit breit auseinander gespreizten Beinen; jemandem auf die Schulter klopfen

Sicherheit:
Das Jacket öffnen, aufrechter, lockerer Stand

Unsicherheit/Schutzfunktion:
Die Füße um die Stuhlbeine schlingen; die Hände um die Stuhllehne klammern; sich selbst mit den Armen umarmen

Mimik

Ablehnung:
Den Kopf mehrmals ruckartig zurückwerfen, gerümpfte Nase, zurückgeschobenes Kinn

Arroganz:
Ein Mundwinkel oder die Augenbrauen werden angehoben

Innere Anspannung/ Abschottung/Abwehr:
Zusammengekniffene Lippen

Interesse:
Der Blickkontakt wird gehalten

Nachdenklichkeit:
Die Unterlippe wird hochgezogen; das Gesicht wird verdeckt

Skepsis:
Augenbrauen werden angehoben

Gestik

Ablehnung:
Luftschläge mit der Hand von oben nach unten

Unsicherheit:
Mit den Händen ein Spitzdach in Richtung des Gesprächspartners formen

Aggression:
Aneinanderlegen der Zeigefinger bei Verschränkung der anderen Finger

Aussagen unterstreichen:
Die Fingerkuppen einer Hand aneinander pressen

Informationen zurückhalten:
Einen oder mehrere Finger auf die Lippen legen

Nachdenklichkeit:
Mit den Händen ein Spitzdach formen

Selbstgefälligkeit:
Das Kinn strecken

Sicherheit:
Armbewegungen oberhalb der Taille

Verkrampfung:
Die Hände vor der Brust falten

Verlegenheit/Nachdenklichkeit:
Armbewegungen unterhalb der Taille, sich an die Nase fassen

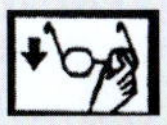

Verwirrung, Erregung:
Die Brille hastig abnehmen

Zeit gewinnen:
Die Brille hochschieben

1.2 Erwerb von Warenkenntnissen

(1) Warenkenntnisse

Warenkenntnisse sind für den Verkäufer die Voraussetzung, dass er dem Kunden genau den Artikel anbieten kann, den dieser zur Deckung seines Bedarfs benötigt. Wichtige **Warenkenntnisse** sind z. B.:

- verwendete Rohstoffe, Materialien, Zutaten, Zusammensetzung
- Herstellungs- und Veredelungsverfahren
- Verwendbarkeit und Funktionsweisen der Artikel, mögliche Gefahren
- Umweltverträglichkeit und Recycelfähigkeit

Informationsquelle Internet

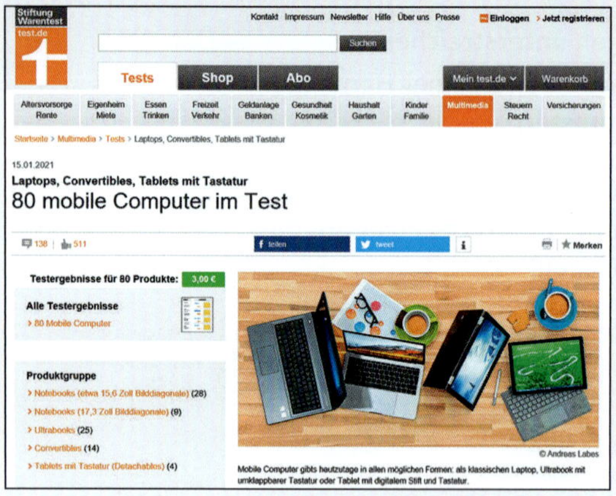

Quelle: www.test.de (Stiftung Warentest)

Quellen, um sich das Warenwissen über neue Produkte anzueignen (Beispiele)

- **Fachliteratur,** Fachzeitschriften, Internet, Testergebnisse ...
- **Hersteller** mit Prospekten, Katalogen, Angaben auf Verpackungen, Gebrauchs-, Bedienungs- und Montageanleitungen, Schulungen durch die Hersteller ...
- **Weiterbildungsprogramme** durch Fachschulen des Einzelhandels, Kurse bei der Industrie- und Handelskammer, Fernlehrgänge ...
- **Einzelhandelsbetrieb selbst** über das Warenwirtschaftssystem, mit regelmäßigen internen Schulungen durch Vorgesetzte, Vorträge durch externe Fachleute, Erfahrungsaustausch mit Kunden, die die Waren einsetzen ...
- Auf **Messen** werden Waren und Dienstleistungen vorgestellt und erklärt sowie Neuheiten präsentiert. Zudem können Fragen mit Herstellern und Lieferanten in einem persönlichen Gespräch geklärt werden.

(2) Warenbeschreibungsbogen

Das erworbene Warenwissen kann vom Verkäufer in einem Warenbeschreibungsbogen („Warensteckbrief") festgehalten werden. Dadurch hat er im Bedarfsfall das **Nutzenprofil** einer Ware auf einen Blick und kann es im Verkaufsgespräch einsetzen.

Je nach Branche kann ein Warenbeschreibungsbogen unterschiedliche Inhalte aufweisen.

- Der **Warenbeschreibungsbogen** fasst wichtige Informationen über die Ware zusammen.
- Er liefert dem Verkäufer **Argumente,** die er bei einem Verkaufsgespräch nutzen kann.

Warenbeschreibungsbogen:

Genaue Bezeichnung der Ware (Name)
- Brooklyn Jacket (Bikerjacke speziell für Frauen)

Warengruppe und Warenart
- Radbekleidung
- Windstopperjacke

Hersteller/Herkunftsland
- Gore Bike Wear/produziert in China

Materialien/Rohstoffe
- 100 % Polyester

Ausführung der Ware (Farben, Größen, Qualitätsmerkmale etc.)
- Graphit/Schwarz
- Größe XS-S-M-L-XL

Aussehen
- Spezielle Schnittführung für Frauen
- Regulierbarer Stehkragen durch Kordel
- Zwei seitliche Lüftungsschlitze
- Rückentasche
- Reflexstreifen vorne und hinten

Pflegehinweise
- 40 Grad Celsius Schonwäsche/Feinwaschmittel
- Keinen Weichspüler verwenden
- Nicht bügeln
- Nach dem Waschen in Form ziehen
- Nicht Wäschetrockner geeignet

Lebensdauer
- Abhängig von der Beanspruchung und Pflege

Verwendungszweck/Gebrauchsnutzen/Gebrauchseigenschaften/Vorteile
- Hält den Körper warm und lässt keinen Wind durch
- Optimale Bewegungsfreiheit beim Rad fahren
- Sicherheit im Straßenverkehr duch Reflektoren
- Luftzirkulation durch die Lüftungsschlitze

Zusatznutzen
- Macht eine gute Figur

Kaufmotive/bestimmter Kundentyp
- Abenteuer und Sicherheit; sportlicher Frauentyp

Ergänzungsartikel
- Stirnband, Funktionsunterwäsche

Alternativprodukt
- Z.B. Bikerjacke des Herstellers Adidas

Preis
- 149,90 EUR

Wirksame Vorlage der Ware durch
- Zeigen und Anprobieren

1.3 Verkaufsformen als Voraussetzung für erfolgreiche Verkaufsgespräche

- Die **Verkaufsform** legt fest, auf welche Art und Weise der Einzelhandelsbetrieb seine Waren verkauft.
- Sie bestimmt wesentlich die Art der Kommunikation mit den Kunden.

(1) Bedienung

Der Verkäufer spricht den Kunden direkt an, ermittelt den Bedarf, legt die Ware vor, argumentiert, berät und unterstützt den Kunden bei der Kaufentscheidung.

Der Verkäufer übernimmt oft den Transport der Ware zur Kasse. Dort wird kassiert und die Ware gegebenenfalls eingepackt.

Anwendungen	Vorteile	Nachteile
▪ bei erklärungs- und beratungsintensiven Waren (Waschmaschine, Computertechnik) ▪ bei hochpreisigen Waren (Uhren, Schmuck) ▪ bei offenen Waren (Wurst, Fleisch, Käse) ▪ bei nicht frei zugänglichen Waren (Waffen, Pestizide)	▪ Möglichkeit der Einflussnahme auf den Kunden durch persönlichen Kontakt ▪ individuelle Beratung ▪ Fachkompetenz des Verkäufers kann eingesetzt werden ▪ Vorführen und Einweisen des Kunden bei komplexen Geräten ist möglich	▪ Bedienung verursacht hohe Kosten ▪ eventuell Wartezeiten für den Kunden ▪ einige Kunden fühlen sich durch die Beratung zum Kauf verpflichtet und meiden daher Bedienungsgeschäfte

Bei einer **erklärungsbedürftigen Ware** wird sich der Einzelhandelsbetrieb für eine **Bedienung** des Kunden entscheiden.

(2) Selbstbedienung (SB)

Der Kunde kann die Ware entnehmen, prüfen, an die Kasse bringen, bezahlen und anschließend selbst verpacken.

Auf Wunsch des Kunden kann eine Beratung durch den Verkäufer erfolgen. Ansonsten beschränkt sich die Arbeit des Personals auf Einsortieren der Ware, Erteilen von Auskünften, Kassieren und Übergabe der Ware.

Anwendungen	Vorteile	Nachteile
■ bei Waren, die nicht vor dem direkten Zugriff des Kunden geschützt werden müssen und sich selbstbedienungsgerecht verpacken lassen ■ bei allen einfachen Waren, die dem Kunden vertraut und nicht erklärungsbedürftig sind (Drogerieartikel, Lebensmittel, eingepackte „offene Ware", Blumen)	■ geringere Personalkosten durch Verzicht auf Beratung ■ Kostenverringerung führt zu niedrigeren Preisen ■ mögliche Spontankäufe durch die Kunden ■ schnelle Abwicklung des Verkaufsvorgangs ■ Kunde kann ohne Druck des Verkäufers auswählen	■ keine Einflussnahme auf den Kunden möglich ■ Fachkompetenz des Verkäufers kann nur beschränkt eingesetzt werden ■ erhöhte Diebstahlgefahr

Handelt es sich um einen **problemlosen, nicht erklärungsbedüftigen Artikel,** so wird sich der Einzelhandelsbetrieb für eine **Selbstbedienung** durch den Kunden entscheiden.

(3) Vorwahl

Der Kunde hat freien Zugang zur Ware und kann sich somit zunächst selbst einen Überblick über das Warenangebot verschaffen. Er kann somit eine Vorwahl treffen.

Der Verkäufer beobachtet den Kunden aufmerksam und bietet eine Beratung an, sobald dieser den Wunsch danach zu erkennen gibt.

Der Ablauf des anschließenden Verkaufsgesprächs entspricht dem des Bedienungsgesprächs.

Anwendungen	Vorteile	Nachteile
■ bei allen Waren möglich, die nicht vor dem direkten Zugriff durch den Kunden geschützt werden müssen ■ bei Waren, für deren Auswahl der Kunde Zeit braucht (Möbel, Schuhe, Kleidung, Sanitärartikel)	Da die Vorwahl eine Kombination von Bedienung und Selbstbedienung ist, gelten die für die jeweiligen Verkaufsformen beschriebenen Vor- und Nachteile.	

Soll der Kunde die Ware zunächst selbst kennenlernen (um eine **Vorauswahl treffen** zu können) und tritt der Verkäufer erst dann in ein Verkaufsgespräch ein, spricht man von **Vorwahl.**

Arbeitsheft Kap. 2

2 Phasen des Verkaufsgespräches

Verkäufer und Kunden haben ein gemeinsames Ziel: den **Kaufabschluss** am **Ende des Verkaufsgesprächs.** Um zu einem erfolgreichen Abschluss für beide Seiten zu gelangen, werden im Allgemeinen **acht Phasen (Stufen)** durchlaufen.

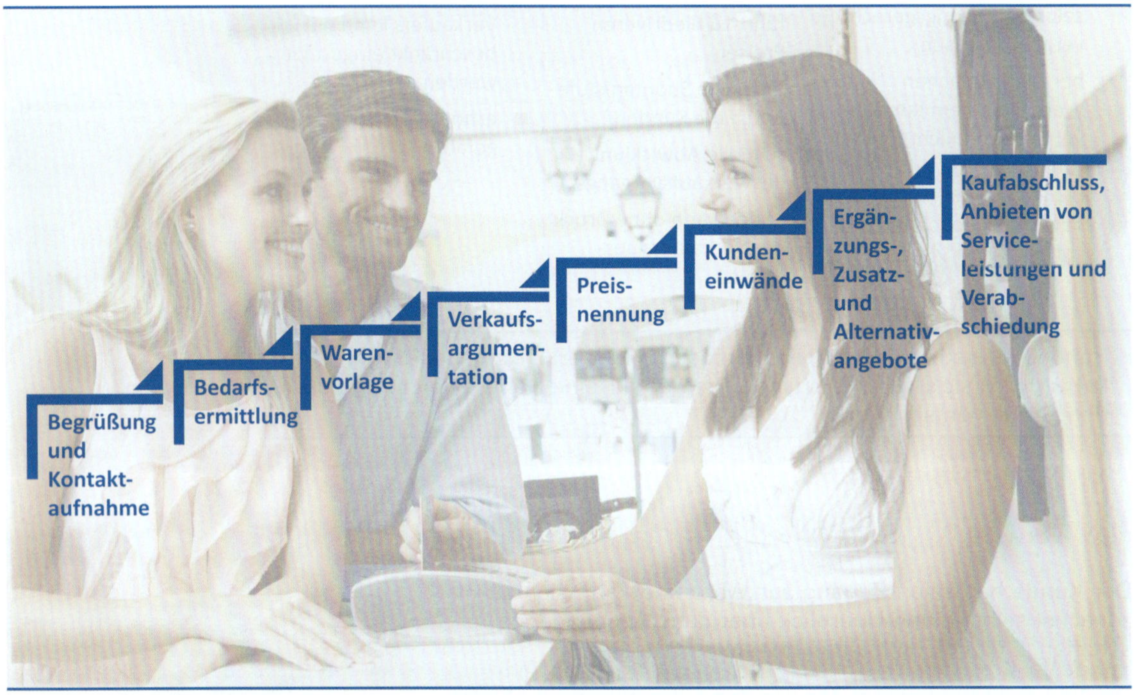

Ausbildungsgespräch

Auszubildende: *„Hat denn jedes Verkaufsgespräch acht Phasen oder Stufen?"*

Ausbilderin: *„Sie dürfen das Verkaufsgespräch nicht so gleichförmig sehen. Jedes Gespräch hat seinen individuellen Ablauf. In manchen Kundengesprächen kommt es gar nicht zum Kaufabschluss, in anderen befindet man sich direkt in der Phase der Preisnennung."*

Auszubildende: *„Dann sind die Phasen wohl auch nicht alle gleich lang?"*

Ausbilderin: *„Genau! Und den Begriff **Stufen** finde ich hier sehr passend, denn einen Lift gibt es im Verkaufsgespräch nicht. Um an unser Ziel, den Kaufabschluss, zu gelangen, müssen wir uns auf jeden Kunden neu einstellen. Dazu hören wir ihm genau zu, damit wir ihm eine entsprechende **Problemlösung** anbieten können!"*

2.1 Begrüßung und Kontaktaufnahme

Arbeitsheft Kap. 3

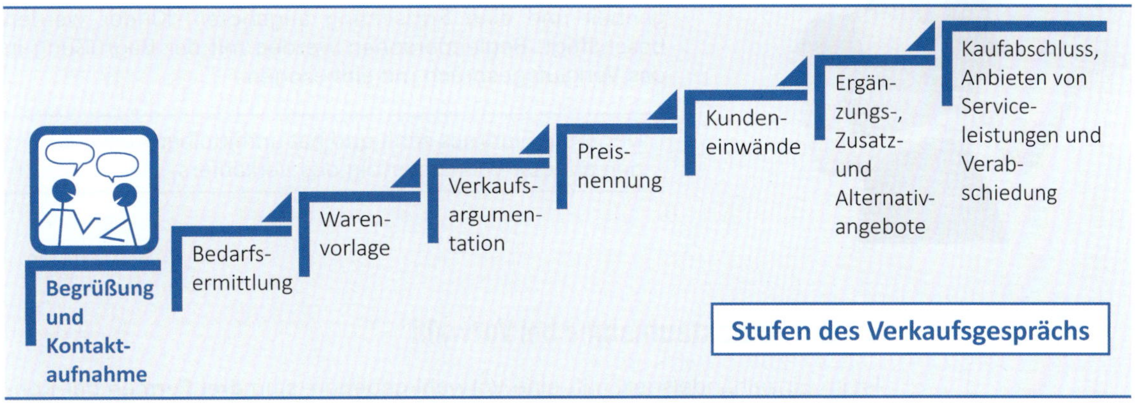

Die Kontaktaufnahme zwischen Verkäufer und Käufer ist abhängig vom **Wunsch des Kunden** und von der **Verkaufsform des Einzelhandelsbetriebs.**

2.1.1 Kontaktaufnahme bei Bedienung

✓ Blickkontakt mit dem Kunden herstellen

Nehmen Sie so schnell wie möglich Blickkontakt mit dem Kunden auf. Durch den Blickkontakt wird Interesse, Offenheit, Zuwendung, Wertschätzung und Ehrlichkeit signalisiert. Er schafft gute Voraussetzungen, dass sich der Kunde im Geschäft wohlfühlt.

Lassen Sie den Kunden nicht warten. Brechen Sie die bisherige Tätigkeit (z. B. Einsortieren der Ware) umgehend ab und wenden Sie sich dem Kunden zu. Kunden fühlen sich schnell zurückgesetzt, wenn man sie warten lässt.

✓ Kunden personen- und situationsgerecht begrüßen

Die Grußformel hängt vom Alter, Geschlecht, Beruf, Titel, Vertrautheit mit dem Kunden ab.

Beispiele:

„Guten Abend, Herr Sahin, wie kann ich Ihnen behilflich sein?“

„Schönen guten Morgen, Frau Dr. Hanse, was darf ich Ihnen zeigen?“ → Begrüßung Erwachsener

„Grüß Gott“, „Guten Tag. Das Kleid, das Sie in den Händen halten, ist aus unserer neuen Kollektion.“

„Hallo Mika“, „Hallo. Das T-Shirt ist top. Das Modell ist erst gestern bei uns eingetroffen.“ → Begrüßung von Jugendlichen

„Hallo, das ist schön, dass du schon einkaufen kannst.“ → Begrüßung von Kindern

Kunden das Gefühl geben, dass er willkommen ist

Mit der Begrüßung ist darauf zu achten, dass sich der Kunde im Geschäft wohlfühlt. Älteren Kunden wird eine Sitzgelegenheit und eine Erfrischung angeboten. Kinder werden beschäftigt, Begleitpersonen werden mit der Begrüßung in das Verkaufsgespräch mit einbezogen.

Der **erste** Eindruck zählt und hat unmittelbar Auswirkungen auf den Verkaufserfolg des Verkäufers.

2.1.2 Kontaktaufnahme bei Vorwahl

Ist im Einzalhandelsgeschäft eine Vorwahl gegeben, sind **drei Formen** der Kontaktaufnahme möglich.

(1) Situation: Der Kunde zeigt Interesse an der Ware

Folgende **Signale** können ein Hinweis darauf sein, dass der **Kunde angesprochen werden möchte:**

Der Kunde

- schaut sich z.B. suchend im Geschäft nach einem Verkäufer um.
- geht direkt auf das Verkaufspersonal zu.
- betrachtet eine Ware interessiert, prüft diese, indem er sie z.B. in die Hand nimmt.
- steht vor einer verschlossenen Vitrine.
- kratzt sich am Kopf und macht ein ratloses Gesicht.

Der Verkäufer sollte versuchen, die Verhaltensweisen des Kunden zu deuten.

- Welcher Artikel wird bevorzugt betrachtet?
- Für welches Produktdetail interessiert sich der Kunde im Besonderen?
- Werden verschiedene Produkte verglichen?
- Interessiert sich der Kunde besonders für das Preisetikett?

Entschließt sich der Verkäufer zur Kontaktaufnahme, kann er dies auf zweierlei Weise tun. Entweder wählt er eine

- allgemeine Kontaktaufnahme. *„Guten Tag, wie kann ich Ihnen helfen?"; „Guten Morgen, was wünschen Sie bitte?"* oder eine
- warenbezogene Kontaktaufnahme. *„Das Modell, das Sie in den Händen halten, hat eine Karbonschiene. Dies hat den Vorteil ..."; „Guten Tag. Diese Stofftiere der Firma XY zeichnen sich durch eine besonders sorgfältige und widerstandsfähige Verarbeitung aus."*

Zu beachten ist, dass ein Kunde **niemals von hinten** angesprochen werden sollte. Der Kunde könnte sich dadurch „überfallen" fühlen und ablehnend reagieren. Es sollte zunächst Blickkontakt zum Kunden aufgebaut werden.

(2) Situation: Der Kunde möchte nicht angesprochen werden

Wenn ein Kunde nicht angesprochen werden möchte, kann man dies gelegentlich an seinem Verhalten erkennen.

Typische Signale sind z. B.:

Der Kunde

- schaut weg und meidet den Blickkontakt.
- dreht dem Verkäufer bewusst den Rücken zu.
- geht dem Verkaufspersonal aus dem Weg.

Zu welchem Zeitpunkt ein Ansprechen des Kunden sinnvoll ist, hängt von der jeweiligen Situation ab. Als allgemeine Regel kann festgehalten werden: Ein Verkäufer sollte immer seinem Kunden zeigen, dass er ihn wahrgenommen hat.

(3) Situation: Der Kunde möchte sich zunächst im Geschäft nur umsehen

Einige Kunden fühlen sich schnell „überrumpelt", wenn sie sofort beim Betreten des Ladens vom Personal „überfallen" werden. Für diese Situation muss ein Verkäufer im Laufe seiner Berufspraxis ein Gespür entwickeln.

Für eine Reihe von Kunden ist das Bummeln durch die Geschäfte Zeitvertreib und eine willkommene Abwechslung. Sie kommen ohne Kaufabsichten. Sie lieben es, sich umzuschauen, sich zu informieren, Ware aus- oder anzuprobieren und sich inspirieren zu lassen. Ihnen sollte der **Freiraum gelassen werden,** ungestört zu stöbern (natürlich nicht, ohne vorher **Bereitschaft zum Helfen** zu signalisieren).

2.1.3 Kontaktaufnahme bei Selbstbedienung

Die Selbstbedienung ist darauf ausgerichtet, dass der Kunde seine Waren ungestört zusammenstellt. Der Kunde erwartet keine Kontaktaufnahme durch den Verkäufer.

Selbstverständlich ist, dass jeder Kunde von jedem Mitarbeiter, der ihm begegnet, begrüßt wird. Zudem wird dem Kunden geholfen, wenn er z. B. eine Ware nicht findet.

Im Selbstbedienungsgeschäft findet die erste Kontaktaufnahme spätestens an der Kasse statt.

VERSTANDEN?

1 „Die Sprache ist ein wichtiges Verkaufsinstrument." Begründen Sie diese Aussage anhand von Beispielen aus Ihrer Praxis.

2 Nennen Sie drei wichtige Merkmale einer kundenorientierten Sprache.

3 Erklären Sie, wie man einem Kunden signalisieren kann, dass man ihm zuhört.

4 Drücken Sie verschiedene Situationen durch Körpersprache aus und lassen Sie Ihre Mitschüler diese interpretieren. (Zum Beispiel: 1. Sie sind zufrieden; 2. Sie haben den Eindruck, Ihnen glaubt man nicht; 3. Sie wissen nicht, was Sie sagen wollen, und suchen nach einer Antwort.)

5 Nennen Sie Verhaltensweisen, die sich negativ auf ein aktives Zuhören auswirken.

6 Erklären Sie, warum es „das Verkaufsgespräch" nicht geben kann.

7 Wie alle Gespräche, so wird auch ein Verkaufsgespräch durch Einflüsse auf die Situation bestimmt. Nennen Sie Beispiele von Faktoren, die sich auf die Gesprächssituation auswirken können.

8 Beschreiben Sie zwei Ziele, die ein Verkäufer bei einem Verkaufsgespräch vorrangig verfolgen sollte.

9 Nennen Sie Waren, die bevorzugt in den Verkaufsformen Selbstbedienung, Bedienung und Vorwahl angeboten werden.

10 Beschreiben Sie typische Verkäufertätigkeiten in den Verkaufsformen Selbstbedienung, Bedienung und Vorwahl.

11 Erläutern Sie, welche Bedeutung Warenkenntnisse des Verkäufers für den Verkaufserfolg haben.

2.2 Bedarfsermittlung

Arbeitsheft Kap. 4

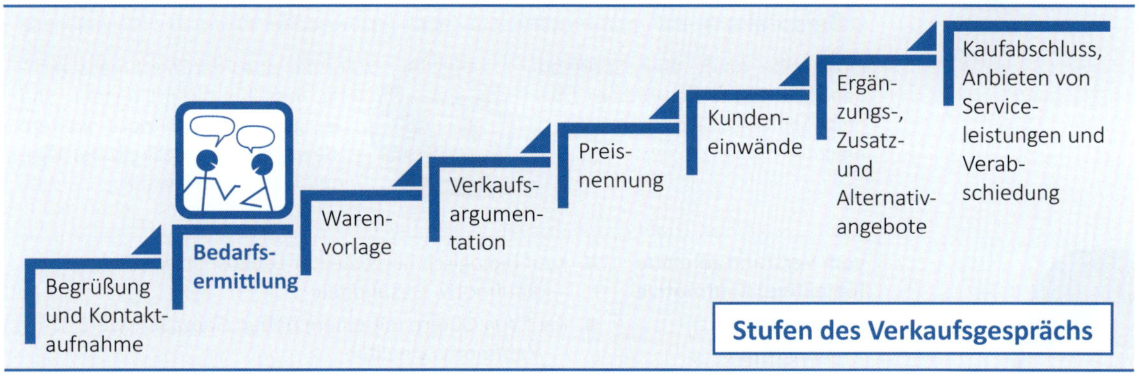

2.2.1 Vertrauensauslöser

Zu Beginn der Bedarfsermittlung muss der Verkäufer darauf achten, **das Vertrauen des Kunden** in seine **Person** und in die **Leistungsfähigkeit des Geschäfts** zu stärken.

Dem Kunden muss das Gefühl vermittelt werden: „Ich bin hier willkommen, ich bin in einem leistungsfähigen Geschäft mit fachkompetenten Verkäufern, die meinen Kaufwunsch verstehen und eine Lösung finden werden."

Als Vertrauensauslöser setzt der Verkäufer „Gesprächsförderer" ein.

Zu den Gesprächsförderern siehe auch die Ausführungen auf Seite 94 ff.

Beispiele:

- *„Ich bin überzeugt, wir finden für Sie das Richtige."*
- *„Wir haben vor wenigen Tagen neue Ware bekommen."*
- *„Für die Lösung Ihres Problems sind wir der Spezialist."*

2.2.2 Kaufmotive

Ausbildungsgespräch

Ausbilderin: *„Kunden, die etwas bei uns kaufen, haben immer ein Kaufmotiv."*

Auszubildende: *„Was ist denn genau ein Kaufmotiv?"*

Ausbilderin: *„Ein Motiv ist der Beweggrund oder der Antrieb, aus dem heraus ein Mensch etwas tut. Ein Kaufmotiv ist dementsprechend der Beweggrund eines Kunden, eine bestimmte Ware zu kaufen. In jeder Branche gibt es typische Kaufmotive. In der Outdoorbranche spielt z. B. die Abenteuerlust und die Sicherheit eine große Rolle."*

Auszubildende: *„Ach so. Es sind also die Gründe, warum Kunden eine bestimmte Ware kaufen."*

Kaufmotive sind die Gründe, die einen Käufer zum Kauf einer Ware bewegen.

Die Kaufmotive können von Kunde zu Kunde unterschiedlich sein. Sie können vom Verstand gelenkt sein **(objektive Kaufmotive)** oder vom Gefühl **(subjektive Kaufmotive)**.

Beispiel:

Ein Kunde kauft eine Sportsonnenbrille. Er tut dies, weil er z. B. beim Skifahren Sicherheit haben möchte.

Für ihn ist es darüber hinaus wichtig, dass ihm die Brille steht. Und es gibt sicherlich noch weitere Beweggründe, weshalb der Kunde dieses Modell wählt.

rational: von der Vernunft bestimmt

emotional: vom Gefühl bestimmt

vom Verstand geleitete (objektive) Kaufmotive ≙ rationale Kaufgründe	■ Kauf biologisch hergestellter Lebensmittel ⟶ Kaufmotiv: Gesundheit ■ Kauf von Gütern mit einem hohen Gebrauchswert ⟶ Kaufmotiv: Qualität ■ Kauf preiswerter Sonderangebote ⟶ Kaufmotiv: Geldersparnis ■ Kauf von Gütern mit einem Umweltsiegel ⟶ Kaufmotiv: Umweltbewusstsein ■ Kauf von Fertiggerichten ⟶ Kaufmotiv: Zeitersparnis ■ . . .
vom Gefühl geleitete (subjektive) Kaufmotive ≙ emotionale Kaufgründe	■ Kauf einer teuren goldenen Uhr ⟶ Kaufmotiv: Geltungsbedürfnis ■ Kauf einer Ware, die viele besitzen ⟶ Kaufmotiv: Nachahmungsverhalten ■ Kauf eines E-Book-Readers ⟶ Kaufmotiv: Unterhaltung ■ Kauf einer Spielekonsole ⟶ Kaufmotiv: Freizeitspaß ■ . . .

Objektive Kaufmotive sind für den Verkäufer **erkennbar.** Teilweise **nicht erkennbar** sind die **subjektiven** (teilweise unbewussten) **Kaufmotive.** Diese kennt manchmal der Kunde bei sich selbst nicht

Das Bild des Eisbergs kann diese Situation verdeutlichen. Beim Eisberg ist es so, dass man nur ein Zehntel seines Volumens sehen kann, 90 % schwimmt unter Wasser und ist daher unsichtbar.

Eisberg-Modell

Erkennbare Sachebene
(geäußerter Anspruch, Sprache, Mimik, Gestik, Kleidung u. Ä.)

Sachliche Kaufmotive
(Qualität, Preis, Umweltverträglichkeit, Service u. Ä.)

Nicht erkennbare Beziehungsebene
(verstandesmäßig nicht erfassbar, im Verborgenen)

Emotionale Kaufmotive
(Geltungsbedürfnis/Prestige, Spieltrieb, Unterhaltung, Schönheit u. Ä.)

2.2.3 Fragetechnik

Ausbildungsgespräch

Auszubildende: *„Wie frage ich denn am besten?“*

Ausbilderin: *„Je nachdem, welches Ziel Sie verfolgen, bietet sich eher die eine oder die andere Frageart an. In der Kontaktphase nehmen Sie besser offene Fragen. Zum Ende des Verkaufsgespräches sind geschlossene Fragen oder Alternativfragen sinnvoll.“*

(1) Fragen, um Informationen zu erhalten

■ **Offene Fragen (Informationsfragen)**

Offene Fragen beginnen in der Regel mit Fragewörtern wie Wer, Wie, Was, Warum, Weshalb. Sie werden auch **W-Fragen (weite Fragen)** genannt.

Hier kann der Kunde nicht mit Ja oder Nein antworten. Sie dienen der Informationsbeschaffung. Offene Fragen eignen sich besonders während der Bedarfsermittlung. Mit offenen Fragen erfährt der Käufer viel über die Wünsche der Kunden.

Beispiele:

- *„Welche Anforderungen stellen Sie an einen Schlafsack?“*
- *„Wie gefällt Ihnen dieser Mantel?“*
- *„Wozu möchten Sie die Bohrmaschine vor allem verwenden?“*
- *„Wann benötigen Sie die Ware?“*

■ **Geschlossene Fragen (Kontrollfragen)**

Mit einer **geschlossenen Frage** wird der Kunde aufgefordert, eine Aussage zu treffen.

Hier ist es sinnvoll, dem Kunden zu erklären, warum diese Frage gestellt wird. Mögliche Erklärungen können z. B. mit *„Ich frage das, weil ...“* eingeleitet werden. Sie dienen dazu, vom Kunden eine **Zustimmung** oder eine **Ablehnung** zu erhalten. Die Antwort ist meist ein Ja oder Nein des Kunden. Diese Frageart ist deshalb insbesondere am Ende eines Verkaufsgespräches passend.

Beispiele:

- *„Hat Ihr Sohn bereits eine Isomatte zum Unterlegen?“*
- *„Sind Sie damit einverstanden, dass wir den Schrank in Ihrer Wohnung zum Preis von 45,00 EUR aufstellen?“*
- *„Haben Sie die Schuhgröße 42?“*
- *„Möchten Sie einen einfarbigen Rock?“*

(2) Fragen, um das Verkaufsgespräch zu lenken

alternativ: wahlweise; zwischen zwei Möglichkeiten die Wahl lassend.

suggestiv: einen Menschen stark beeinflussend.

Rhetorik: Redekunst.

Frageform	Erläuterungen	Beispiele
Alternativfragen	Mit einer Alternativfrage bezweckt der Verkäufer, beim Kunden eine Entscheidung herbeizuführen. Der Kunde muss sich für die eine oder andere Ware entscheiden.	■ *„Bevorzugen Sie den gelb-roten oder den blau-grünen Schlafsack?“* ■ *„Sagt Ihnen der Wanderschuh oder der Sportschuh besser zu?“* ■ *„Möchten Sie lieber die Geschirrspülmaschine mit den vier Programmen oder bevorzugen Sie die einfachere, preisgünstigere Maschine?“*
Suggestivfragen	Sie sind mit Vorsicht zu benutzen, da sie den Kunden in eine bestimmte Richtung drängen. Sie dürfen vor allem nicht dazu benutzt werden, einen Kunden „über den Tisch zu ziehen“. Eine Lenkungsabsicht üben die vom Verkäufer benutzten Wörter „sicher“ und „wohl“ aus. Mit dieser Frageart kann der Kunde positiv oder negativ beeinflusst werden.	■ *„Sie möchten doch sicher auch, dass der Schlafsack für Ihre Tochter nicht nächstes Jahr schon zu klein ist?“* ■ *„Sie entscheiden sich doch sicher für das Holzauto, schließlich ist es haltbarer als das Auto aus Plastik und nur geringfügig teurer?“* ■ **Positiv:** *„Das Ihnen dieses Kleid sehr gut steht, sehen sie gerade selbst, oder?“* ■ **Negativ:** *„Sonst brauchen Sie nichts?“*
rhetorische Fragen	Rhetorische Fragen sind im Grunde gar keine richtigen Fragen, da vom Gefragten keine Antwort erwartet wird. Diese Frageart ist nur in Ausnahmefällen in einem Verkaufsgespräch einsetzbar, und zwar immer dann, wenn der Verkäufer beim Kunden die Aufmerksamkeit erhöhen möchte.	■ *„Sie sind doch bestimmt gegenüber allem Modernen aufgeschlossen?“* ■ *„Haben Sie auch das Gefühl, dass es heute sehr schwül ist?“* ■ *„Sie legen doch sicher bei dieser Bohrmaschine Wert auf erstklassige Qualität?“*

2.2.4 Direkte und indirekte Bedarfsermittlung

Ausbildungsgespräch

Auszubildende:

„Letztens habe ich gesehen, wie eine Verkäuferin direkt drei Modelle gezeigt hat, als der Kunde nach einer Sonnenbrille fragte. Ist das schlau?"

Ausbilderin: *„Hier wurde dem Kunden ein **Testangebot** unterbreitet und dann auf seine Reaktionen gewartet. Wenn der Kunde mit dem Vorschlag nicht einverstanden ist, muss die Verkäuferin reagieren. Dieses Vorgehen im Verkaufsgespräch bezeichnet man als **indirekte Bedarfsermittlung.**"*

Auszubildende: *„Ist so ein Vorgehen nicht gewagt?"*

Ausbilderin: *„Nur dann, wenn eine Verkäuferin bei Ablehnung des Kunden willkürlich weitere Testangebote macht, ohne weitere Kundenreaktionen zu berücksichtigen."*

- Wird der Bedarf des Kunden über eine **Fragekette** ermittelt, spricht man von **direkter Bedarfsermittlung.**
- Erfolgt die Bedarfsermittlung über den **Kontakt mit der Ware,** liegt eine **indirekte (warenbezogene) Bedarfsermittlung** vor.

	Direkte Bedarfsermittlung	Indirekte Bedarfsermittlung
Grundüberlegung	Bei der direkten Bedarfsermittlung erkundigt sich der Verkäufer nach dem Zweck, Anlass oder Einsatzbereich der gewünschten Ware. Durch die Kundenantworten kann der Verkäufer eine den Kundenwünschen entsprechende Warenvorauswahl treffen.	Bei der indirekten Bedarfsermittlung stellt der Verkäufer kaum Fragen. Nachdem der Kundenwunsch formuliert wurde, legt der Verkäufer ein Testangebot aus seinem Sortimentsbereich vor und wartet die Reaktionen des Kunden ab. Wenn die gezeigte Ware nicht den Kundenbedürfnissen entspricht, nähert sich der Verkäufer mit weiteren Angeboten an.
Vorgehensweise	1. Offene Fragen zu Anlass, Zweck, Gelegenheit, Einsatzbereich, Erwartungen ... 2. Rückschlüsse aus den Kundenantworten ziehen und geeignete Ware vorlegen.	1. Testangebot vorlegen 2. Kundenwunsch ermitteln 3. Aus den Kundenreaktionen auf die Erwartungen schließen

	Direkte Bedarfsermittlung	Indirekte Bedarfsermittlung
Beispiel	V: *„Für welchen Anlass suchen Sie das Kleid?"* K: *„Für einen festlichen Abend."* V: legt Cocktailkleider vor.	K: *„Ich suche eine Freizeithose."* V: legt Jeans vor. K: *„Kann man damit auch wandern?"* V: *„Besser ist, sie nehmen diese Trekkinghose. Sie ist atmungsaktiv, wasserabweisend und hat viele Taschen."*
Vorteile	■ Durch gezielte Fragen kann direkt die Ware vorgelegt werden, die der Kunde wünscht. ■ Die Antworten des Kunden ermöglichen eine gezielte Beratung.	■ Das Interesse wird sofort auf die Ware gelenkt. ■ Ein unnötiges Ausfragen des Kunden wird vermieden. ■ Anhand des Testangebotes können sich die Kundenwünsche herauskristallisieren.

Eine **Bedarfsermittlung** ist beim **Aushändigungsverkauf nicht erforderlich.** Ein Aushändigungsverkauf liegt vor, wenn der Kunde genau weiß, was er kaufen möchte. Dies ist insbesondere der Fall beim Verkauf von **Waren des täglichen Bedarfs.**

Beispiele:

- Kauf von Brot- und Backwaren
- Fleisch- und Wurstwaren
- nicht alkoholische Getränke
- Zeitungen, Süßigkeiten

Hier kann sich der Verkäufer in der Regel beschränken auf eventuell notwendige Ergänzungsfragen (die sich meist auf die benötigte Art, Menge oder Größe der Ware beziehen), auf das Herbeiholen der Ware, auf eine schnelle Überprüfung hinsichtlich Mängeln, auf das Verpacken und Kassieren.

VERSTANDEN?

1 Ein Kunde steht im Elektrofachmarkt vor dem Regal mit Druckern und betrachtet diese ratlos. Ein Verkäufer geht auf ihn zu und spricht ihn folgendermaßen an: *„Kann ich Ihnen behilflich sein?"*

Aufgaben:

1.1 Beurteilen Sie den Einstieg in das Verkaufsgespräch.

1.2 Formulieren Sie für diesen Sachverhalt zwei mögliche Gesprächseröffnungen. Wählen Sie einmal die direkte und einmal die indirekte Methode der Bedarfsermittlung.

1.3 Nennen Sie zwei körpersprachliche Signale, die die Ratlosigkeit eines Kunden zeigen.

2 Beurteilen Sie folgende Aussagen von Verkäufern auf ihre Wirksamkeit in der Kontaktphase:

2.1 Verkäufer 1: *„Wie kann ich Ihnen helfen?“*

2.2 Verkäufer 2: *„Sie kommen zurecht?“*

2.3 Verkäufer 3: *„Suchen Sie etwas Bestimmtes?“*

2.4 Verkäufer 4: *„Ja bitte?!“*

2.5 Verkäufer 5: *„Guten Tag!?“*

---

3 Entscheiden Sie, um welchen Fragetyp es sich bei den nachfolgenden Fragen jeweils handelt.

3.1 *„Möchten Sie lieber das weiße T-Shirt oder das rote?“*

3.2 *„Möchten Sie sich setzen?“*

3.3 *„Wofür genau möchten Sie den Rucksack haben?“*

3.4 *„Sie wollen doch bestimmt keine Ware aus der vorigen Saison!“*

3.5 *„Können Sie sich erlauben, Ihren Enkeln das zuzumuten?“*

---

4 4.1 Erproben Sie in einer Gruppe Ihre Ausdrucksfähigkeit der Körpersprache sowie Ihre gezielte Fragetechnik mithilfe des folgenden Kommunikationsspiels:

„Der Verkäufer – Eine meiner Aufgaben“

Stellen Sie – ohne Worte – kurz eine typische Aufgabe Ihres Arbeitsalltags dar.

Die anderen Gruppenmitglieder müssen erraten, welche Tätigkeit Sie darstellen. Die Regel für die Fragestellung lautet:

Es dürfen nur geschlossene Fragen gestellt werden, die sich mit „Ja“ oder „Nein“ beantworten lassen. Es dürfen höchsten 10 Fragen gestellt werden.

Beispiele: *„Machst du das jeden Tag?“*
„Brauchst du dafür eine Batterie/einen Akku?“

Ziel bei dem Darsteller: Seine Ausdrucksfähigkeit in Körpersprache erproben, genau zuzuhören und die richtigen Antworten – nur mit „Ja“ oder „Nein“ – zu geben.

Die Fragesteller (Zuschauer) müssen eine gute Beobachtungsfähigkeit haben und durch geschickte Fragen möglichst viel Informationen herausbekommen.

4.2 Beurteilen Sie die Technik der geschlossenen Fragestellung in der obigen Übung für ein Kundengespräch.

---

5 Erklären Sie, warum die Alternativfrage gerne im Rahmen des Verkaufsabschlusses benutzt wird.

---

6 Begründen Sie, in welcher Phase des Verkaufsgespräches sich folgende Fragen eignen.

6.1 *„Möchten Sie lieber die gestreifte oder die einfarbige Bluse?“*

6.2 *„Zu den Schuhen brauchen Sie bestimmt noch das passende Pflegemittel?“*

---

7 Ein Kunde liest in einem Reformhaus das Etikett eines Traubensaftes. Der Verkäufer kommt vorbei und sagt zu ihm: *„Guten Morgen! Diesem Traubensaft ist eine Extraportion Eisen zugefügt.“*

Aufgabe:

Nennen Sie die Art der Kontaktaufnahme, die der Verkäufer wählt.

2.3 Warenvorlage

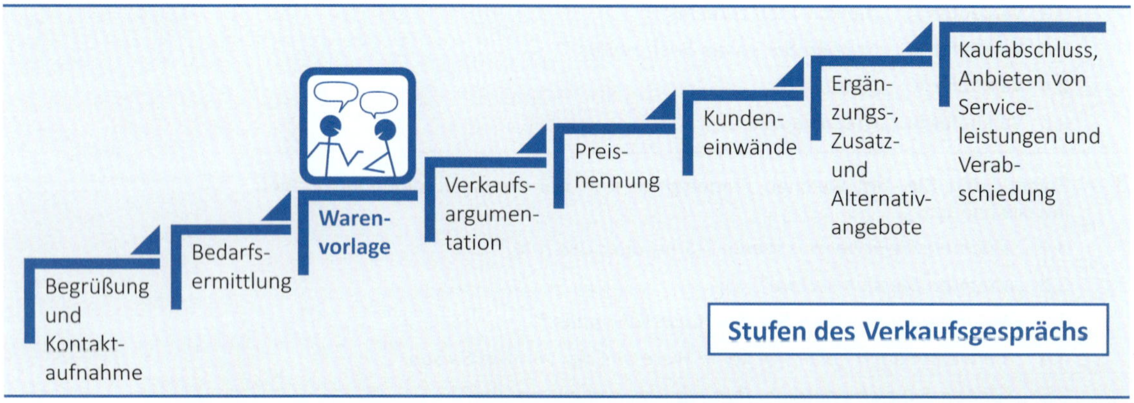

Ausbildungsgespräch

Auszubildende: *„Den Kunden möglichst schnell mit der Ware in Kontakt zu bringen, ist gut, oder?"*

Ausbilderin: *„Eine erfolgreiche Verkäuferin wird an dieser Stelle nicht zu viel sagen, sondern die Ware für sich sprechen lassen. Denn der Mensch nimmt seine Umwelt über seine Sinne wahr. Er erhält z.B. durch das Fühlen des Stoffes einen besseren Eindruck als durch das bloße Anschauen."*

(1) Zeitpunkt der Warenvorlage bestimmen

Die Warenvorlage ist häufig mit der Bedarfsermittlung verknüpft. Wenn der Kunde direkt einen bestimmten Artikel im Auge hat, ist es sinnvoll, den gewünschten Artikel ohne viele Worte vorzulegen.

Ist der Kaufwunsch nicht eindeutig bestimmt, sollte der Verkäufer sofort Testartikel vorlegen. Über ergänzende Fragen kann er den genauen Kaufwunsch des Kunden herausfinden.

„Reden ist Silber, zeigen ist Gold!"

(2) Art der Warenvorlage auswählen

Möchte der Verkäufer die Ware vorlegen, hat er zu entscheiden, in welcher Form dies erfolgen soll. Grundsätzlich stehen ihm vier Möglichkeiten zur Auswahl:

Ausprobieren	Bei allen dafür geeigneten Waren soll der Verkäufer den Kunden zum Ausprobieren veranlassen und dabei zweckmäßige Angaben machen (einfache Bedienung, Gefahrlosigkeit, Handlichkeit, vielseitige Verwendungsmöglichkeit usw.). Der Besitzwunsch wird durch das Ausprobieren gesteigert und die Chance, einen Verkaufserfolg zu erzielen, erhöht.
Anprobieren	Bei Bekleidung soll der Kunde immer zum Anprobieren angehalten werden, soweit es nicht hygienische Gründe verbieten. Geeignete Hinweise über die Qualität (z. B. bügelfrei, atmungsaktiv) und das Aussehen sind sehr wichtig.
in die Hände geben	Soweit sich die Ware nicht zum Anprobieren bzw. Ausprobieren eignet, sollte sie der Verkäufer dem Kunden zum Betasten, Anfühlen und dergleichen in die Hände geben. Der Kunde gewinnt dadurch am besten den Eindruck, dass ihm an der Ware nichts verborgen wird.
Kostproben	Viele Esswaren eignen sich für gelegentliche Kostproben. Die Wirkung soll durch geeignete Hinweise (über Geschmack, Bekömmlichkeit usw.) verstärkt werden.

Sinne einbeziehen!

Beispiele:

Waren	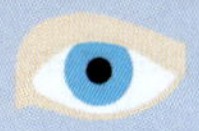 Sehen (Zeigen)	 Hören (Worte, Geräusche)	 Berühren	 Riechen	 Schmecken
Pralinen 	Anblick der Verpackung	–	–	Duft der Schokolade	Probieren einer Praline
Fahrrad 	Anschauen des Fahrrades Vorführen des Fahrrades durch den Verkäufer	Geräusche bei der Betätigung der Gangschaltung/Produktinformationen im Verkaufsgespräch	Sitzprobe und Testfahrt	Eigengeruch eines neuen Fahrrades (Gummi, Kunststoff)	–
Parfüm 	Betrachtung des Flakons (Glasfläschchen)	–	Fühlen der glatten, wohlgeformten Oberfläche des Flakons	Duftprobe am eigenen Körper	–

Je mehr Sinne angesprochen werden, desto besser.

(3) Preis- und Qualitätsvorstellung richtig einschätzen

Äußert der Kunde eine Qualitäts- und Preisvorstellung, muss sich der Verkäufer an diese Vorgabe halten.

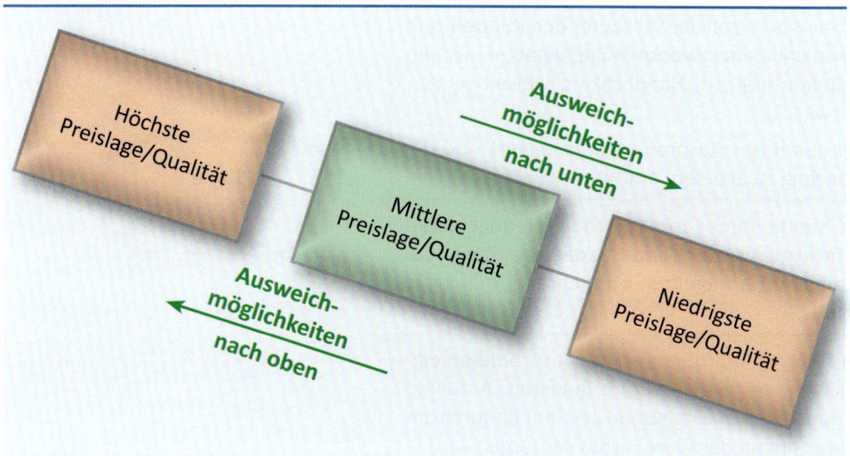

Anders ist es, wenn die Qualitäts- und Preisvorstellung des Kunden für die Ware noch nicht vollständig ermittelt ist.

Dann ist es sinnvoll, eine Ware der **mittleren Qualitäts- und Preisklasse** anzubieten. Damit ist ein Spielraum vorhanden, der – je nach Reaktion des Kunden – stufenweise die Vorlage von **Waren höherer oder niedrigerer Qualität und Preislage** zulässt.

Mit der niedrigsten oder höchsten Qualitäts- oder Preislage zu beginnen, ist unklug.

Nachteile bei Vorlage der niedrigsten Qualitäts- und Preislage

- Es fehlt die Ausweichmöglichkeit nach unten, wenn der Kunde noch billigere Ware verlangt.
- Es besteht die Gefahr, dass sich der kaufkräftige Kunde falsch eingeschätzt fühlt und empört ablehnt.
- Mancher Kunde zieht negative Rückschlüsse auf die Leistungsfähigkeit des Geschäfts („Ramschladen").
- Das Anbieten der billigsten Warenausführung liegt nicht im Interesse des Geschäfts.

Nachteile bei Vorlage der höchsten Qualitäts- und Preislage

- Es fehlt die Ausweichmöglichkeit nach oben, wenn der Kunde noch teurere Ware verlangt.
- Billigere Ausführungen gefallen eventuell dem Kunden nicht mehr. Kann sich der Kunde die Ware zu dem hohen Preis nicht leisten, wird er eventuell auf jeglichen Kauf verzichten.
- Der Kunde wird verschreckt. Er vermutet ausschließlich teure Ware im Geschäft („Apotheke").

Der Einstieg bei der Warenvorlage mit der **mittleren Preislage** ist ein **gutes Richtmaß.** Allerdings ist diese Vorgehensweise kein Gesetz, welches immer befolgt werden muss.

(4) Artikelzahl festlegen

Nach einer **Faustregel** ist es sinnvoll, **drei Artikel vorzulegen.** Im Einzelfall können es auch vier bis fünf sein. Dadurch wird dem Kunden eine echte Auswahl angeboten.

Verlangt der Kunde die Vorlage weiterer Artikel, legt der Verkäufer weitere Artikel, die dem Kundenanspruch näher liegen, vor. Artikel, die dem Kunden nicht gefallen, werden beiseite geräumt, um auf diese Weise das Angebot schrittweise wieder einzugrenzen.

3 Auswahl anbieten!

Beispiel:

Der Kunde möchte eine Sonnenbrille kaufen.

- ✓ Drei bis fünf Sonnenbrillen liegen geordnet auf der Theke.
- ✗ Mehr als fünf Sonnenbrillenmodelle liegen (durcheinander) auf der Theke.
- ✗ Nur eine Sonnenbrille liegt auf der Theke.

(5) Kundenerwartungen an die Ware überprüfen

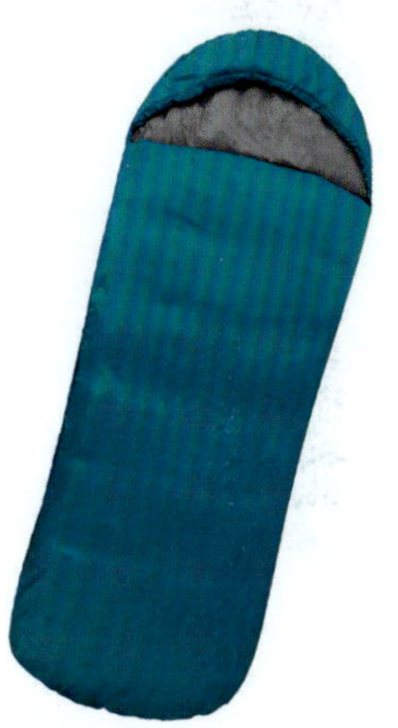

Um sicherzustellen, dass der Kunde mit der vorgelegten Ware einverstanden ist und keine weiteren Vorschläge erwartet, kann der Verkäufer geschlossene Fragen stellen. Der Kunde sollte die Fragen möglichst mit „Ja" beantworten.

Beispiel:

Verkäufer: *„Sie sagten, Sie suchen für Ihren 6-jährigen Sohn einen stark wärmenden Schlafsack, in seiner Lieblingsfarbe ‚Blau', der von der Größe her 2 bis 3 Jahre genutzt werden kann. Trifft dies zu?"*

Käufer *„Ja".*

Verkäufer: *„Dann ist dieser Schlafsack in der Farbe Blau für 59,90 EUR der richtige für Ihren Sohn. Sehen Sie das auch so?"*

Checkliste für eine erfolgreiche Warenvorlage

- ✓ Die vorgeführte Ware muss **fehlerfrei** und **sauber** sein.
- ✓ Die Ware muss **sorgfältig** und **sachgemäß** vorgeführt werden, um sie **aufzuwerten.**
- ✓ Die Ware ist so vorzulegen, dass sie von ihrer besten Seite gezeigt wird. Eine **entsprechende Beleuchtung** kann helfen, die Wirkung der Ware zu verstärken.
- ✓ Die Ware muss auf einer **passenden Unterlage** präsentiert werden (z. B. Schmuck auf einer schwarzen Samtunterlage).
- ✓ Die Ware ist so vorzuführen, dass die **Gebrauchs- und Verwendungsmöglichkeiten** deutlich hervorgehoben werden.
- ✓ Der **Käufer** sollte in die **Warenvorlage einbezogen** werden, z. B. anziehen, anfassen, bedienen, ausprobieren.

Arbeitsheft Kap. 6

2.4 Verkaufsargumentation

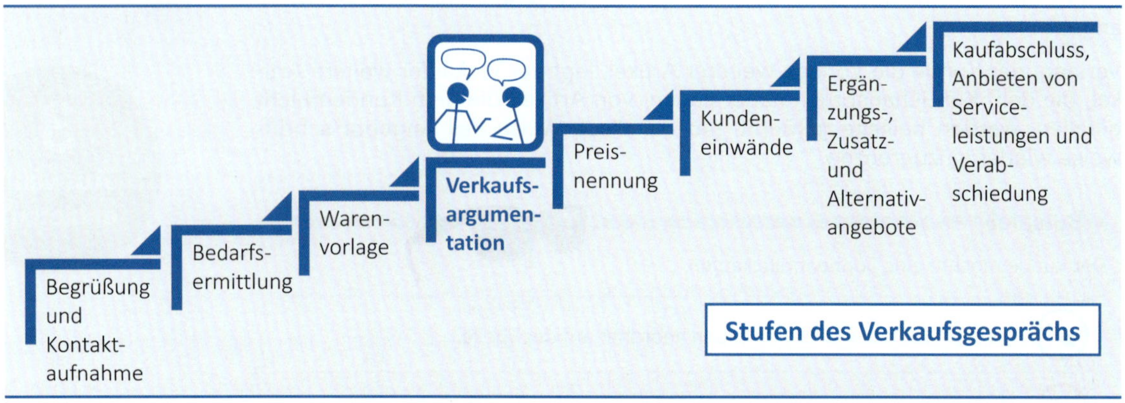

2.4.1 Anforderungen an Verkaufsargumente

Ausbildungsgespräch

Ausbilderin: *„Argumentieren heißt, etwas zu beweisen. Im Verkaufsgespräch begründet die Verkäuferin dem Kunden dessen persönlichen Nutzen, wenn er die Ware erwirbt. Aber: Eine Verkaufsargumentation ist Überzeugungsarbeit und keine Überredungskunst."*

Auszubildende: *„Wann ist denn eine Verkäuferaussage ein Argument?"*

Ausbilderin: *„Verkaufsargumente unterliegen bestimmten Anforderungen. Sie können je nach Kunden unterschiedlich sein, auch wenn Sie sämtlichen Kunden die gleiche Ware verkaufen."*

Bei der Verkaufsargumentation werden dem Kunden Gründe angeboten, warum es für ihn sinnvoll ist, gerade diese Ware zu kaufen. Dies gelingt umso mehr, je genauer der Verkäufer auf die bereits ermittelten Kundenerwartungen (Kaufmotive) eingeht.

Die **Verkaufsargumentation** hat das Ziel, dem Kunden **Gründe für seinen Kauf** zu vermitteln.

Der Verkäufer muss dem Käufer das Gefühl geben, dass seine Bedürfnisse durch den Kauf in hohem Maße befriedigt werden. Die Bedürfnisbefriedigung bezieht sich dabei nicht allein auf die **Warenmerkmale** und **Warenvorteile.** Miteinbezogen wird auch der **Warennutzen,** den der Kunde durch den Erwerb der Ware erzielen kann.

Beispiele:

- *„Durch den Kauf einer Heckenschere erleichtern Sie sich die Arbeit."*
- *„Mit dem Kauf dieses Kosmetikartikels tun Sie Ihrer Haut etwas Gutes."*
- *„Mit dem Kauf dieses Anzugs können Sie überall selbstsicher auftreten."*
- *„Der Kauf dieses Sonderangebots erspart Ihnen viel Geld."*

Verkaufsargumente: Gründe für den Kauf

Bei der **Verkaufsargumentation** ist zu beachten:

(1) Fachkundig, aber verständlich argumentieren

- Der Verkäufer muss den Kunden **überzeugen,** dass die Ware das **Problem des Kunden löst.** Dazu muss der Verkäufer seine Warenkenntnisse einsetzen und insbesondere den Warennutzen herausstellen.

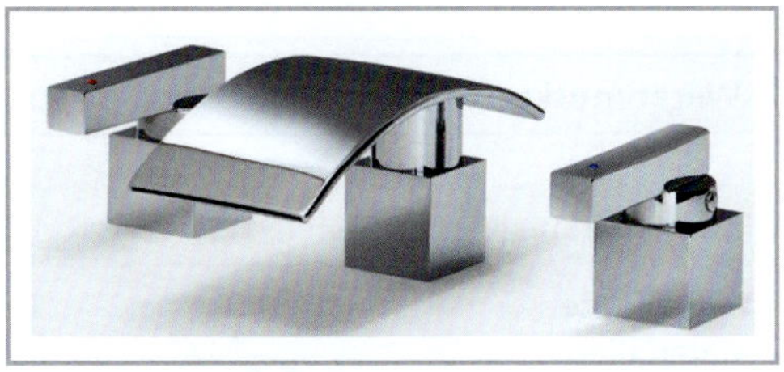

- Der Verkäufer muss **Sprachformulierungen** wählen, **die der Kunde versteht.** Fachbegriffe sollte der Verkäufer nur verwenden, wenn der Kunde ein Experte ist oder diese anschließend erklären, wenn ansonsten nicht fachlich beraten werden kann.

Beispiel:

V: *„Diese Armaturserie ist aus Chrom, sie hat eine Keramikkatusche und besitzt eine einstellbare Wasser-Mengen-Begrenzung."*

(2) Positive Formulierungen wählen

- Der Verkäufer muss während des Verkaufsgesprächs **Negativformulierungen vermeiden.** Begriffe wie *„teuer", „problematisch", „schwierig"* oder *„schädlich"* sind zu vermeiden. Mehr Anklang beim Kunden finden Verkäufer, die **Positivformulierungen benutzen.**
- Der Verkäufer muss den Kunden während des Verkaufsgesprächs **persönlich ansprechen** (Wörter wie „Sie", „Ihre" sind zu verwenden).

Zu den Positivformulierungen siehe auch die Ausführungen auf Seite 95.

(3) Mit Informationen argumentieren

- Der Verkäufer muss den **Kunden beraten.** Dieses setzt voraus, dass der Verkäufer dem Kunden genaue Informationen über die Ware vermittelt.
- **Reine „Verkaufsphrasen" sind zu vermeiden.** Sie stellen für den Kunden keine Information dar.

Beispiele:

- *„Das ist wirklich ein ausgefallenes Stück."*
- *„Diese Marke trage ich auch."*
- *„Der Artikel wird gerne gekauft."*

2.4.2 Aufbau einer Verkaufsargumentation

Die Verkaufsargumentation in einem Verkaufsgespräch kann in drei Schritte gegliedert werden:

1. **Warenmerkmale** benennen
2. **Warenvorteile** aufzeigen
3. **Warennutzen** für den Kunden (Kundennutzen) darlegen

(1) Warenmerkmale benennen

Warenmerkmale sind die Eigenschaften, die ein bestimmter Artikel besitzt.

Warenmerkmale	Beispiele	
verwendete Materialien		Socken aus 80 % Baumwolle, 20 % Polyamid mit plüschiger Laufsohle.
Machart		Federleichter Clog aus Croslite™ Material; umklappbarer Fersenriemen; zahlreiche Belüftungsöffnungen; leichte, abriebfeste Sohle.
Verwendungsmöglichkeiten	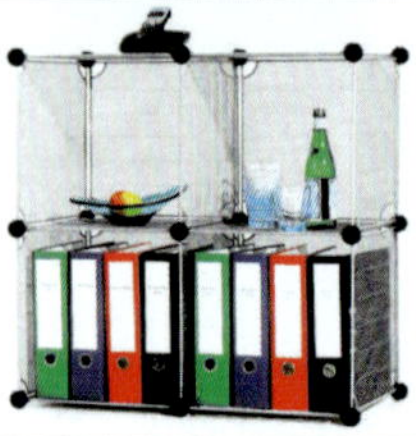	Das variable Aufbewahrungssystem besteht aus engmaschigem Drahtgeflecht. Die vier Würfel lassen sich nach Belieben über- oder nebeneinander anordnen. Lieferung erfolgt zerlegt mit Aufbauanleitung.
Serviceleistungen	**Kann man Zeit und Ahnung kaufen? Klar das geht!** Moderne Technik begeistert uns mit ihren vielfältigen Möglichkeiten. Aber wer kein ausgesprochener Nerd ist, kann in Kommunikation, Entertainment oder Produktivität oft nicht alles ausschöpfen, was die leistungsstarke Technik bietet. Sie haben keine Freude, sich in komplexe Technik reinzufuchsen? Sie haben keine Zeit, langatmige Bedienungsanleitungen zu studieren? Sie haben einfach keine Ahnung, was Ihre neue Technik angeht? Entspannen Sie sich – wir helfen Ihnen mit unserem ready2go@home Service und jeder Menge Zeit, Ahnung und Freude am Einrichten und Erklären weiter. (Quelle: https://www.saturn.de/de/service/deutsche-technikberatung [20. 10. 2021]	

Je mehr Warenkenntnisse der Verkäufer über einen Artikel besitzt, desto überzeugender kann er die Warenmerkmale und Warenvorteile im Verkaufsgespräch herausstellen.

(2) Warenvorteile aufzeigen

Aus den Warenmerkmalen kann der Verkäufer **Vorteile der Waren** ableiten. Vorteile einer Ware ergeben sich aus folgenden Bereichen:

Warenmerkmale	Ableitung von Warenvorteilen am Beispiel eines Smartphones
Eigenschaften der Ware	■ Hauptkamera mit 100x Space Zoom, 108 MP (Weitwinkel), 12 MP (Ultra-Weitwinkel), 48 MP (Tele), VGA-3D-Tiefenkamera, max. Auflösung Video 8 K; ■ Frontkamera mit 40 MP (Weitwinkel), Auflösung Video UHD; ■ 6,9″ Display mit 120 Hz; ■ Speicherkartenformat Micro-SD; ■ Akku-Kapazität 5 000 mAh, Ladezeit ca. 70 min.; ■ Speicherkapazität 128 GB; ■ Arbeitsspeicher-Größe 8 GB; ■ Prozessor: Exynos 990/Octa-Core; ■ mit Steckplatz für Speicherkarten (max. Speicherkartenkapazität 1 TB); ■ SIM-Kartenformat Nano-SIM (4FF), eSim.
Verwendungszweck	■ Elegantes und besonders schlankes Smartphone mit hellem Display und einer smarten Alltags-Performance. ■ Fotos und Videos als Erinnerung oder zum Teilen lassen sich mit dem Smartphone vielseitig festhalten. ■ Aufgrund seiner tollen Akkulaufzeit auch für Dauernutzer geeignet.
Umweltverträglichkeit	■ Einsatz erneuerbarer Energien in der Produktion. ■ Damit das Smartphone später recycelt werden kann, kann es beim Hersteller zurückgegeben werden, wo es im Anschluss eingeschmolzen und wiederverwertet wird.
Service	■ Reparaturen innerhalb 24 Stunden; ■ zwei Jahre Garantie.
Preis	■ Preis-Leistungs-Verhältnis stimmt; ■ Preisvorteile gegenüber vergleichbaren Konkurrenzprodukten.

(3) Warennutzen darlegen

Eine **nutzenbezogene Argumentation** ermöglicht es, den Kundennutzen mit der angebotenen Ware zu verbinden. Um diese Verknüpfung zu erreichen, muss der Verkäufer die Kundenerwartungen genau kennen. Schätzt der Verkäufer die Ansprüche seines Kunden nicht richtig ein, baut er eine völlig falsche Argumentation auf.

Beispiel:

❶ Ausgangslage →	❷ Nutzen-analyse →	❸ Nutzen-argumentation →	❹ Kauf-entscheidung
Eine Kundin möchte ein Kleid für eine Party, mit dem sie sich von anderen Frauen abhebt und das sie besonders attraktiv macht.	**Nutzenmotiv (Kaufmotiv) richtig erkannt:** Geltungs-bedürfnis/Schönheit	**Nutzenbezogene Argumentation:** Mit diesem raffinierten Kleid sind Sie auf der Party ein Hingucker. Viele Frauen werden Sie beneiden.	**wahrscheinlich** (Kundin fühlt sich verstanden)
	Nutzenmotiv (Kaufmotiv) nicht richtig erkannt: Pflegeleicht	**Keine nutzenbezogene Argumentation:** Dieses Kleid können Sie in der Waschmaschine waschen, dadurch sparen Sie die Reinigungskosten.	**unwahrscheinlich** (Kundin fühlt sich nicht verstanden)

Der Teil der Wareneigenschaften, der zur Befriedigung eines bestimmten Bedarfs nötig ist, bezeichnet man als **Gebrauchsnutzen.** Daneben gibt es noch Wareneigenschaften, die für die eigentliche Bedarfsbefriedigung nicht erforderlich sind, die aber dem Kunden Ansehen, Geltung, (stolze) Gefühle verschaffen. Diese Eigenschaften einer Ware bezeichnet man als **Zusatznutzen** bzw. **Geltungsnutzen.**

Der **Geltungsnutzen** geht über den Zusatznutzen hinaus. Er soll vor allem die Person (das Geltungsbedürfnis) des Kunden herausstellen (Beispiel: wertvolle Uhr als Statussymbol).

Beispiel:

Chronometer M VI
Automatik, Chronometer, versilbertes Zifferblatt, Zeiger und Ziffern geschwärzt, Datumsanzeige
Ref. Nr.: M1-29-15/MB

Werk	ETA 2824-2 (Schweiz) Version Mühle (Chronometer)
Gehäuse	Edelstahl, Lünette gebürstet Ø 40,0 mm H 9,7 mm
Glas	kratzfestes Saphirglas
Boden	Mineralglas, geschraubt
Krone	verschraubbar
Bandstege	verschraubt
Band	Edelstahl
Schließe	Faltschließe, Edelstahl
wasserdicht	bis 50 m Tiefe
Zifferblatt	versilbert, guillochiert, applizierte Indizes, Zeiger, Ziffern und Indizes geschwärzt
Zertifikat	Qualitätspass, Garantieurkunde und Chronometerzertifikat
Verpackung	edles Holzetui

Gebrauchsnutzen
↓
Mit seiner hohen Ganggenauigkeit ist der Chronometer M VI ein zuverlässiger Begleiter für Menschen mit vollem Terminkalender.

Das elegante Design macht ihn zum passenden Accessoire für viele Gelegenheiten. Die Auflage ist limitiert auf 999 Stück.
↑
Zusatznutzen

Vorteilsformulierungen führen dazu, dass der Kunde den **persönlichen Vorteil (Nutzen)** erkennt. Dies ist bedeutsam, denn in vielen Fällen kauft der Kunde nicht die Ware (z. B. die Waschmaschine, das Fertiggericht), sondern deren Vorteil (z. B. die Arbeitsentlastung, die schnelle und einfache Zubereitung).

Beispiele für Vorteilsformulierungen:

- *„Sie sparen dadurch . . .“*
- *„Das hilft Ihnen . . .“*
- *„Damit können Sie . . .“*
- *„Dadurch verbessern Sie . . .“*
- *„Das garantiert Ihnen . . .“*
- *„Das erhöht Ihre . . .“*
- *„Damit vereinfachen Sie . . .“*
- *„Das ersetzt Ihnen . . .“*
- *„Dadurch erzielen Sie . . .“*

Durch die **„Sie“-Formulierung** wird der Kunde persönlich angesprochen. Dadurch verstärkt sich der Kaufwunsch, weil auf seine Belange eingegangen wird. Der Kunde fühlt sich verstanden und gut beraten.

Von Bedeutung für den Verlauf der Argumentation ist, dass der Verkäufer seine Argumente **ständig steigern** kann. Das bedeutet, dass das **stärkste Argument** an den **Schluss der Argumentationskette** gehört. Begonnen werden sollte jedoch nicht mit dem schwächsten Argument, sondern mit einem wichtigen Argument, um das Interesse des Kunden zu wecken.

2.4.3 Verkaufsargumentation mit der Gesundheits- und Umweltverträglichkeit der Ware

In der Gesellschaft hat sich das Umwelt- und Gesundheitsbewusstsein in den letzten Jahrzehnten stark verändert. Die Kunden sind zunehmend umwelt- und gesundheitsbewusster geworden. Sie verlangen nach Waren, die gesund sind und die Umwelt nicht oder nur in geringerem Umfang belasten.

Insbesondere achten die Kunden darauf, dass die gekauften Gebrauchsartikel nach ihrer Nutzung recycelfähig sind, d. h. in den industriellen Produktionsprozess zurückgeführt werden können. Aus Konsumgüterabfällen werden dann keine Abfälle, sondern neue Werkstoffe und Energien gewonnen.

Beispiele:

Umwelt- und gesundheitsverträglicher Sortimentsaufbau im Sinne der Nachhaltigkeit:

- Fleisch und Gemüse aus ökologisch orientierter Tierhaltung bzw. ökologisch orientiertem Anbau führen
- Regionale Produkte anbieten, um lange (umweltschädliche) Transportwege zu vermeiden
- Artikel führen, zu denen es Nachfüllpackungen gibt
- Überflüssiges Verpackungsmaterial vermeiden sowie nur umweltfreundliche Materialien verwenden
- Gebrauchsgegenstände führen, die recycelfähig bzw. leicht zu entsorgen sind
- Waren aus Entwicklungsländern anbieten (z. B. Kaffee, Bananen, Tee, Teppiche, Textilien), bei denen sichergestellt ist, dass ein fairer Handel mit diesen Ländern gefördert wird
- Gebrauchsgüter führen, die wasser- bzw. energiesparend sind

Wo immer möglich, muss der Verkäufer in seiner Verkaufsargumentation auf die Gesundheits- bzw. Umweltverträglichkeit der Ware hinweisen.

Beispiele:

- *„Das Gemüse, das ich Ihnen anbiete, ist ein Bioprodukt aus der Region.“*
- *„Dieser Kaffee ist sehr bekömmlich, da den Kaffeebohnen vor dem Rösten mit heißem Dampf und Druck die Reiz- und Bitterstoffe entzogen werden.“*
- *„Dieses Brot ist aus Natursauerteig mit 100 % Roggenmehl gebacken.“*

VERSTANDEN?

1 Nennen Sie drei Vorteilsformulierungen für einen Artikel aus dem Sortiment Ihres Ausbildungsbetriebs.

2 Bei einer Warenvorlage haben Sie den Eindruck, der Kunde schaut sich die Ware nicht richtig an, er wirkt stattdessen unkonzentriert und hört Ihren Erläuterungen nicht richtig zu.

Schlagen Sie Möglichkeiten vor, das Interesse des Kunden zu wecken.

3 Im Schuhgeschäft: Eine junge Frau betritt das Geschäft, nachdem sie sich vorher längere Zeit die Auslage im Schaufenster angesehen hat.

Verkäuferin: *„Darf ich Ihnen helfen?"*

Kundin: *„Ich hätte gern ein Paar leichte Sommerschuhe."*

Verkäuferin: *„Welche Schuhgröße haben Sie? Wir haben gerade sehr schöne neue Modelle bekommen."*

Die Kundin nennt ihre Schuhgröße und die Verkäuferin holt einen Stapel Schuhkartons herbei. Die Kundin probiert mehrere Paar Schuhe an und findet anscheinend nicht, was sie sucht. Die zahlreichen geöffneten Schuhkartons verteilen sich inzwischen rund um den Sitzplatz der Kundin.

Aufgaben:

3.1 Beurteilen Sie die Kontaktaufnahme.

3.2 Beschreiben Sie, welche Tipps Sie der Verkäuferin für die Warenvorlage geben würden.

4 4.1 Beurteilen Sie die folgenden Verkäuferargumentationen:

Verkäufer 1: *„Nehmen Sie diese Hose, die ist viel besser als die andere."*

Verkäufer 2: *„Die Uhr habe ich mir auch gekauft, die muss man einfach haben."*

4.2 Machen Sie es besser. Formulieren Sie die Verkäuferaussagen 1 und 2 neu. Gehen Sie davon aus, dass Sie

4.2.1 einen sparsamen Kunden und

4.2.2 einen prestigeorientierten Kunden bedienen.

4.3 Ein Verkaufserfolg hängt nicht nur von der Ware ab. Zeigen Sie an zwei Beispielen auf, wie Sie während des gesamten Verkaufsgespräches eine vertrauensvolle Verkaufsatmosphäre aufbauen können.

5 Nennen Sie zu Waren Ihrer Branche je zwei Verkaufsargumente, die sich

5.1 auf die Eigenschaft beziehen (z. B. farbecht, hitzebeständig, formstabil, schmutzabweisend),

5.2 auf die Umwelt oder Gesundheit beziehen (z. B. schadstoffarm, naturbelassen, vitaminreich).

6 Formulieren Sie mithilfe der Wareninformationen eine Verkaufsargumentation. Verwenden Sie hierzu die 3 Schritte: Warenmerkmal benennen, Warenvorteil aufzeigen und Kundennutzen darlegen.

Wareninformation:

Siemens Espressoautomat mit NESPRESSO-System

Einzigartiges Automatik-Kapseleinzugssystem, unterschiedliche Geschmacksrichtungen, integrierte Cappuccino-/Café-Latte-Düse zum Milchaufschäumen, Heißwasserdüse, Wassertank abnehmbar, 1,2 Liter, Entkalkungsprogramm, Pumpendruck 19 bar.

7 Nennen Sie fünf Voraussetzungen, die ein Verkäufer erfüllen muss, um erfolgreich argumentieren zu können.

2.5 Preisnennung

Arbeitsheft Kap. 7

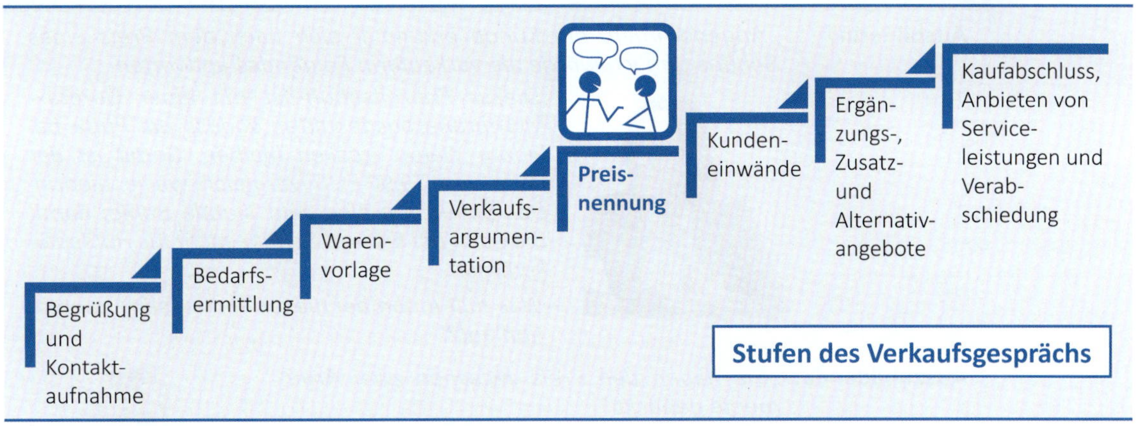

2.5.1 Beziehungen zwischen Preis und Kundennutzen

Für den Kunden bedeutet jeder Kauf ein mehr oder weniger großes „Opfer". Er muss sich von einem Teil seines Geldes trennen und verzichtet damit auf den Kauf anderer Güter. Der Kunde wird sich deshalb nur dann zum Kauf entschließen, wenn ihm die Ware zum Kaufzeitpunkt einen Nutzen bringt, der höher ist als der Nutzen, den er beim Kauf einer anderen Ware gewinnen könnte.

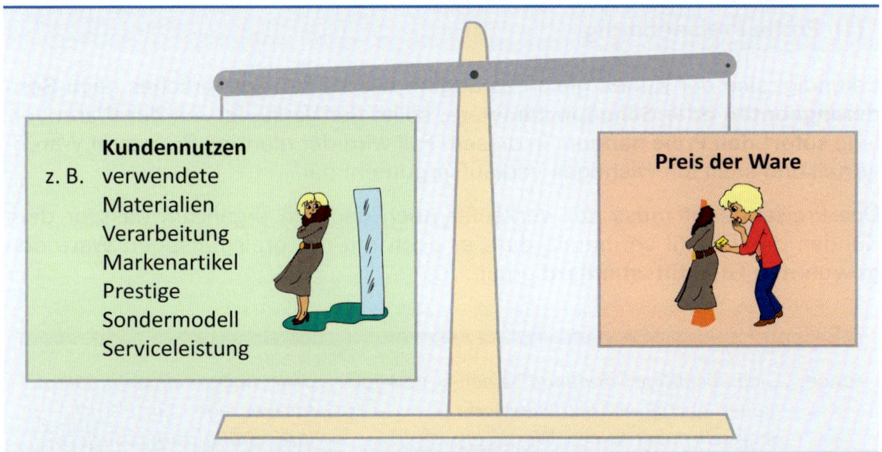

- Eine Ware ist so viel wert, wie der Kunde ihr beimisst.
- Ob ein Preis als hoch, angemessen oder niedrig empfunden wird, hängt von der persönlichen Nutzenerwartung des Kunden ab.

2.5.2 Zeitpunkt der Preisnennung

Ausbildungsgespräch

Ausbilderin: *„Angenommen, ein Kunde erkundigt sich nach dem Preis eines Schuhs und ich würde als Verkäuferin Folgendes antworten:*

‚Dieser Freizeitschuh ist mit einer Goretex-Membrane ausgestattet, sodass die Füße bei jedem Wetter trocken bleiben. Somit ist der Preis von 79,90 EUR vergleichsweise niedrig. Der Schuh hat eine sehr stabile Sohle, damit Sie auch bei Eis und Schnee nicht ins Rutschen kommen.‘

Was fällt Ihnen bei dieser Verkaufsargumentation auf?

Auszubildende: *„Sie haben den Preis zwischen zwei Argumente gepackt.“*

Ausbilderin: *„Genau. Dadurch steht der Preis nicht ohne Nutzen bzw. Wert da. Dieses geschickte Vorgehen bei der Preisnennung wird Sandwich-Methode genannt. Der Preis wird von beiden Seiten von Verkaufsargumenten gestützt.“*

Auszubildende: *„Sollte eine Verkäuferin bei der Preisfrage immer die Sandwich-Methode benutzen?“*

Ausbilderin: *„Auf gar keinen Fall!“*

(1) Frühe Preisnennung

Erkundigt sich der Kunde gleich zu Beginn des Verkaufsgespräches nach **Sonderangeboten oder Schnäppchenware,** sollte der Verkäufer mit der Warenvorlage **sofort den Preis nennen.** In diesem Fall wird der niedrige Preis zum Warenvorteil und stellt ein wichtiges Verkaufsargument dar.

Das Preisangebot muss der Verkäufer noch dadurch ergänzen, dass er dem Kunden das Gefühl vermittelt, dass er auch mit der preisgünstigen Ware den **gewohnten Qualitätsstandard** erhält.

Beispiel:

Kunde: *„Ich benötige dringend einen neuen Anzug. Auf aktuelle Mode lege ich dabei keinen Wert. Haben Sie in meiner Größe ein ‚Schnäppchen‘ anzubieten?“*

Verkäufer: *„Wir haben einige qualitativ hochwertige Einzelstücke in Ihrer Größe stark reduziert.“*

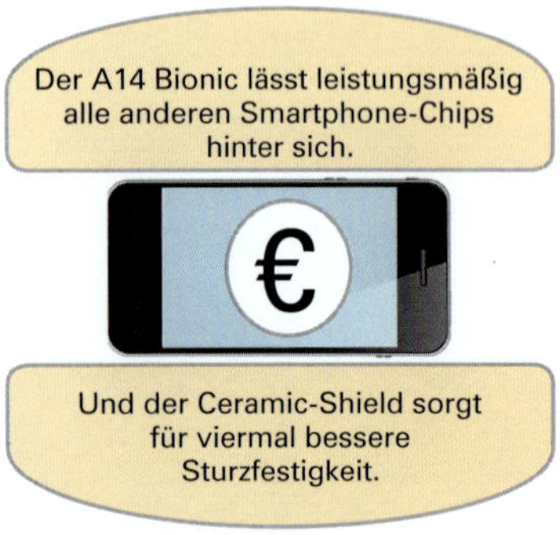

(2) Sandwich-Methode

Zwischen dem Preis und dem Kundennutzen besteht eine enge Beziehung. Es ist daher vorteilhaft, den **Preis erst zu nennen,** wenn der **Kundennutzen aufgebaut ist.** Ist der Preis zwischen zwei Kundennutzen verpackt, erscheint er weniger hoch und weniger dominant **(Sandwich-Methode).**

(3) Verzögerungsmethode

Angenommen, der Kunde fragt nach dem **Preis, bevor der Kundennutzen** deutlich gemacht werden konnte. Dann sollte der Verkäufer die Antwort auf die Frage nach dem **Preis hinauszuschieben** versuchen, bis er den Nutzen der Ware kurz beschrieben hat **(Verzögerungsmethode).** Die Verzögerung darf nicht lange dauern, weil der Kunde ansonsten annimmt, dass mit dem Preis etwas nicht stimmt.

2.5.3 Arten der Preisnennung

Das Preisgefühl des Kunden hängt eng mit der Art zusammen, wie er den Preis vom Verkäufer erfährt. Um einen „Preisschock" beim Kunden zu verhindern bzw. abzumildern, haben sich folgende vier Arten der **Preisnennung** durchgesetzt.

Arten der Preisnennung	Erläuterungen	Beispiele
Verkleinerungsmethode (Divisionsmethode)	Der Verkäufer nutzt Worte wie: nur, bloß, Sonderpreis, Discountpreis, Abholpeis, Jubelpreis, Treuepreis, Schottenpreis, Nimm-mit-Preis usw. Außerdem wird der Preis einer Ware auf eine kleine Menge bezogen, bzw. der Gesamtpreis wird von der gesamten Nutzungsdauer auf einen kürzeren Zeitabschnitt umgerechnet.	*„Bei unserem Waschmittel XP 05 kostet Sie die einzelne Waschladung bloß 12 Cent."* *„Der Staubsauger kostet 120,00 EUR. Sie können ihn länger als fünf Jahre benutzen. Wenn aber lediglich fünf Jahre zugrunde gelegt werden, sind das nur 24,00 EUR pro Jahr und nur 6,5 Cent pro Tag."*
Vergleichsmethode	Der Preis der Ware wird mit einer erheblich teureren Alternativware verglichen. Dadurch erscheint der Preis weniger hoch.	*„Bitte vergleichen Sie die beiden Fernsehgeräte. Das Fernsehgerät für 680,00 EUR hat die gleichen Funktionen wie das Gerät für 890,00 EUR. Der teurere Fernsehapparat ist mit der OLED-Technik ausgestattet. Wenn Sie auf die Optik verzichten, sparen Sie 210,00 EUR."*
Zerlegungsmethode (Puzzlemethode)	Die angebotene Gesamtleistung wird in mehrere Teilleistungen zerlegt. Die Gesamtsumme wird nicht genannt, nur die niedrigeren Teilleistungen. Diese Methode wird gerne beim Autoverkauf angewandt.	*„Die Grundausstattung des Vans kostet 21 400,00 EUR, für Lederpolster kommen noch 890,00 EUR hinzu. Für das Navigationssystem bezahlen Sie nur 1 490,00 EUR."*
Verharmlosungsmethode	Der Verkäufer verharmlost den Mehrpreis der preislich höheren Ware, indem er nur den Aufpreis nennt.	*„Bitte fühlen Sie doch selbst, welcher Handtuchhalter stabiler und wertbeständiger ist. Diesen da bekommen Sie im Baumarkt um die Ecke und der hier aus unserem Qualitätsprogramm kostet lediglich 4,50 EUR mehr."*

VERSTANDEN?

1 Erklären Sie anhand eines selbst gewählten Beispiels, wie die Preisnennung mit der Sandwich-Methode funktioniert.

2 Sammeln Sie Argumente, die für und gegen die Sandwich-Methode sprechen.

3 Erklären Sie an einem Beispiel, in welchen Fällen die „nackte Preisnennung" die richtige Vorgehensweise sein kann.

4 Bei der Vorlage einer Ware sagt der Kunde: *„Das ist aber teuer!"* Geben Sie in wörtlicher Rede eine Antwort am Beispiel eines Artikels aus Ihrer Branche.

5 Erproben Sie die Preisnennung in Rollenspielen! Wählen Sie hierzu unterschiedliche Produkte:
- hochwertiges Markenprodukt (langlebig)
- Produktneuheit
- Auslaufmodell
- günstiges Me-too-Produkt

6 Annalena Stark, eine gute Kundin, kommt in Ihr Ausbildungsunternehmen, das Eisenwarenfachgeschäft „LeiLoCo" („Leicht – Locker & Co."). Sie benötigt eine Spaltaxt.

Zurzeit haben Sie nur noch hochpreisige Angebote im Sortiment. Als Annalena Stark nach dem Preis fragt, wollen Sie einen Preisschock vermeiden.

Aufgaben:

6.1 Erläutern Sie zwei Methoden der Preisnennung, die Sie in diesem Falle anwenden könnten.

6.2 Formulieren Sie für beide von Ihnen genannten Methoden eine mögliche Verkäuferantwort in wörtlicher Rede.

6.3 Annalena Stark fragt nach einem Preisnachlass. Wie verhalten Sie sich? Formulieren Sie Ihre Aussage in wörtlicher Rede.

7 Geben Sie zu den Formen der Preisnennung
- Verkleinerungsmethode
- Vergleichsmethode
- Zerlegungsmethode
- Verharmlosungsmethode

jeweils ein Beispiel in direkter Rede. Als Produktbeispiele wählen Sie möglichst Produkte aus Ihrem Ausbildungsbetrieb.

8 Welche Merkmale beeinflussen den Wert einer Ware?

9 *„Der Kunde setzt den Preis ins Verhältnis zum Wert der Ware!"*

Welche drei wichtigen Schlüsse ergeben sich daraus?

2.6 Kundeneinwände

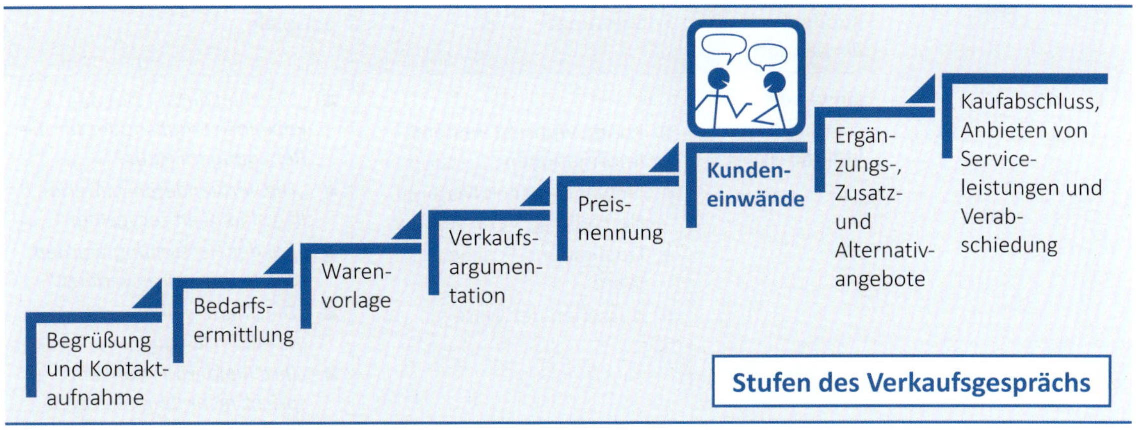

2.6.1 Gründe für Kundeneinwände

Ausbildungsgespräch

Auszubildende: *„Was sind denn die Taktiken der Preisfüchse?"*

Ausbilderin: *„Typische Kundenverhaltensweisen sind, dass sie Einwände gegen die Ware oder den Preis haben. Oder dass sie Preisvergleiche mit angeblich günstigeren Anbietern anstellen. In manchen Fällen erheben Kunden Einwände gegen das Geschäft oder das Personal."*

Auszubildende: *„Manchmal verlassen die Kunden unser Geschäft mit dem Hinweis ‚Ich komme morgen wieder.'. Wie muss ich das verstehen? Die meisten Kunden kommen eh nicht zurück."*

Ausbilderin: *„Das ist häufig ein Vorwand, um das Geschäft ohne Gesichtsverlust verlassen zu können."*

Kundeneinwände treten irgendwann im Laufe des Verkaufsgespräches auf. Sie sind normaler Bestandteil im Ablauf des Verkaufsgespräches. Sie zeigen, dass der Kunde an der Ware interessiert ist, ihm aber z. B. der Nutzen des Kaufs noch nicht deutlich ist.

Kundeneinwände zeigen dem Verkäufer auf, an welcher Stelle er seine Argumentation anzusetzen hat. Einwände stellen für den Verkäufer eine Chance dar, den Kunden von der Richtigkeit seines Kaufwunsches zu überzeugen.

> Der Verkäufer sollte die Kundeneinwände **ernst nehmen** und versuchen, sie mit **neuen Argumenten** auszuräumen.

(1) Berechtigte Kundeneinwände

Arten von Kundeneinwänden	Erläuterungen	Beispiele
Einwände gegen die Qualität der Ware	z. B. ■ Kunde wünscht weitere Informationen ■ Einwände gegen Material, Herstellung, Verarbeitung ■ Qualität und Frische der Ware ■ Aussehen der Ware	■ *„Welche Laufzeit hat der kabellose Staubsauger für die Reinigung im Haus?“* ■ *„Die verwendeten Materialien sind nicht recycelbar.“* ■ *„Bei der Herstellung wurden soziale Standards verletzt.“* ■ *„Die Salate sehen nicht gerade frisch aus.“* ■ *„Ihre Kleiderauswahl entspricht nicht dem neuesten Modetrend.“*
Einwände gegen das Preis-Leistungs-Verhältnis	z. B. ■ Preis zu hoch für die Qualität ■ Preis im Vergleich zum Mitbewerber zu hoch	■ *„Der Preis des Mantels ist für diese Qualität zu hoch.“* ■ *„Der Preis für diesen Wäschetrockner ist im Onlinehandel viel niedriger.“*
Einwände gegen das Geschäft	z. B. ■ Umfang der Warenauswahl ■ Mangelnde Serviceleistungen ■ Art des Sortiments	■ *„Ist das alles, was Sie an Blusen haben?“* ■ *„Früher hatten Sie eine großzügigere Umtauschregelung.“* ■ *„Sie haben zu wenig Auswahl für unsere Altersstufe.“*
Einwände gegen das Personal	z. B. ■ mangelnde Fachkompetenz ■ zu wenig Personal ■ mangelnde Freundlichkeit	■ *„Ich habe nicht den Eindruck, dass Sie mich fachkompetent beraten können.“* ■ *„Ich warte hier schon zehn Minuten auf einen Verkäufer, der mich beraten kann.“* ■ *„Sie könnten mir die Ware ruhig etwas freundlicher zeigen.“*

Beispiele:

- *„Ich will mich noch woanders umschauen.“*
- *„Das muss ich mir noch einmal in Ruhe überlegen.“*
- *„Ich komme morgen wieder, heute habe ich keine Zeit mehr.“*
- *„Da muss ich meinen Mann/meine Frau fragen.“*

(2) Kundeneinwände als Vorwand

Der Kunde möchte den Artikel **nicht kaufen** und sucht einen **Vorwand,** um das Geschäft verlassen zu können **(unechter Einwand).**

Eine Argumentation kann sich hier der Verkäufer sparen. Der Verkäufer sollte hierfür Verständnis zeigen, damit der Kunde bei diesem „Rückzug“ aus dem Verkaufsgespräch keinen „Gesichtsverlust“ erleidet. Auf diese Weise erleichtert er dem Kunden einen späteren Einkauf. Ein Hinweis wie z. B. *„Kommen Sie gerne wieder“* und eine nette Verabschiedung erhöht die Chance, dass der Kunde wiederkommt.

2.6.2 Methoden der Behandlung von Kundeneinwänden

Es gibt unterschiedliche Methoden auf Kundeneinwände angemessen zu reagieren. Nachfolgend werden fünf Einwandbehandlungs-Methoden vorgestellt.

(1) Ja-Aber-Methode

Dem Kunden wird **zunächst zugestimmt** und damit gezeigt, dass der vorgebrachte Einwand ernst genommen wird. Danach wird dem Kunden mit einem **Gegenargument widersprochen.**

Beispiel:

Kunde: *„Die Jacke gibt es online zu einem viel günstigeren Preis!"*

Verkäufer: *„Natürlich bekommen Sie diese Jacke online zu einem anderen Preis. Sie sollten jedoch nicht übersehen, dass Sie sich hier bei uns vor Ort die Jacke direkt anschauen und anprobieren können. Außerdem erhalten Sie von mir noch wichtige Zusatzinformationen."*

Weitere mögliche Verkäuferformulierungen sind:

- ✓ „Sie haben recht, allerdings …"
- ✓ „Genau. Dies gilt jedoch nur …"
- ✓ „Bedenken Sie bitte, …"
- ✓ „Dafür erhalten Sie jedoch …"
- ✓ „Darf ich Sie (aber) darauf hinweisen, …"

Die Ja-Aber-Methode ist die bekannteste und älteste Methode, um Einwände zu widerlegen. Das „Aber", auch wenn es nicht als Wort ausgesprochen wird, wirkt belehrend, deshalb ist diese Methode vorsichtig anzuwenden.

(2) Vergleichs-Methode

Der Verkäufer vergleicht die Ware mit einer alternativen Ware, um so die Vorteile besonders herauszustellen und den Einwand des Kunden abzuschwächen.

Beispiel:

Kunde: *„Mir genügt eine einfache Sportsocke!"*

Verkäufer: *„Wenn Sie die Skisocken mit den normalen Sportsocken vergleichen, dann sehen Sie, dass diese speziell auf die Bedürfnisse in Skistiefeln abgestimmt sind. Der Schaft ist höher und die Polsterungen befinden sich an den richtigen Stellen."*

(3) Gegenfrage-Methode

Der Verkäufer antwortet auf den Einwand des Kunden mit einer Gegenfrage, um herauszufinden, welche Bedenken der Kunde konkret hat. Eine Gegenfrage ist dann sinnvoll, wenn der Kunde ungenaue Einwände hervorbringt (z. B. *„Das gefällt mir nicht!"*).

Beispiel:

Kunde: *„Das Fahrrad ist wohl nicht das Richtige für meinen Sohn."*

Verkäufer: *„Welche Bedenken haben Sie? Worin liegen Ihre Zweifel?"*

(4) Umkehr-Methode (Bumerang-Methode)

Der Kunde führt einen Nachteil an. Der Verkäufer versucht dem Kunden deutlich zu machen, dass der scheinbare Nachteil aus anderer Sicht für ihn eigentlich ein Vorteil ist.

Weitere mögliche Verkäuferformulierungen sind:

- ✓ „Genau aus diesem Grund ..."
- ✓ „Gerade deshalb ..."
- ✓ „Dafür haben Sie ..."
- ✓ „Deswegen ist ..."

Beispiele:

Kunde: *„Das Handy ist viel zu klein!"*

Verkäufer: *„Gerade das ist das Besondere an diesem Handy. Es braucht keinen unnötigen Platz. Sie können es sogar in der Hemdtasche tragen."*

(5) Preiseinwands-Methode

Der Verkäufer versucht (als letztes Mittel), dem Verkaufsgespräch dadurch eine positive Wendung zu geben, dass er den Kunden direkt fragt, unter welchen Bedingungen er zum Kauf bereit wäre.

Beispiele:

- *„Unterbreiten Sie mir einen Vorschlag, unter welchen Bedingungen Sie diesen Artikel kaufen würden."*
- *„Was muss ich tun, damit ...?"*

Wenn der Kunde behauptet, er habe die gleiche Ware woanders billiger ausgezeichnet gesehen, darf der Verkäufer keinesfalls erwidern, dass das unmöglich sei. Er soll zuerst nähere Angaben über das billigere Konkurrenzangebot erbitten. Erst danach kann der Verkäufer auf die dafür denkbaren Ursachen eingehen. So werden viele Waren in verschiedenen Größen hergestellt und die Preise sind dementsprechend gestaffelt. Qualitätsunterschiede können oft nicht sofort am Äußeren erkannt werden usw. Der Verkäufer wird diese oder andere Gründe möglichst an Waren seines Geschäfts verdeutlichen.

Ist der Verkäufer befugt, den Kunden Preisnachlässe zu gewähren, sollte folgende Vorgehensweise eingehalten werden:

- Erst eine kleine Zugabe,
- dann eine kleine Serviceleistung und
- erst dann einen Preisnachlass gewähren.

Es gibt Kundeneinwände, die **nicht entkräftet** werden können. Dies ist z. B. der Fall, wenn

- der Kunde **bestimmte Vorstellungen** hinsichtlich Material, Farbe, Design u. Ä. hat, die das Geschäft nicht erfüllen kann.
- die Waren den Kunden in seinem **Wohlbefinden stören,** z. B. wenn die Bluse zu eng ist oder der Wanderschuh drückt.
- der Kunde ein Interesse an einem Kauf vorgibt, sich jedoch **nur informieren** möchte.

2.6.3 Konfliktlösungsverhalten

Bei der Beantwortung von Kundeneinwänden hat sich in der Praxis die nachstehende Vorgehensweise bewährt **(Vier-Schritt-Methode).**

1. Schritt: Überprüfung

✓ Echter Einwand: Ja!

2. Schritt:

✓ Kunden ernst nehmen; Genau erkunden, was den Kunden stört oder unsicher macht

3. Schritt:

✓ Einwand mit der passenden Einwandbehandlungs-Methode beantworten/entkräften

4. Schritt:

✓ Gespräch fortsetzen

Unechter Einwand: Ja!

✗ Kann nicht widerlegt werden

✗ Eventuell Suche nach dem verborgenen Einwand

✗ Verkäufer ermöglicht dem Kunden einen freundlichen Abgang

Checkliste: Verhalten bei Kundeneinwänden

- ✓ stets **ruhig, freundlich** und **sachlich** bleiben
- ✓ dem Kunden aufmerksam **zuhören** und ihn **ausreden lassen**
- ✓ **Verständnis** für den Einwand zeigen
- ✓ die Meinung des Kunden **respektieren** und ihn nicht belehren
- ✓ auf seine **Körpersprache achten** (Gestik und Mimik dürfen ihm nicht entgleiten)
- ✓ sich im Vorfeld bereits auf etwaige **Einwände vorbereiten**

VERSTANDEN?

1 Entscheiden Sie begründet, mit welcher Einwandbehandlungs-Methode der Verkäufer auf den folgenden Einwand antwortet.

K: *„Schwarze Pullover habe ich en masse!"*

V: *„Welche weiteren Farben kämen noch infrage?"*

---

2 Ein Kunde weist im Verkaufsgespräch darauf hin, dass ein Mitbewerber die Ware zu einem günstigeren Preis verkauft.

Aufgabe:

Wie verhalten Sie sich? Begründen Sie Ihr Handeln.

---

3 Eine Kundin möchte für ein Paar Laufschuhe nicht so viel Geld ausgeben.

Aufgabe:

Was entgegnen Sie der Kundin? Begründen Sie Ihre Antwort.

---

4 Eine Kundin in einem Sportgeschäft steht vor dem Spiegel. Sie probiert einen Jogginganzug an.

Kundin: *„Dieser hier gefällt mir zwar sehr gut, aber in Weiß finde ich ihn doch sehr empfindlich für den Sport."*

Aufgabe:

Entkräften Sie diesen Kundeneinwand mit der Ja-Aber-Methode. Schreiben Sie Ihre Antwort in wörtlicher Rede.

---

5 Planen und führen Sie Rollenspiele durch, in denen Sie die Einwände Ihrer Kunden entkräften. Achten Sie besonders auf die Vorgehensweise und beurteilen Sie, ob die Einwände wirklich überzeugend ausgeräumt wurden. Wechseln Sie auch die Rolle.

---

6 Entscheiden Sie jeweils, mit welcher Methode die Verkäuferin folgende Einwände einer Kundin beantwortet. Begründen Sie Ihre Entscheidung.

6.1 Kundin: *„Das T-Shirt sieht langweilig aus. Haben Sie nicht etwas Ausgefalleneres?"*

Verkäuferin: *„Möchten Sie vielleicht einmal etwas ganz anderes? Wie wär's mit diesem hier?"*

6.2 Kundin: *„Diese Jogginghose fällt in Größe 38 aber sehr groß aus."*

Verkäuferin: *„Sie haben recht, gerade deshalb eignet sie sich gut für viele Sportarten. Sie haben darin viel Bewegungsfreiheit."*

6.3 Kunden: *„89,00 EUR erscheint mir sehr teuer."*

Verkäuferin: *„Das mag zwar sein, dafür ist es aber eine atmungsaktive, langlebige und feuchtigkeitsregulierende Bio-Baumwoll-Qualität mit Umwelt-Zertifikat."*

---

7 Eine Auszubildende ist schockiert über das Verhalten einiger Kunden. Gerade hat ein Kunde wörtlich zu ihr gesagt:

„Ach, seien Sie doch still, Sie haben doch noch keine Ahnung."

Diskutieren Sie in Ihrer Lerngruppe, wie Sie sich in Konfliktsituationen mit Kunden verhalten.

2.7 Ergänzungs-, Zusatz- und Alternativangebote

Arbeitsheft Kap. 9

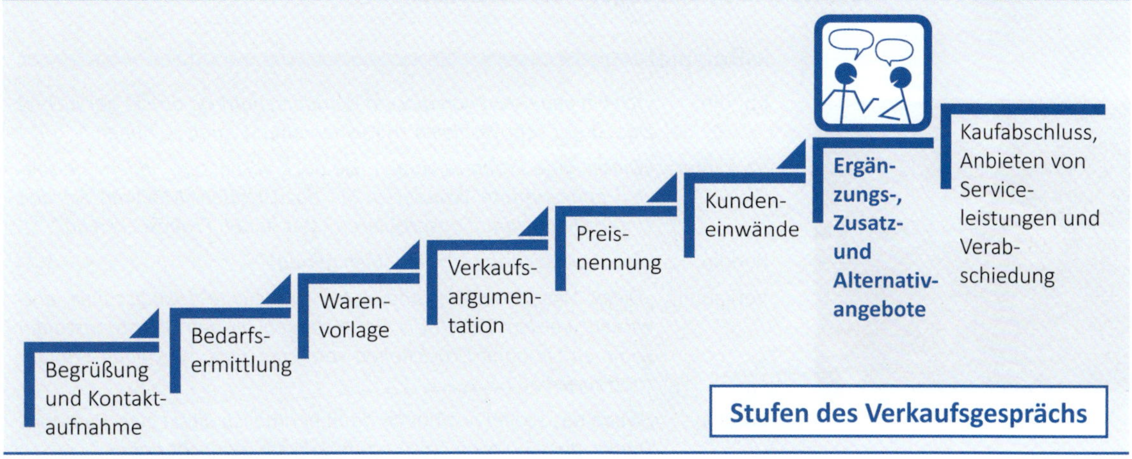

2.7.1 Ergänzungsangebote

Als **Ergänzungsangebote** bietet der Verkäufer seinen Kunden solche Waren an, die für die **Nutzung der Hauptware notwendig** sind.

Ergänzungsartikel sollten **immer angeboten werden.** Wenn der Verkäufer versäumt, dem Kunden den Ergänzungsartikel anzubieten, wird dieser in der Regel enttäuscht sein. Im schlimmsten Fall kann der Kunde den gekauften Artikel zunächst nicht nutzen.

Beispiele:

- Batterie zum Funkwecker
- LED-Dimmer für die Deckenleuchte
- Blasebalg für das Schlauchboot
- Software zum PC
- Patrone für den Füller

2.7.2 Zusatzangebote

(1) Begriff Zusatzangebote

- Ein **Zusatzangebot** bietet der Verkäufer seinen Kunden an, wenn der **Nutzen der Hauptware** dadurch erhöht wird.
- Zusatzartikel verschaffen dem Käufer einen **Zusatznutzen.**

Zusatzangebote werden von den Kunden nicht erwartet. In der Regel sehen die Kunden die Angebote jedoch als hilfreich an. Zusatzangebote führen für den Einzelhandelsbetrieb zu einer Umsatzsteigerung.

Beispiele:

- Schutzhülle für das Smartphone
- Passendes Hemd und farblich abgestimmte Krawatte sowie ein Gürtel für den Anzug
- Passende Perlenclips zur Perlenkette

Zusatzartikel können auch in keiner Verbindung zur gekauften Ware stehen. Sie dienen dann einzig dazu, den Umsatz zu steigern (z. B. Anbieten von Süßigkeiten, Spielwaren usw. im Kassenbereich eines Lebensmittelgeschäftes).

(2) Anbieten von Zusatzartikeln

Im Verkaufsgespräch muss der Verkäufer den entsprechenden **Kundennutzen des Zusatzartikels überzeugend herausstellen.**

Beispiel:

Kundin: *„Ich bin begeistert von diesem Wanderschuh! Da drückt gar nichts! Das ist gar kein Vergleich zu meinen alten Wanderschuhen."*

Verkäufer: *„Dieses gute Ergebnis können Sie noch verbessern, indem Sie speziell abgestimmte Wandersocken dazu tragen. Möchten Sie den Unterschied einmal ausprobieren? Wir haben Probesocken da."*

Kundin: *„Sportsocken habe ich eigentlich genug!"*

Verkäufer: *„Diese Wandersocken sind extra für leichte Hikingschuhe entwickelt worden. Durch die Polsterungen an den Belastungszonen kommen Sie ohne Druckstellen von jeder noch so langen Wanderung zurück."*

Kundin: *„Wenn das so viel ausmacht, dann nehme ich direkt zwei Paar mit! Danke, dass Sie mich darauf aufmerksam gemacht haben."*

> Es ist sinnvoll, den Zusatzartikel gemeinsam mit dem Hauptartikel anzubieten.

Der Verkäufer hat damit die Möglichkeit, die Bedeutung des Zusatzartikels für den Hauptartikel in seine Argumentation einfließen zu lassen. Er kann die Vorteile des Zusatzartikels mit den Eigenschaften des Hauptartikels verbinden.

Die Argumente des Verkäufers werden noch verstärkt, wenn er den Kunden an der Präsentation des Zusatzartikels teilnehmen lässt. Dadurch kann sich der Kunde von den Vorteilen selbst überzeugen. So wird auch der Eindruck vermieden, dass der Zusatzartikel dem Kunden aufgeschwatzt wird.

Beispiele:

- *„Ihre Tagliatelle sollten Sie unbedingt durch einen frisch geriebenen Parmesankäse verfeinern. Außerdem könnte ich Ihnen aus unserer großen Auswahl an italienischen Weinen den passenden Rotwein anbieten."*
- *„Es wäre sinnvoll, wenn Sie für dieses hochwertige Mountainbike bei uns gleich eine Diebstahlversicherung abschließen würden, um sich vor Schaden zu schützen."*

Wird der Zusatzartikel erst nach dem Kauf des Hauptartikels angeboten (z. B. an der Kasse), ist es in der Regel für einen Zusatzverkauf zu spät. Oftmals bleibt es hier bei nicht überzeugenden Redewendungen oder negativen Suggestivfragen.

Beispiele:

- *„Brauchen Sie noch … ?"*
- *„Wäre das noch etwas für Sie … ?"*
- *„Ein Ladegerät haben Sie sicher schon?"*
- *„Ich darf Ihnen zu Ihrer Bluse sicher noch den passenden Schal zeigen?".*

2.7.3 Alternativangebote

(1) Alternativangebote sollen den Kunden überzeugen

Ein Alternativangebot darf nur dann angeboten werden, wenn die Alternativware den **gleichen** oder einen **höheren Standard** aufweist wie die nachgefragte Ware.

Ware nicht vorhanden → Alternativangebot nur bei gleichem oder höherem Standard bzw. bei Zusatznutzen

(2) Anbieten von Alternativangeboten

Folgende Aussagen **leiten geschickt** auf die **eigene Ware** über:	■ *„Wir haben uns für den Hersteller ‚Berghaus' entschieden, ...“* ■ *„Wir führen die Artikel der Marke ‚Berghaus', ...“* ■ *„Probieren Sie doch einmal das Modell der Marke ‚Berghaus', ...“* ■ *„Der Artikel der Marke ‚Berghaus' hat für Sie den Vorteil, ...“* ■ *„Der Hersteller ‚Berghaus' hat ein ganz neues Produkt entwickelt, ...“* ■ *„Für Sie eignet sich das Modell der Marke ‚Berghaus', ...“* Mit diesen Aussagen wird die eigene Ware positioniert. Zudem wird sie mit entsprechenden Argumenten von der gewünschten Ware positiv abgegrenzt.
Ungeeignet sind **Aussagen** wie:	■ *„Jacken der Marke ‚Schöffel' führen wir leider nicht.“* ■ *„Ich kann Ihnen nur die Jacke der Marke ‚Berghaus' anbieten.“* ■ *„Die Funktionsjacke der Marke ‚Berghaus' ist auch ganz gut.“* Solche Aussagen setzen das eigene Sortiment herab. Dies wirkt negativ auf das gesamte Einzelhandelsunternehmen.

Steht **kein gleichwertiges Alternativangebot** zur Verfügung, sollte dies dem Kunden mit einem Bedauern mitgeteilt werden. Der Verkäufer sollte Verständnis dafür zeigen, dass der Kunde keinen Kauf tätigt. Er sollte ihn darüber hinaus freundlich verabschieden.

Ware nicht vorhanden → Kein gleichartiges Alternativangebot vorhanden, daher kein Angebot an den Kunden. Verständnis zeigen, dass kein Kauf zustande kommt.

Arbeitsheft Kap. 10

2.8 Kaufabschluss

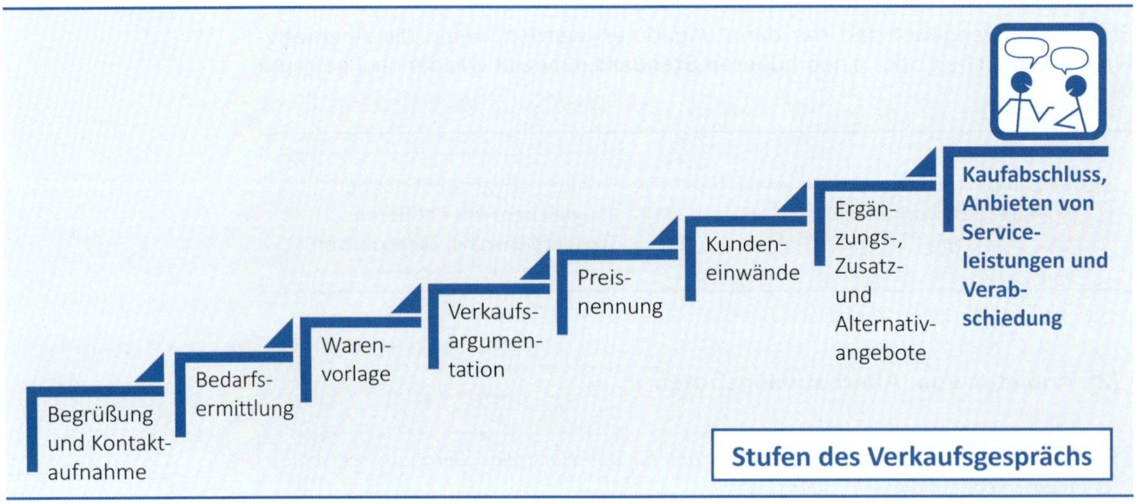

2.8.1 Abschlusssignale des Kunden

Eine bevorstehende Kaufentscheidung löst beim Kunden ganz unterschiedliche Gefühle aus. Je nach Kaufmotiv geraten Kunden am Ende eines Verkaufsgespräches unterschiedlich stark unter Entscheidungsdruck.

Beispiele:

- *„Ob ich das wirklich brauche? Oft kommen mir zu Hause Zweifel, ob dieser Spontankauf wirklich richtig war."*
- *„Ob ich damit auf der Hochzeit wirklich gefalle?"*
- *„Diese Bohrmaschine ist wirklich gut, sie hat alle Funktionen, die ich brauche. Ob der Preis nicht doch zu hoch ist?"*
- *„Ob das jetzt endlich der richtige Schlafsack für mich ist?"*

Die Zweifel des Kunden, ob er sich für oder gegen den Kauf entscheiden soll, äußern sich in **sprachlichen** wie in **körpersprachlichen Kaufsignalen.**

Sprachliche Kaufsignale (verbale Kaufsignale)	**Körpersprachliche Kaufsignale** (nonverbale Kaufsignale)
Beispiele: ■ Der Kunde äußert sich zustimmend zur Ware. *„Diese schwarze Handtasche gefällt mir sehr gut".* ■ *„Mit der Autorennbahn spielt mein Sohn sicher sehr gerne."* ■ Der Kunde wiederholt wichtige Argumente. *„Die Bahnelemente sind sehr stabil, die Bahn ist schnell auf- und abgebaut, die Bahn kann erweitert werden . . ."*	**Beispiele:** ■ Der Kunde nickt zustimmend. ■ Er nimmt die Ware mehrmals hintereinander in seine Hände und prüft sie eingehend. ■ Er wendet den Blick nicht mehr von der Ware ab. ■ Er tritt etwas zurück und begutachtet die Ware aus einigem Abstand. ■ Er hat eine gelockerte Haltung und macht humorvolle Bemerkungen.

Sprachliche Kaufsignale (verbale Kaufsignale)	**Körpersprachliche Kaufsignale** (nonverbale Kaufsignale)
■ Der Kunde erkundigt sich nach Zahlungsweise, Rabatt, Zeitpunkt der Lieferung. *„Kann ich mit Kreditkarte bezahlen?“* *„Kann man die Steilkurven der Bahn noch verlängern?“* ■ Der Kunde stellt Fragen zum Service. *„Können Sie mir das Fernsehgerät diese Woche noch liefern?“* *„Reparieren Sie beschädigte Bahnen selber? Wie lange garantieren Sie die Lieferung von Bahnteilen und Autos?“*	■ Der Kunde führt die Ware noch einmal selbst vor. ■ Er greift unbewusst nach seinem Geldbeutel, der Girocard bzw. der Kreditkarte.

2.8.2 Abschlusstechniken

Ist der Kunde noch unschlüssig, sollte der Verkäufer ihn bei seiner Entscheidung unterstützen. Dem Verkäufer stehen hierbei verschiedene Abschlusstechniken zur Verfügung. Mit diesen Techniken wird eine positive Kaufentscheidung unterstützt, ohne den Kunden unter Druck zu setzen.

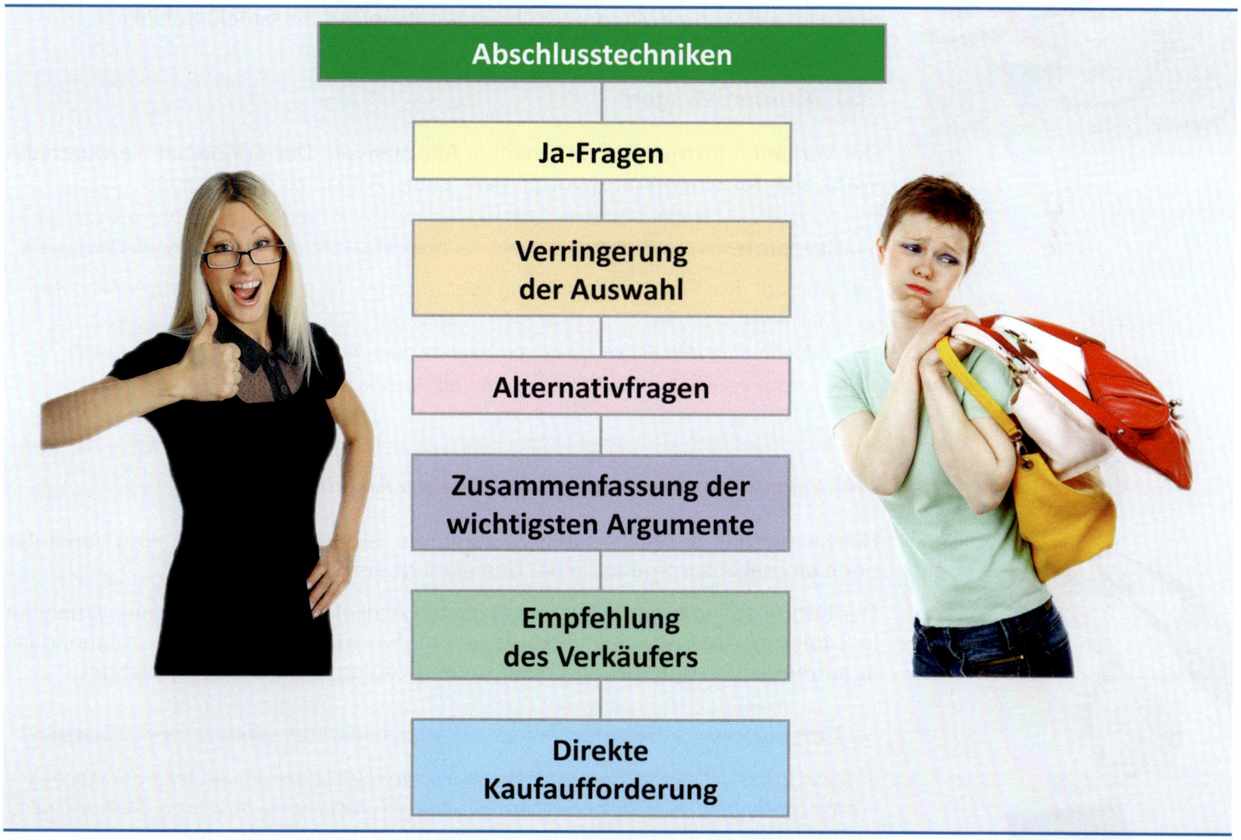

(1) Ja-Fragen

Bei dieser Abschlusstechnik stellt der Verkäufer geschlossene Fragen, die der Kunde mit großer Wahrscheinlichkeit mit *„Ja"* beantwortet. Mit der letzten Frage möchte er dann die Zustimmung des Kunden zum Kauf erreichen.

Beispiel:

Verkäufer: *„Sie wünschen sich einen Brustbeutel mit verschiedenen Fächern für unterschiedliche Währungen, Karten und Ausweise?"*

Kunde: *„Ja."*

Verkäufer: *„Sie wollten den Brustbeutel aus hochwertigem Nylon?"*

Kunde: *„Ja."*

Verkäufer: *„Der Brustbeutel sollte auch unter der Hose getragen und am Gürtel befestigt werden können?"*

Kunde: *„Ja."*

Verkäufer: *„Dann ist das der richtige Brustbeutel für Sie."*

Kunde: *„Ja, den Brustbeutel nehme ich, der gefällt mir wirklich gut."*

(2) Verringerung der Auswahl

Damit dem Kunden die Wahl erleichtert und seine Entscheidung beschleunigt wird, soll der Verkäufer die Auswahl verringern. Der Kunde wird dadurch bewusst auf wenige Warenausführungen (bzw. auf ein Stück) gelenkt.

(3) Alternativfragen

Der Verkäufer formuliert zwei positive Alternativen. Der Kunde hat hierdurch die Wahl, sich für einen Warenvorteil bzw. einen Artikel zu entscheiden.

Beispiele:

- *„Genügt Ihnen die Normalpackung oder möchten Sie gleich die günstigere Familienpackung?"*
- *„Möchten Sie den Artikel gleich mitnehmen oder nutzen Sie unseren Lieferservice?"*
- *„Möchten Sie lieber die Stichsäge oder die Fuchsschwanzsäge?"*

(4) Zusammenfassung der wichtigsten Argumente

Hierbei werden die wichtigsten Vorzüge, die der Kunde wünscht, vom Verkäufer noch einmal zusammengefasst. Das erzeugt eine „Ja-Stimmung".

Der Kunde soll erkennen: Wenn ich diesen Artikel kaufe, gehen meine Wünsche in Erfüllung. Am Ende des Verkaufsgespräches muss der Verkäufer zeigen, dass er aufmerksam zugehört und das Kundenproblem vollständig erfasst hat.

Beispiel:

„Diese Tasche ist sehr strapazierfähig und trotzdem leicht, sie hat ein separates Fach für Ihren Laptop und viele kleine Fächer für Schlüssel, Handy und Notizbuch. Sie hat einen gepolsterten, breiten Tragegurt und ist somit für Sie genau das Richtige."

(5) Empfehlung des Verkäufers

Unsichere Kunden neigen dazu, die Entscheidungsverantwortung für den Kauf auf den Verkäufer zu übertragen. In diesem Fall erwartet der Kunde vom Verkäufer eine fachkundigen Rat. Seine Empfehlung muss der Verkäufer in jedem Fall mit stichhaltigen Argumenten begründen.

Beispiel:

Kunde: *„Welche Heckenschere würden Sie an meiner Stelle kaufen?"*

Verkäufer: *„Ich empfehle Ihnen die Heckenschere Hs 8365 S. Sie hat 500 Watt, eine nutzbare Messerlänge von 650 mm und ist für Ihre Heckenart völlig ausreichend."*

(6) Direkte Kaufaufforderung

Sind alle Fragen geklärt und hat sich der Kunde im Grunde entschieden, kann diese Technik sehr schnell zum Kaufabschluss und zum Ende des Beratungsgesprächs führen.

Beispiele:

- *„Darf ich Ihnen die Wanderschuhe einpacken?"*
- *„Greifen Sie gerne zu, solange der Aktionspreis noch gilt!"*

Aber auch hier gilt: Vorsicht, den Kunden nicht unter Druck setzen!

2.8.3 Bekräftigung der Kaufentscheidung

Es kommt häufig vor, dass der Kunde direkt nach dem Kaufabschluss seine Kaufentscheidung bereut („Kaufkater"). Diese Stimmung des Kunden muss der Verkäufer mit einem Gespräch, z. B. beim Gang zur Kasse, auffangen, indem er dem Kunden eine Bestätigung für seine Kaufentscheidung gibt.

Bestätigung des Verkäufers	Erläuterungen	Beispiele
Unterstützung des Kaufmotivs	Der Verkäufer bestätigt den Kunden mit Hinweis auf seinen Kaufwunsch, dass er mit dem erworbenen Kaufgegenstand genau die richtige Wahl getroffen hat.	*„Sie haben eine gute Entscheidung getroffen, das Kleid können Sie zu vielen Anlässen tragen, der Stoff ist pflegeleicht. . ."*
Umtauschmöglichkeit	Der Verkäufer weist auf die Umtauschmöglichkeit hin, sodass ein eventueller Fehlkauf rückgängig gemacht werden kann.	*„Sollte das Geburtstagskind das Buch schon besitzen, können Sie es original verpackt selbstverständlich umtauschen."*
langlebige Qualität	Der Verkäufer bestätigt nochmals, dass der Kaufgegenstand in diesem Preissegment einen hohen Qualitätsstandard aufweist.	*„Diese Akku-Stichsäge ist universell einsetzbar, sie hat ein Metallgetriebegehäuse, einen Überlastungsschutz. . ."*

Bestätigung des Verkäufers	Erläuterungen	Beispiele
Kundendienst und Serviceleistungen	Der Verkäufer signalisiert dem Kunden, dass das Geschäft einen eigenen Reparaturdienst hat und während der Reparaturzeit Ausleihegeräte bereitstellt.	*„Sie stehen bei Problemen mit der Ware nicht allein, sondern Sie können auf unsere Unterstützung vertrauen."*
Gebrauch und Pflege der Ware	Der Verkäufer versichert dem Kunden, dass er ihn langfristig zufriedenstellen möchte und er jederzeit auf die Leistungsfähigkeit des Geschäfts vertrauen kann.	*„Sollte die Software bei der täglichen Arbeit Probleme bereiten oder sollen Funktionen erweitert werden, stehen unsere Spezialisten jederzeit zur Verfügung."*

2.8.4 Anbieten von Serviceleistungen

(1) Allgemeine Serviceleistungen

Allgemeine Serviceleistungen kommen allen Kunden zugute und sollen den Einkauf erleichtern helfen.

Beispiele:

- Bereitstellen von kostenlosen Kundenparkplätzen
- Betreuung von Kindern während des Einkaufs
- Anbieten von Einkaufserleichterungen wie Einkaufswagen, Kinderbuggys, Rolltreppen, Fahrstuhl
- Führen einer Imbissecke, einer Cafeteria oder eines Restaurants im Haus
- Vermietung von Werkzeugen und Geräten
- Zusenden einer Kundenzeitschrift an die Stammkunden
- Kundenkarten und Kunden-Apps

(2) Zahlungserleichterungen ermöglichen

Der Einzelhandel bietet seinen Kunden neben der **Barzahlung** eine Vielzahl weiterer Zahlungsmöglichkeiten. Insbesondere die **elektronischen Zahlungsarten** (z.B. Girocard-Zahlung, die Zahlung mit Kredit-, Geld- oder Kundenkarte oder mit dem Smartphone) sollen dem Kunden die Zahlung vereinfachen.

Vereinbart das Einzelhandelsgeschäft mit dem Kunden die **Zahlung gegen Rechnung,** erhält dieser dadurch eine Zahlungsfrist eingeräumt. Bei langlebigen, höherwertigen Gebrauchsgütern (z.B. Haushaltsgeräte, Möbel, Unterhaltungselektronik) bieten die Einzelhandelsgeschäfte ihren Kunden in der Regel auch eine **Raten- oder Teilzahlung** an. Autos, Motorräder, Fotokopiergeräte kann der Kunde auch gegen eine einmalige Leasingsonderzahlung und monatlichen Ratenzahlungen **leasen.**

Unter **Leasing** versteht man das Mieten (bzw. Pachten) von Anlagegegenständen. Die Behandlung der Leasingzahlung ist im Rahmenlehrplan nicht vorgesehen.

(3) Warenbezogene Serviceleistungen

Mit warenbezogenen Serviceleistungen kann sich der Einzelhandelsbetrieb von der Konkurrenz abheben. Er kann damit ein Alleinstellungsmerkmal aufbauen und die Kundenbindung stärken. Gleichzeitig sind Serviceleistungen ein wichtiges Werbemittel, um sich vom Onlinehandel abzugrenzen.

Beispiele:

- Möbel aufstellen und einbauen
- elektrische Geräte installieren, einstellen, gegebenenfalls reparieren
- Änderungen beim Verkauf von Kleidern, Anzügen vornehmen
- Waren verpacken (auch als Geschenk) und auf Wunsch zustellen
- einen Onlineshop oder eine Online-Verkaufsplattform betreiben
- Entsorgung von Altgeräten

Ob die Serviceleistungen kostenlos sind oder ob eine Kostenpauschale erhoben wird, entscheidet das jeweilige Einzelhandelsgeschäft.

2.8.5 Verabschiedung des Kunden

Der Kunde soll sich während des gesamten Verkaufsgespräches wohl und angenommen fühlen. Das muss sich nach der Übergabe des Kunden an das Kassenpersonal durch den Verkäufer fortsetzen. Schließlich vermittelt die Verabschiedung dem Kunden einen letzten Eindruck vom Geschäft. Sie ist deshalb mitentscheidend für die Erinnerung an das Geschäft.

Der Verkäufer bzw. das Kassenpersonal muss sich bei der Verabschiedung nochmals für den Kauf bedanken *(„Vielen Dank für Ihren Einkauf.“)*.

Ist der Kunde namentlich bekannt oder zahlt der Kunde mit „Karte“, verabschieden Sie ihn mit seinem Namen und wählen situationsbezogene Worte:

Beispiele:

- *„... ein schönes Wochenende.“*
- *„... einen erholsamen Urlaub.“*
- *„... eine schöne Feier.“*
- *„... schöne Feiertage.“*
- *„... und denken Sie daran, unser Serviceangebot steht Ihnen immer zur Seite.“*

Mit einer gelungenen Verabschiedung wird die Grundlage für den nächsten Kauf geschaffen. Denn: Nach dem Kauf ist vor dem Kauf.

VERSTANDEN?

1 In einem Verkaufsgespräch ist es die Aufgabe des Verkäufers, den Kunden auf Ergänzungsartikel aufmerksam zu machen. Erklären Sie den Begriff Ergänzungsangebot und finden Sie hierzu drei passende Beispiele.

2 Diskutieren Sie, an welcher Stelle Zusatzangebote im Verkaufsgespräch sinnvoll sind.

3 Formulieren Sie in wörtlicher Rede, wie Sie einen Zusatzartikel anbieten bzw. empfehlen. (Ware nach eigener Wahl.)

4 Begründen Sie, warum Alternativangebote notwendig sind. Schildern Sie, wo es beim Alternativkauf Grenzen gibt.

5 In einem Lederwarenfachgeschäft: Nach einem ausführlichen Beratungsgespräch kann sich eine Kundin nicht entscheiden.

K: *„Diese schwarze Handtasche gefällt mir sehr gut. Aber auch diese Modelle in dunkelbraun und in rot sind sehr schön."*

V: *„Ja, Sie haben recht, alle drei Handtaschen sind sehr schöne Modelle."*

K: *„Sie gefallen mir alle. Ich weiß nicht, welche ich nehmen soll."*

V: *„Da kann ich Ihnen auch nicht helfen. Sie müssen sich schon selber entscheiden."*

Aufgaben:

5.1 Beurteilen Sie das Verkäuferverhalten.

5.2 Beschreiben Sie zwei Methoden der Abschlusstechnik, die Sie in einer solchen Situation einsetzen könnten.

5.3 Beschreiben Sie, wie Sie der Kundin die Entscheidung erleichtern können.

5.4 Formulieren Sie in wörtlicher Rede ein personenbezogenes Verkaufsargument, um die Kundin endgültig von einer Handtasche zu überzeugen.

6 Erläutern Sie, welche Vorteile die Alternativangebote für den Kunden und für das Geschäft bringen.

7 Beschreiben Sie, welche Wirkung jeweils von folgenden Aussagen ausgehen:

7.1 *„Brauchen Sie sonst noch was?"*

7.2 *„Da kann ich Ihnen höchstens noch den ... von X anbieten, der kostet aber ..."*

8 8.1 Beschreiben Sie Beispiele von warenbezogenen Serviceleistungen Ihres Ausbildungsunternehmens.

8.2 Begründen Sie das Anbieten von warenbezogenen Serviceleistungen.

9 Fassen Sie nochmals die wesentlichen Inhalts der einzelnen Stufen eines Verkaufsgesprächs tabellarisch zusammen.

10 Schreiben Sie ein fiktives (ausgedachtes) Verkaufsgespräch mit allen Phasen, in der die Verkaufskraft alles richtig macht.

Kunden im Servicebereich Kasse betreuen

Einführung

Wenn wir etwas Neues benötigen, gehen wir häufig in ein Geschäft. Wir sichten das Warenangebot, entscheiden uns für eine Ware, gehen zur Kasse, bezahlen und verlassen zufrieden den Laden. So einfach scheint Einkaufen zu sein. Manchmal merken wir, dass es auch anders sein kann. Legen wir eine Flasche Hochprozentiges auf das Kassenband, werden wir eventuell nach unserem Ausweis gefragt. In so einer Situation merken wir, dass beim Einkaufen auch Gesetze wirksam werden.

In diesem Lernfeld erfahren Sie die rechtlichen Hintergründe des Einkaufens. Sich gut in diesem Bereich auszukennen ist für ein sicheres Auftreten und Handeln im Umgang mit Ihrer Kundschaft wichtig. Weiterhin werden die rechtlichen Grundlagen in den Prüfungen abgefragt.

1 Rechtsgrundlagen beim Warenverkauf

Im Bürgerlichen Gesetzbuch [BGB] werden viele Grundsätze zum Ein- und Verkauf festgelegt, die im privaten und beruflichen Alltag wichtig sind. Als Erstes muss definiert werden, ab wann eine Person Rechte hat und Geschäfte abschließen kann.

Arbeitsheft
Kap. 1

1.1 Rechtsfähigkeit

Mit dem Begriff **Rechtsfähigkeit** beschreibt das Gesetz die Tatsache, dass eine Person Rechte und Pflichten ausüben darf bzw. muss.

(1) Natürliche Personen

Die Rechtsfähigkeit in Deutschland beginnt mit der Vollendung der Geburt [§ 1 BGB] und endet mit dem Tod. Damit sind alle Menschen rechtsfähig. Sie werden als natürliche Personen bezeichnet.

Das Baby, das ein Grundstück erbt, ist Steuerschuldner, z. B. in Bezug auf die Grundsteuer.

Beispiele:

Natürliche Personen haben

- das Recht, zu erben,
- das Recht, Eigentum zu kaufen,
- das Recht, körperlich unversehrt zu bleiben, und
- die Pflicht, Steuern zu zahlen.

(2) Juristische Personen

Mit dem Begriff juristische Person (rechtliche Person) beschreibt das Gesetz eine künstliche Person (z. B. ein Unternehmen), der der Staat die Eigenschaften von Personen verliehen hat. Sie erlangen die Rechtsfähigkeit durch die Eintragung in ein Register (z. B. die GmbH durch Eintragung in das Handelsregister).

Beispiele:

- eingetragene Vereine
- Gesellschaft mit beschränkter Haftung [GmbH]
- Aktiengesellschaft [AG]
- Anstalten des öffentlichen Rechts (Schule, Krankenhaus u. Ä.)
- Industrie- und Handelskammern
- Stadt/Gemeinde

1.2 Geschäftsfähigkeit

Natürliche und juristische Personen haben Rechte und Pflichten. Für den möglichst reibungslosen Ablauf im Alltag muss klar sein, wie Erledigungen rechtssicher abgewickelt werden können. Dazu wird im Gesetz der Begriff der Geschäftsfähigkeit verwendet.

Zu dem Begriff Rechtsgeschäft siehe S. 153

Wer **geschäftsfähig** ist, kann **Rechtsgeschäfte** juristisch **wirksam abschließen.** Das bedeutet, dass die Handlungen rechtlich gültig sind.

Die Geschäftsfähigkeit kann wegen des Alters oder des geistigen Zustands einer natürlichen Person eingeschränkt werden. Man unterscheidet zwischen Geschäftsunfähigen, beschränkt Geschäftsfähigen und voll Geschäftsfähigen.

(1) Geschäftsunfähigkeit

Kinder vor Vollendung des siebten Lebensjahres und Menschen mit einer geistigen Behinderung sind geschäftsunfähig.

Da Geschäftsunfähige keine Rechtsgeschäfte abschließen können, müssen sie vertreten werden. Bei Kindern sind dies in der Regel kraft Gesetzes die Eltern. Man bezeichnet sie daher als gesetzliche Vertreter (Erziehungsberechtigte).

Geschäftsunfähigkeit

- Kinder unter 7 Jahren
- Personen mit einer dauernd krankhaften Störung der Geistestätigkeit

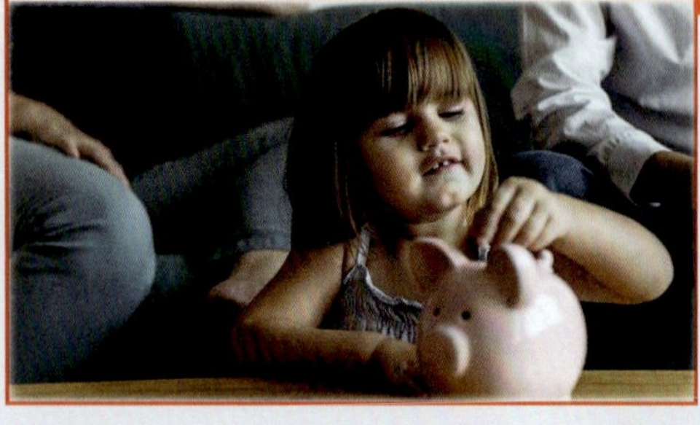

Rechtsfolge →

Verträge mit Geschäftsunfähigen sind ungültig.

Beispiel:

Ohne ihre Eltern zu fragen, kauft die fünfjährige Merle von ihrem Taschengeld im Supermarkt einen Schokoriegel. Dieser Kaufvertrag ist nichtig. Die Mutter kann das Geld vom Supermarkt zurückfordern, selbst wenn Merle den Schokoriegel bereits gegessen hat.

Anders verhält es sich bei einem **Botengang:** Kinder dürfen für ihre Eltern einkaufen gehen, denn sie übermitteln in dem Moment die Willenserklärung einer geschäftsfähigen Person (z. B. darf die fünfjährige Merle im Bioladen für ihre Eltern ein Brot kaufen).

(2) Beschränkte Geschäftsfähigkeit

Minderjährige, die zwischen sieben und 17 Jahre alt sind, sind beschränkt geschäftsfähig. Rechtsgeschäfte mit einer beschränkt geschäftsfähigen Person können nur mit der vorherigen Einwilligung der gesetzlichen Vertretung rechtswirksam werden.

beschränkte Geschäftsfähigkeit

- Kinder und Jugendliche zwischen 7 und 18 Jahren

Rechtsfolge →

Solange die Genehmigung des gesetzlichen Vertreters fehlt, ist ein durch den beschränkt Geschäftsfähigen abgeschlossenes **Rechtsgeschäft schwebend unwirksam.** Dies bedeutet: Wird die **Genehmigung verweigert,** ist der **Vertrag von Anfang an ungültig.** Wird **sie erteilt,** ist der **Vertrag von Anfang an wirksam.**

Beispiel:

Die 17-jährige Schülerin Luise kauft sich ein Smartphone mit 2 Jahren Vertragslaufzeit, ohne ihre Eltern vorher zu fragen. Wenn die Eltern mit dem Kauf einverstanden sind, ist der Kauf rechtswirksam. Wenn sie nicht zustimmen, kommt kein Kaufvertrag zustande.

Es gibt Ausnahmen der beschränkten Geschäftsfähigkeit. Bestimmte Rechtsgeschäfte von beschränkt geschäftsfähigen Personen müssen nicht von der gesetzlichen Vertretung bestätigt werden.

Beispiele:

- Der 15-jährige Ilkay erhält zum Geburtstag eine Boombox.

  rechtlicher Vorteil (Geschenk)!

  ✓ Da das Rechtsgeschäft für Ilkay **ausschließlich einen rechtlichen Vorteil** bringt, bedarf es nicht der Zustimmung eines gesetzlichen Vertreters.

- Die 16-jährige Larissa kauft sich von ihrem Taschengeld ein T-Shirt für 15,00 EUR.

  Taschengeldparagraf [§ 110 BGB]!

  ✓ Da Larissa das Rechtsgeschäft mit ihrem Taschengeld abwickelt (also mit **Geldmitteln, die ihr frei zur Verfügung stehen**), bedarf das Rechtsgeschäft nicht der Zustimmung.

- Die 17-jährige Verkäuferin Renata vereinbart mit ihrem Arbeitgeber Regelungen über die Arbeitszeit, den Urlaub und das Gehalt.

  Dienst- bzw. Arbeitsverhältnis!

  ✓ Da diese Rechtsgeschäfte im **Rahmen ihres Arbeitsverhältnisses** abgeschlossen werden, ist eine Zustimmung eines gesetzlichen Vertreters nicht nötig.

(3) Unbeschränkte Geschäftsfähigkeit

Personen über 18 Jahren sind unbeschränkt geschäftsfähig.

unbeschränkte Geschäftsfähigkeit

- natürliche Personen ab 18 Jahren
- juristische Personen

Rechtsfolge →

Unbeschränkte Geschäftsfähigkeit bedeutet: Jedes Rechtsgeschäft kann **rechtsgültig abgeschlossen** werden.

Ausnahmen bestehen nur für Personen, die dauerhaft an einer psychischen Erkrankung oder geistigen Behinderung leiden. Diese sollen Unterstützung bekommen, um ihre Geschäftsfähigkeit möglichst selbstbestimmt ausüben zu können (UN-Behindertenkonvention).

In einigen Fällen ist die Geschäftsunfähigkeit nur vorübergehend (temporär).

Beispiele:

- Befindet sich ein Mensch in einem Rauschzustand oder ist betrunken, so kann es sein, dass seine Geistestätigkeit gestört ist.
- Auch wenn Menschen einen Schock erlitten haben, sind sie nicht im Vollbesitz ihrer geistigen Fähigkeiten. Werden in solchen Phasen Willenserklärungen abgegeben, sind diese nichtig (ungültig).

1.3 Rechtsgeschäft

1.3.1 Voraussetzungen

Das Wort „Geschäft“ wird in diesem Zusammenhang weit ausgelegt. Es meint, dass Menschen handeln, um eine (rechtliche) Wirkung zu erzielen. Eine Person sagt: *„Ich nehme die Schuhe.“* und drückt damit aus, dass sie das Paar kaufen möchte. Es wird ein Rechtsgeschäft (Kauf von Schuhen) angebahnt.

Damit ein Rechtsgeschäft zustande kommen kann, muss es eine **Willenserklärung** geben.

- Die Willenserklärung kann auch in einer **direkten Handlung** bestehen: Die Kundin nimmt sich die Ware aus dem Regal und geht zur Kasse. Die rechtliche Wirkung ist der Verkauf, der durch das Bezahlen zustande kommt.
- Die Willenserklärung kann ebenfalls durch eine **mittelbare Handlung** erfolgen.

Dazu zählt z. B. der Münzeinwurf in einen Automaten oder der Einstieg in die Straßenbahn. Man spricht in diesem Zusammenhang auch von **schlüssigem Handeln.** Dies wird auch **konkludentes Handeln** genannt.

- **Rechtsgeschäfte** kommen durch **Willenserklärungen** zustande.
- **Willenserklärungen** sind Äußerungen (Handlungen) einer Person mit der Absicht, eine **rechtliche Wirkung herbeizuführen.**
- Willenserklärungen können grundsätzlich **mündlich, am Telefon, schriftlich** (Brief, E-Mail, Textnachricht) **und durch eine Handlung** abgegeben werden.

1.3.2 Arten von Rechtsgeschäften

Es macht rechtlich einen Unterschied, ob eine oder zwei Parteien an einem Rechtsgeschäft beteiligt sind.

(1) Zweiseitige Rechtsgeschäfte (Verträge)

Viele Rechtsgeschäfte sind Verträge. Dies kann am Beispiel des Einkaufens besonders gut dargestellt werden. Auf einem Flohmarkt wird eine Ware angeboten. Die beiden beteiligten Personen verhandeln über den Preis und einigen sich am Ende auf die Summe, für die die Ware in das Eigentum der kaufenden Person übergeht. Beide Seiten geben übereinstimmende Willenserklärungen ab und somit kommt ein **zweiseitiges Rechtsgeschäft** zustande. Es wird ein **Vertrag** abgeschlossen. In diesem Fall handelt es sich um einen mündlichen Vertrag. Beide Seiten verpflichten sich, ihren Teil der Absprache einzuhalten.

- **Zweiseitige Rechtsgeschäfte** kommen zustande, wenn **zwei übereinstimmende Willenserklärungen** abgegeben werden.
- Zweiseitige Rechtsgeschäfte bezeichnet man als **Verträge.**

Rechtsgeschäfte	Erläuterungen	Beispiele
einseitig verpflichtende Verträge	Sie liegen vor, wenn nur einem Vertragspartner eine Verpflichtung zur Leistung auferlegt ist.	Ein einseitig verpflichtender Vertrag ist der Schenkungsvertrag. Der Schenker verpflichtet sich, dem Beschenkten das Geschenk zu übergeben und zu übereignen, während der Beschenkte keine Gegenleistung zu erbringen hat.
zweiseitig verpflichtende Verträge	Es handelt sich um Rechtsgeschäfte, bei denen jeder Vertragsteil zu einer Leistung verpflichtet ist.	■ Kaufvertrag ■ Mietvertrag ■ Pachtvertrag ■ Berufsausbildungsvertrag

(2) Einseitige Rechtsgeschäfte

Einseitige Rechtsgeschäfte benötigen nur **eine Willenserklärung.**

Beispiel:

Wenn ein Unternehmen aus wirtschaftlichen Gründen eine Niederlassung schließen muss, können Angestellte von Kündigungen betroffen sein. Während der Abschluss eines Arbeitsvertrags ein zweiseitiges Rechtsgeschäft ist, ist die Kündigung ein einseitiges Rechtsgeschäft. Das Unternehmen muss seinen Willen erklären, das Arbeitsverhältnis zu beenden.

Die Kündigung wird rechtswirksam, wenn sie bei der angestellten Person angekommen ist, d.h., es handelt sich um ein empfangsbedürftiges Rechtsgeschäft.

Rechtsgeschäft	Erläuterungen	Beispiele
empfangs-bedürftig	Die Willenserklärung wird mit der **Zustellung** an die betroffene Person rechtswirksam.	Eine Kündigung ist rechtswirksam, wenn sie der angestellten Person zugestellt wurde.
nicht empfangs-bedürftig	Die Willenserklärung ist **direkt rechtswirksam.**	Ein Testament ist mit der Niederschrift wirksam und muss nicht durch die Erbberechtigten empfangen oder gelesen werden.

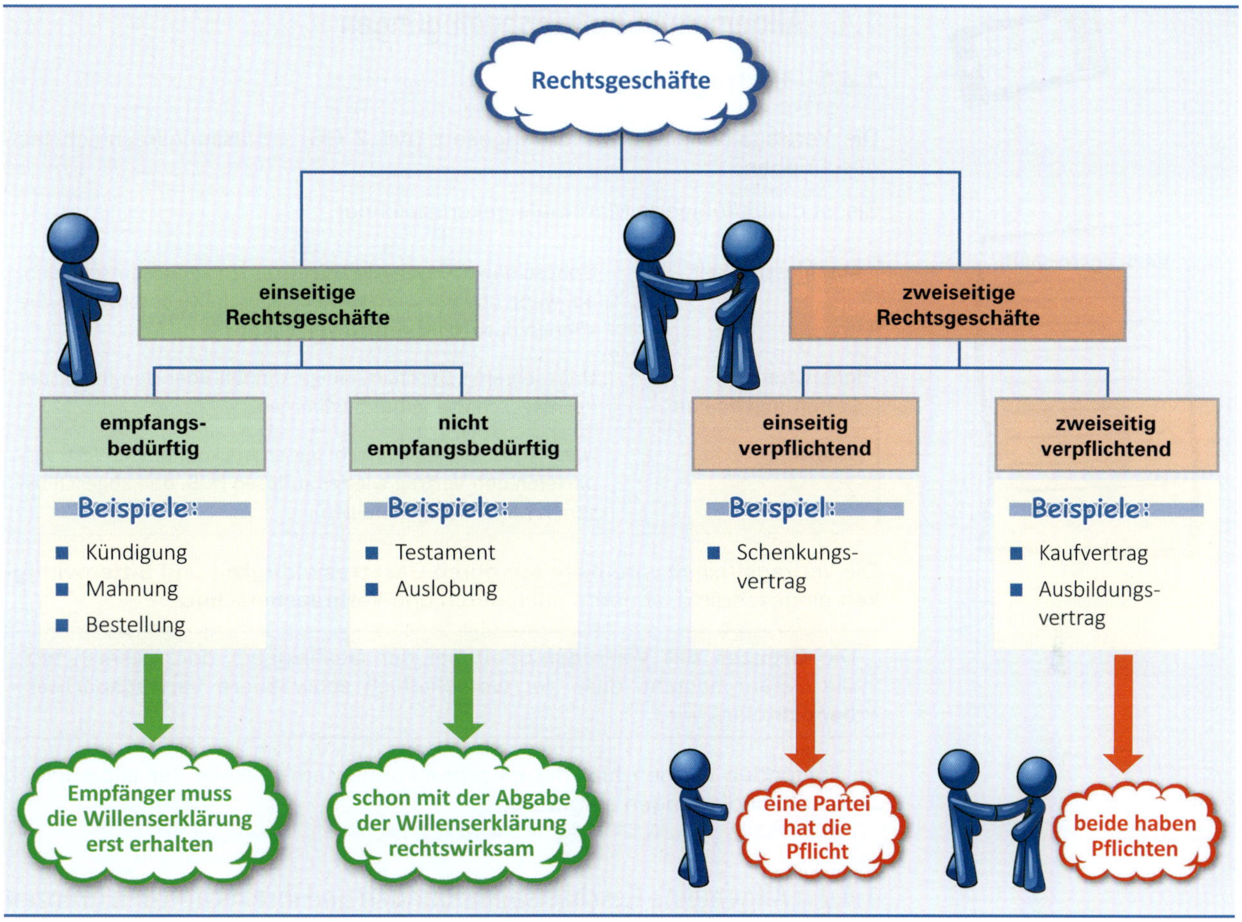

Beim **Zugang der empfangsbedürftigen Willenserklärung** ist zu unterscheiden, ob sie unter Anwesenden oder unter Abwesenden abgegeben wird.

unter Anwesenden	Unter Anwesenden abgegebene Willenserklärungen sind mit ihrer **Abgabe rechtswirksam.**
unter Abwesenden	Die Willenserklärung ist dann zugegangen, wenn der Empfänger normalerweise von ihr **Kenntnis nehmen kann** (Beispiel: Die Kündigung liegt im Briefkasten des Mitarbeiters zu Hause. Ob er sie liest, ist seine Sache.).

Solange eine Willenserklärung **noch nicht rechtswirksam** geworden ist, kann sie **widerrufen** werden. Es reicht, wenn der Widerruf dem Empfänger spätestens gleichzeitig mit der Erklärung zugeht.

1.4 Allgemeine Geschäftsbedingungen

1.4.1 Vertragsfreiheit

Die Vertragsfreiheit ist im Grundgesetz [Art. 2 GG] verfassungsrechtlich festgeschrieben.

Sie ist durch folgende **Merkmale** gekennzeichnet:

Abschlussfreiheit	Unbeschränkt Geschäftsfähige können selber entscheiden, ob, wann und mit wem sie Rechtsgeschäfte abschließen. Sie können dazu nicht gezwungen werden.
Inhaltsfreiheit, Gestaltungsfreiheit	Unbeschränkt Geschäftsfähige können über den Inhalt der Rechtsgeschäfte selber bestimmen.
Auflösungsrecht	Nach Abschluss eines Rechtsgeschäfts können die Vertragsparteien den Vertrag wieder auflösen (z. B. den abgeschlossenen Mietvertrag kündigen).

Die Vertragsfreiheit wird nicht nur durch **Gesetzeswidrigkeit** und **Sittenwidrigkeit** eingeschränkt, sondern auch durch den **Verbraucherschutz**.

> Die **Grenzen der Vertragsfreiheit** hat der Gesetzgeber dort gesetzt, wo die Gefahr besteht, dass der wirtschaftlich **schwächere Vertragspartner benachteiligt** wird.

Im Folgenden werden hier die Einschränkungen am Beispiel der allgemeinen Geschäftsbedingungen aufgezeigt.

1.4.2 Allgemeine Geschäftsbedingungen und ihre rechtlichen Grenzen

(1) Begriff „allgemeine Geschäftsbedingungen"

> In Verträgen finden sich oft die gleichen Formulierungen zur Regelung von Sachverhalten. Diese Formulierungen heißen **Klauseln.**

Die Einzelhandelsbetriebe sind bestrebt, durch verbindliche allgemeine Geschäftsbedingungen für sie **günstigere vertragliche Vereinbarungen** zu erzielen. Außerdem werden allgemeine Geschäftsbedingungen formuliert, um **nicht immer** wieder in jedem neuen Vertrag **dieselben Dinge neu regeln** zu müssen (z. B. Festlegung der Zahlungsbedingungen).

Allgemeine Geschäftsbedingungen **vereinfachen die Abwicklung des Tagesgeschäftes.**

> **A**llgemeine **G**eschäfts**b**edingungen **[AGB]** sind **Vertragsbedingungen,** die **eine** Vertragspartei (z. B. der Einzelhandelsbetrieb) der anderen Vertragspartei (z. B. dem Kunden) bei Abschluss eines Vertrages stellt.

(2) Allgemeine Geschäftsbedingungen und Verbraucherschutz

Gültigkeit der allgemeinen Geschäftsbedingungen

Allgemeine Geschäftsbedingungen werden nur dann **Vertragsbestandteil,** wenn

- der Verkäufer beim Vertragsabschluss den Kunden ausdrücklich auf sie hinweist,
- der Kunde in zumutbarer Weise vom Inhalt der AGB Kenntnis nehmen kann und
- mit deren Geltung einverstanden ist.

Unwirksame AGB-Klauseln

Klauseln	Erläuterungen	Beispiele
überraschende Klauseln	Damit konnte die Kundschaft nicht rechnen.	Eine Autowaschanlage schließt die Haftung für Sachschäden bei leichter Fahrlässigkeit aus.
kurzfristige Preiserhöhungen	Die AGBs erlauben eine Preiserhöhung bei einer Warenlieferung innerhalb von vier Monaten nach Abschluss des Kaufvertrags.	Am 2. März wird ein Kaufvertrag über die Lieferung eines Autos am 15. Mai abgeschlossen. Es gilt der Preis vom 2. März, nicht der höhere vom 15. Mai.
Leistungsverweigerungsrecht	Bei Neuware wird die Gewährleistung ausgeschlossen.	Ein Elektrofachgeschäft will laut AGB bei einer zu Recht bestehenden Beanstandung den Mangel nicht beseitigen.
Verkürzung gesetzlicher Fristen zur Sachmängelhaftung	Es wird die gesetzliche Frist zur Sachmängelhaftung eingeschränkt.	Die AGBs eines Elektrofachgeschäftes legen fest, dass bei einer zu Recht bestehenden Beanstandung nur innerhalb von drei Monaten der Mangel beseitigt wird.
Pauschalierung von Schadensersatzansprüchen	Eine Schadenspauschalierung ist unwirksam, wenn dem Kunden z. B. nicht ausdrücklich der Nachweis gestattet wird, dass ein Schaden gar nicht oder nur in wesentlich niedrigerer Höhe eingetreten ist.	In den AGB einer Autovermietung steht: Bei jedem Unfall, bei dem ein Schaden an dem gemieteten Pkw entsteht, wird (ohne dass der Vermieter einen Nachweis zu führen hat) ein Mindestentgelt von 750,00 EUR fällig.

Gewährleistung: Der Verkäufer steht dafür ein, dass die gekaufte Sache **frei von Mängeln** ist. Daher haftet der Verkäufer für alle Mängel, die zum Zeitpunkt des Verkaufs bestanden haben. Er haftet in der Regel auch für Mängel, die innerhalb der gesetzlichen Gewährleistungsfrist (im Normalfall 2 Jahre) auftreten.

VERSTANDEN?

1 Unterscheiden Sie die Begriffe Rechtsfähigkeit und Geschäftsfähigkeit.

2 2.1 Erklären Sie, welche Rechtsgeschäfte eine beschränkt geschäftsfähige Person ohne Einwilligung des gesetzlichen Vertreters abschließen darf. Bilden Sie hierzu jeweils ein Beispiel.

2.2 Franziska ist am 20. 10. 2020 geboren. Nennen Sie das Datum, ab dem Franziska beschränkt geschäftsfähig ist.

3 Begründen Sie, warum das BGB bei den Stufen (Arten) der Geschäftsfähigkeit feste Altersgrenzen zugrunde legt. Nennen Sie die Altersgrenzen.

4 Erklären Sie, welche Rechtsfolgen eintreten, wenn geschäftsunfähige, beschränkt geschäftsfähige oder voll geschäftsfähige Personen Rechtsgeschäfte abschließen.

5 Erklären Sie den Begriff „Rechtsgeschäft".

6 6.1 Erklären Sie den Unterschied zwischen einseitig verpflichtenden und zweiseitig verpflichtenden Verträgen.

6.2 Nennen Sie zwei einseitig und drei zweiseitig verpflichtende Verträge.

7 Prüfen Sie, inwieweit es rechtlich von Bedeutung ist, ob eine empfangsbedürftige Willenserklärung unter Anwesenden oder unter Abwesenden abgegeben wurde.

8 Erklären Sie, bis zu welchem Zeitpunkt eine Willenserklärung von einem der Vertragspartner widerrufen werden kann.

9 Erklären Sie den Begriff Vertragsfreiheit und deren Bedeutung.

10 Begründen Sie die Notwendigkeit einer Einschränkung der Vertragsfreiheit anhand von zwei Beispielen.

11 Felix Neun kauft einen E-Roller für 1 299,00 EUR, den der Händler bestellen muss, da er ihn gegenwärtig nicht auf Lager hat. Nach 2 Monaten wird der E-Roller geliefert. Der Händler verlangt von Felix Neun zusätzlich 150,00 EUR, da der Listenpreis des E-Rollers um diesen Betrag gestiegen ist. Er verweist auf seine allgemeinen Geschäftsbedingungen, die eine Klausel enthält, die die Erhöhung eines Entgeltes für Waren oder Leistungen vorsieht, die innerhalb von 4 Monaten geliefert oder erbracht werden sollen.

Aufgabe:

Helfen Sie Felix Neun und überprüfen Sie die Rechtslage. Recherchieren Sie hierzu im BGB.

1.5 Nichtigkeit und Anfechtbarkeit von Rechtsgeschäften

Kaufleute und alle, die Verträge abschließen, möchten, dass diese Bestand haben. Sie sollen nicht ungültig (nichtig) oder anfechtbar sein. Aus diesem Grunde ist es wichtig, im Verkauf die Grundlagen zum Vertragsrecht zu kennen.

Arbeitsheft Kap. 3

1.5.1 Nichtigkeit von Rechtsgeschäften

Rechtsgeschäfte, die nach dem Gesetz **ungültig** sind, gelten als **von Anfang an nichtig.**

Nichtigkeit

Das Rechtsgeschäft ist von Anfang an ungültig.

Rechts- | geschäft

Es kommt kein Vertrag zustande.

Die folgenden **Mängel** führen dazu, dass ein Rechtsgeschäft von Anfang an nichtig ist:

Arten der Mängel	Beispiele
Vertrag mit Geschäftsunfähigen	Der 6-jährige Novak kauft im Supermarkt ein Eis. Der Vertrag ist nichtig.
Vertrag eines beschränkt Geschäftsfähigen ohne Zustimmung der Eltern	Die 15-jährige Ella kauft einen E-Roller. Der Vertrag ist nichtig, wenn die Eltern die Zustimmung verweigern.
Scherzgeschäft	Der Auszubildende Oliver Schmidt bietet seinem Kollegen Hakim Can eine Fahrkarte zum Saturn für 500,00 EUR an.
Verstoß gegen ein gesetzliches Verbot	■ Es wird Alkohol an 14-Jährige verkauft. ■ In der Fußgängerzone wird Kokain angeboten.
Verstoß gegen Formvorschriften	■ Ein Darlehensvertrag wird mündlich geschlossen. ■ Ein Grundstück wird per Handschlag, aber ohne notarielle Beglaubigung verkauft.

Bei der **notariellen Beurkundung** beurkundet der Notar die **Unterschrift und** den **Inhalt der Erklärung.**

1.5.2 Anfechtung von Rechtsgeschäften

(1) Begriff und Gründe der Anfechtung

Eine **Anfechtung** liegt vor, wenn sich ein Vertragspartner nach Vertragsabschluss von diesem lösen will.

Anfechtung

Vor der Anfechtung ist das Rechtsgeschäft gültig.

Rechtsgeschäft rechtsgültig

Nach erfolgreicher Anfechtung ist der Vertrag ungültig.

Rechts- | geschäft

Damit Geschäfte rechtssicher sind, kann nicht jeder Vertrag grundlos angefochten werden. Anfechtungsgründe sind:

- Irrtum,
- arglistige Täuschung,
- widerrechtliche Drohung.

Anfechtungsgründe	Erläuterungen	Beispiele
Erklärungsirrtum	Das Unternehmen hat etwas Falsches übermittelt oder eine fehlerhafte Angabe gemacht, die nicht seiner Absicht entsprach.	Das Autohaus will das Auto für 12 000,00 EUR anbieten, schreibt in sein Angebot nur 1 200,00 EUR.
Übermittlungsirrtum	Eine dritte Person (nicht die Vertragsparteien) gibt eine fehlerhafte Information weiter.	Statt des richtigen Angebotspreises von 500,00 EUR werden 50,00 EUR angegeben, weil die Schreibkraft sich vertippt hat.
Irrtum über die Eigenschaften einer Person oder Sache	Das Unternehmen erfährt nachträglich, dass die Informationen über eine Person oder eine Sache unvollständig oder falsch waren.	Ein Juweliergeschäft stellt eine Kassenkraft ein, über die es später erfährt, dass sie früher Unterschlagungen begangen hat.
arglistige Täuschung	Es werden falsche Tatsachen vorgespiegelt oder wahre verschwiegen.	Beim Kauf eines Autos wird verschwiegen, dass es sich um einen Unfallwagen handelt.
widerrechtliche Drohung	Es werden illegale Konsequenzen angedroht, falls sich jemand weigert.	Das Kreditinstitut sagt: „Wenn Sie nicht zahlen, erzähle ich Ihrer Kundschaft, dass Sie verdorbenes Fleisch als Frischfleisch verkaufen."

? **illegal:** gesetzeswidrig, ungesetzlich

- Anfechtbare Rechtsgeschäfte sind bis zur erklärten Anfechtung voll rechtswirksam, also gültig.
- Nach einer rechtswirksamen Anfechtung wird das Rechtsgeschäft von Anfang an nichtig.

Nicht anfechtbar sind Rechtsgeschäfte, deren geplante Folgen nicht eintreten **(Motivirrtum).**

Beispiel:

Ein Anleger kauft eine Aktie in der Erwartung, dass deren Kurs steigt. Sinkt der Kurs, kann er den Kaufvertrag nicht rechtswirksam anfechten.

(2) Anfechtungsfrist

Die **Anfechtung wegen Irrtum** muss **unverzüglich** nach Entdeckung des Anfechtungsgrunds erfolgen. Wegen **arglistiger Täuschung oder widerrechtlicher Drohung** muss die Anfechtung **innerhalb eines Jahres,** nachdem die Täuschung entdeckt bzw. die Drohung beendet ist, erklärt werden.

Die Anfechtung ist ausgeschlossen, wenn seit der Abgabe der Willenserklärung **zehn Jahre** verstrichen sind.

1.6 Kaufvertrag

1.6.1 Abschluss eines Kaufvertrags

Ein **Kaufvertrag** kommt durch **zwei übereinstimmende Willenserklärungen**, den **Antrag** (1. Willenserklärung) und die **Annahme** (2. Willenserklärung), zustande.

Beispiel: Abschluss eines Kaufvertrags

1. Willenserklärung (Antrag)
Angebot zum Kauf des Pkw
→ **Bei inhaltlicher Übereinstimmung Kaufvertrag** ←
2. Willenserklärung (Annahme)
Annahme zum Kauf des Pkw

Möglichkeiten des Kaufvertragsabschlusses:

- Der Verkäufer unterbreitet ein verbindliches Angebot, der Käufer bestellt rechtzeitig und ohne Änderung.

Verkäufer → Angebot (Antrag) → **Käufer**
Käufer → Bestellung (Annahme) → **Verkäufer**

- Der Käufer bestellt ohne vorhergehendes Angebot des Verkäufers und der Verkäufer nimmt die Bestellung an.

Käufer → Bestellung (Antrag) → **Verkäufer**
Verkäufer → Bestellungsbestätigung (Annahme) → **Käufer**

Inserate in Zeitungen, im Internet, Schaufensterauslagen, Verkaufsprospekte, Wurfsendungen, Plakate sowie das Aufstellen von Waren in Selbstbedienungsläden sind **an die Allgemeinheit** gerichtet. Sie sind deshalb **keine Angebote.** Sie stellen Aufforderungen an den möglichen Käufer dar, einen Auftrag zu erteilen. Es handelt sich hierbei um eine **Anpreisung.**

Sind beide Vertragspartner **Kaufleute,** spricht man von einem **zweiseitigen Handelskauf,** für den das **Handelsgesetzbuch [HGB]** gilt. Das HGB ist also ein Gesetz, das nur für Kaufleute gilt.

Ist der **Käufer Privatmann (Verbraucher)** und der **Verkäufer Kaufmann,** so handelt es sich um einen **Verbrauchsgüterkauf.** Zum Schutz des Verbrauchers hat der Gesetzgeber **besondere Schutzvorschriften** erlassen.

Durch den Abschluss des Kaufvertrags haben Käufer und Verkäufer **Pflichten übernommen (Verpflichtungsgeschäft).**

1.6.2 Übernahme von Pflichten durch Verkäufer und Käufer (Verpflichtungsgeschäft)

Fortführung des Beispiels von S. 161:

Verpflichtungsgeschäft: **Übernahme von Rechten und Pflichten (zweiseitig verpflichtend)**

Pflichten des Verkäufers (Rechte des Käufers)	Kaufvertrag	Pflichten des Käufers (Rechte des Verkäufers)
■ Er muss den bestellten Pkw mängelfrei und fristgemäß übergeben. ■ Er muss das Eigentum an dem Pkw auf den Käufer übertragen.		■ Er muss den bestellten Pkw abnehmen. ■ Er muss den ordnungsgemäß gelieferten Pkw vereinbarungsgemäß bezahlen.

Die Pflichten, die Verkäufer und Käufer übernommen haben, müssen erfüllt werden **(Erfüllungsgeschäft)**.

1.6.3 Verlauf einer Kaufvertragserfüllung

(1) Übergabe (Lieferung der Kaufsache, Besitzverschaffung)

Besitz ist die **tatsächliche Gewalt** über eine Sache.

Besitz
= tatsächliche Gewalt („sichtbar")

Wer **hat** die Sache?

Der Besitz wird bei **beweglichen Sachen** durch **Übergabe,** bei **unbeweglichen Sachen** durch **Gebrauchsüberlassung** verschafft.

Beispiel:

Ein Kunde lässt sich von einem Medienhaus zur Probe einen Fernseher zu Hause aufstellen. Der Kunde ist Besitzer, das Medienhaus bleibt Eigentümer.

(2) Übertragung des Eigentums

Eigentum ist die **rechtliche Verfügungsgewalt** einer Person über Sachen.

Eigentum
= rechtliche Gewalt („unsichtbar")

Wem **gehört** die Sache?

■ **Eigentumsübertragung bei beweglichen Sachen**

Handelt es sich bei der Kaufsache um eine **bewegliche Sache** (z. B. Möbel), so erfolgt die **Eigentumsübertragung** durch **Einigung** und **Übergabe.**

Beispiel:

Die Inhaberin des Modegeschäfts Frieda Fröhlich e. Kfr. übergibt Frau Schnurr das gekaufte Kleid. Mit der Einigung und der Übergabe des Kleids ist Frau Schnurr Eigentümerin geworden.

Eigentumsübertragung bei unbeweglichen Sachen

Handelt es sich bei der Kaufsache um eine **unbewegliche Sache** (z. B. Gebäude), erfolgt die **Eigentumsübergabe** durch **Einigung (Auflassung)** und **Eintragung des Eigentumsübergangs im Grundbuch**.

Das **Grundbuch** ist ein Verzeichnis (Register) aller Grundstücke in einem Amtsbezirk.

Sonderfall: Eigentumsvorbehalt

Will der Käufer sofort in den Besitz der Kaufsache kommen, aber erst zu einem späteren Zeitpunkt bezahlen, können Verkäufer und Käufer vereinbaren, dass der **Verkäufer** bis zur Zahlung des Kaufpreises **Eigentümer der Kaufsache** bleibt. Der Eigentumsvorbehalt muss ausdrücklich im Kaufvertrag vereinbart werden.

Beispiel:

„Die Ware bleibt bis zur restlosen Bezahlung aller Forderungen aus laufenden Rechnungen mein Eigentum. Ein Weiterverkauf ist bis zur restlosen Bezahlung der Ware nicht zulässig."

Der **Eigentumsvorbehalt erlischt** z. B., wenn die Ware

- vom Käufer vollständig bezahlt wird,
- zu einer neuen Sache verarbeitet wird,
- mit einem Grundstück als wesentlicher Bestandteil fest verbunden wird,
- an einen gutgläubigen Dritten veräußert wird.

(3) Abnahme der Ware durch den Käufer

Vertragsgemäß gelieferte Waren muss der Käufer **abnehmen** (körperliche Entgegennahme).

Zu den damit einhergehenden Prüfpflichten siehe Lernfeld 7.

(4) Zahlung des Kaufpreises

Der Käufer ist verpflichtet, dem Verkäufer den vereinbarten Kaufpreis zu zahlen.

> Das Verpflichtungsgeschäft erlischt, wenn Verkäufer und Käufer ihre Verpflichtungen vertragsgemäß erfüllt haben (Erfüllungsgeschäft).

Fortführung des Beispiels von S. 162:

Der Kaufvertrag ist erfüllt, wenn die mängelfreie und fristgemäße Übergabe und Übereignung durch den Verkäufer sowie die Abnahme des Pkw und die Kaufpreiszahlung durch den Käufer vereinbarungsgemäß erfolgt ist.

VERSTANDEN?

1 Unterscheiden Sie Nichtigkeit und Anfechtbarkeit von Rechtsgeschäften, insbesondere hinsichtlich der Rechtsfolgen. Entwickeln Sie hierzu eine Übersicht.

2 Erklären Sie, welchen Zweck der Gesetzgeber mit der Nichtigkeit bestimmter Rechtsgeschäfte verfolgt.

3 Geben Sie für die folgenden Rechtsgeschäfte an, ob sie gültig, nichtig, anfechtbar oder schwebend unwirksam sind! Begründen Sie jeweils Ihre Lösung.

3.1 In einem Angebot werden die Ziffern vertauscht, sodass der Stückpreis mit 58,00 EUR statt mit 85,00 EUR angegeben wird.

3.2 Die 16-jährige Schülerin Rebecca bestellt eine Zeitschrift im Abonnement. Monatlich sind 18,50 EUR zu zahlen.

3.3 Ein Kaufmann kauft auf Anraten eines gut informierten Geschäftsfreunds Aktien, bei denen Kurserhöhungen mit Sicherheit zu erwarten seien. Schon am nächsten Tag fällt der Kurs dieser Aktien beträchtlich.

3.4 Der 17-jährige Lehmann ist vor einem Jahr mit Zustimmung seiner Eltern ein Arbeitsverhältnis eingegangen. Jetzt kündigt er schriftlich seinem Arbeitgeber, ohne seine Eltern gefragt zu haben.

4 Beschreiben Sie, unter welchen Bedingungen ein Kaufvertrag bereits mit der Bestellung zustande kommt.

5 Nennen Sie die Hauptpflichten von Verkäufer und Käufer beim Kaufvertrag.

6 Jonas hat sich in einer Buchhandlung ein Übungsbuch für Einzelhandelskaufleute gekauft und gleich mitgenommen. Sein Klassenkamerad Tim borgt sich das Buch für ein paar Tage aus, um für die bald anstehende Prüfung zu üben.

Aufgabe:

Erläutern Sie, wer in diesem Fall Eigentümer und wer Besitzer des Übungsbuches ist.

7 Die Großhandlung Marc Grohe GmbH macht dem Einzelhandelsgeschäft Florian Krause e. Kfm. unter dem 24. April 20.. ein Angebot über eine Bohrmaschine zum Preis von 140,00 EUR. Unter Bezugnahme auf das Angebot bestellt das Einzelhandelsgeschäft Florian Krause e. Kfm. am 28. Mai 20.. zum Preis von 140,00 EUR. Die Großhandlung Marc Grohe GmbH nimmt die Bestellung von Florian Krause e. Kfm. vom 28. Mai 20.. am 2. Juli 20.. an.

Aufgabe:

Prüfen Sie die Rechtslage.

8 Ein Fachgeschäft für Heizungsanlagen verkauft seine teuren, hochwertigen Anlagen nur unter Eigentumsvorbehalt. Notieren Sie, welche der folgenden Aussagen den Eigentumsvorbehalt richtig darstellt.

1. Der Kunde ist nur Besitzer und wird nie Eigentümer der Anlagen.
2. Der Kunde muss das Eigentum an der Anlage nur erwerben, wenn er mit der Heizungsanlage zufrieden ist.
3. Der Heizungshändler überträgt dem Kunden das Eigentum an der Anlage erst, nachdem sie vollständig bezahlt worden ist.

9 Die Kundin Petra Kühn hat im Textilfachgeschäft Fritzi Bauer e. Kfr. eine sehr schöne antike Brosche an einem dekorierten Sommerkleid gesehen, die sie gerne erwerben möchte. Fritzi Bauer lehnt den Verkauf der Brosche ab, da sie sie auch weiterhin als Dekorationsstück verwenden möchte.

Aufgabe:

Muss Fritzi Bauer diese Brosche an die Kundin verkaufen?

2 Kassenorganisation

Arbeitsheft Kap. 5

2.1 Kassenarten und Kassensysteme

2.1.1 Kassenarten

offene Ladenkasse (Barkasse)	Sie ist eine einfache Schublade, in die das Wechselgeld und die Kasseneinnahmen gelegt werden. Diese Kassenform ist noch im Markt- und Straßenhandel anzutreffen. Es gibt keine technische Unterstützung.
mechanische Registrierkassen	Sie haben in der Regel Tipptasten und ein mechanisches Rechenwerk, das die eingetippten Geldbeträge erfasst und zusammenzählt. Das Geld wird in die eingebaute Ladenkasse gelegt. Solche Kassen sind nur noch selten in kleineren Geschäften anzutreffen. 
elektronische Registrierkassen	Sie sind eine Weiterentwicklung der mechanischen Registrierkassen mit elektronischen Bauteilen. Die Ausstattung umfasst Warengruppenunterteilungen, Festpreisspeicher und mehrstellige Textvorgaben.  Diese Kassen sind nicht systemfähig und können nicht an ein Warenwirtschaftssystem angeschlossen werden. Allerdings wird hier der Zahlungsverkehr gespeichert.

Mittlerweile verfügen die meisten Einzelhandelsbetriebe über **computergestützte Warenwirtschaftssysteme (WWS).**

2.1.2 Kassensysteme

(1) Aufbau der Hardware

Die Hardware einer (elektronischen) Datenkasse umfasst folgende Einheiten:

- Kassenschublade
- Tastatur und Monitor (oder Touchmonitor)
- Rechen- und Steuereinheit
- Bondrucker
- Kartenleser
- Scanner
- Kundendisplay

Die Einheiten können in einem Gerät integriert sein (siehe Abbildung) oder als Einzelgeräte (Module) eingesetzt werden **(modulare Kassensysteme).**

(2) Dezentrale Systeme und Verbundsysteme

Dezentrale Systeme

Datenkassen können eine selbstständige Einheit bilden **(Stand-alone-Terminal)**, die unabhängig **(offline)** von anderen EDV-Anlagen arbeiten. Die Kassendaten werden in diesem Fall im Speicher der Kasse oder in einem angeschlossenen Datenträger (z. B. DVDs) erfasst und in einer EDV-Anlage ausgewertet.

Verbundsysteme

Point of Sale (PoS): Verkaufsort; Ort, an dem dem Kunden die Ware zum Kauf angeboten wird.

In einem **Point-of-Sale-Verbundsystem** sind **alle Geräte miteinander vernetzt** und stehen in direkter Verbindung zu einem **übergeordneten Rechner (Netzwerkserver).**

Die Verwaltung der Daten und der Datenaustausch werden in diesem Fall vom Server oder von einer festgelegten Leitkasse übernommen.

Beim Point-of-Sale-Verbundsystem kann der Einzelhandelsbetrieb z. B. über folgende Informationen verfügen:

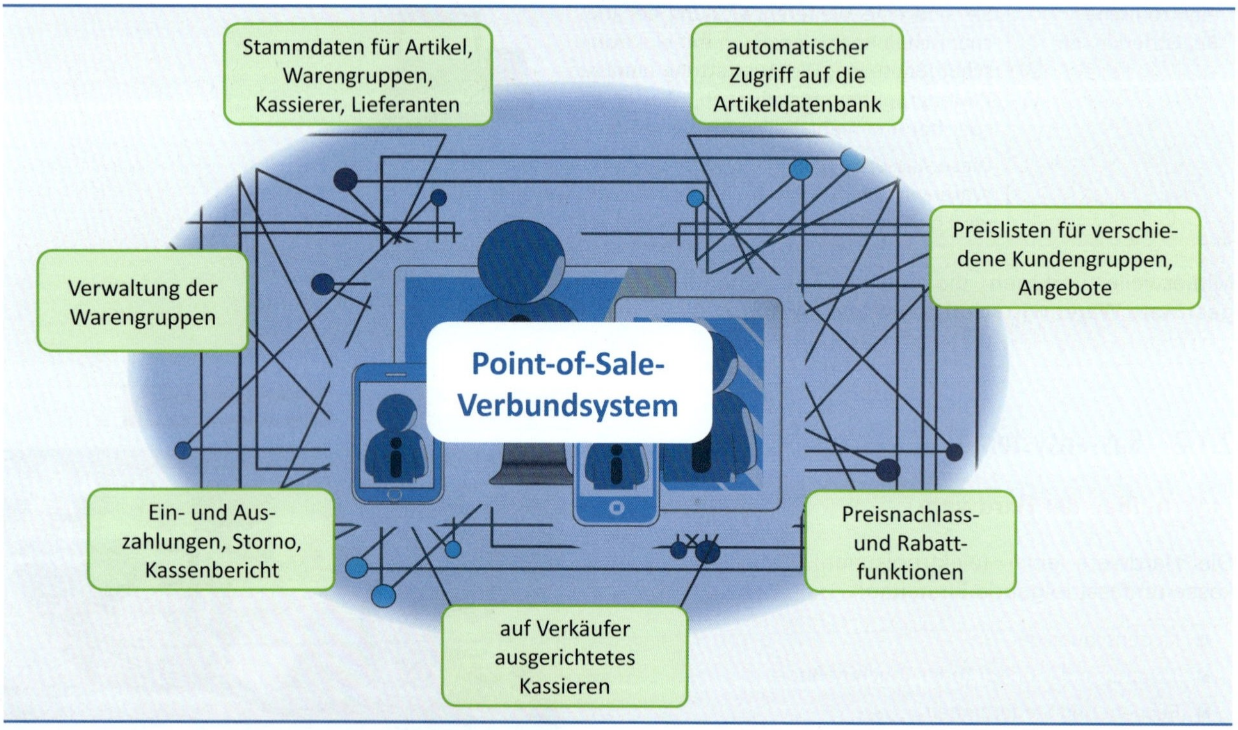

Seit 2020 ist der Einzelhandel verpflichtet, nur Kassensysteme einzusetzen, die über eine **zertifizierte technische Sicherheitseinrichtung** verfügen.

- Die Sicherheitseinrichtung gewährleistet, dass die Kasseneingabe **sofort protokolliert** und später **nicht mehr verändert werden kann.**
- Über jeden Verkauf einer Ware muss ein **Kassenbon ausgedruckt** und dem **Kunden angeboten** werden. Sinn der Maßnahme ist, Steuerbetrug mit „Mogelkassen“ einzudämmen bzw. zu verhindern. Der Kunde ist nicht verpflichtet, den Kassenbon anzunehmen.

Um die Papierflut einzudämmen ist es auch möglich, eine elektronische Rechnung zu erhalten.

2.2 Tätigkeiten im Kassenbereich

2.2.1 Vorbereitende Tätigkeiten für das Kassieren

Vor Geschäftseröffnung muss das Kassenpersonal die Kasse verkaufsbereit machen.

Checkliste: Vorbereitungsarbeiten an der Kasse

- ✓ Übernahme und Zählen des Wechselgeldes. Das Wechselgeld wird in die Kasse gelegt, die Bonrolle und das Datumsdruckwerk werden überprüft. Eine Ersatzkassenrolle wird bereitgelegt.
- ✓ Kassenplatz wird auf Sauberkeit überprüft.
- ✓ Anmeldung des Mitarbeiters mit seinen Zugangsdaten (Benutzerkennung, Passwort) an der Kasse.
- ✓ Überprüfen, ob alle notwendigen Belege (z. B. Vordrucke, Quittungen, Gutscheine), der Stempel sowie das Stempelkissen und genügend Schreibstifte vorhanden sind.
- ✓ Sicherstellen, dass genügend Tragetaschen in den verschiedenen Größen sowie Packmaterial in ausreichender Menge bereitliegen.
- ✓ Ordnung und Sauberkeit des Kassenbereichs werden ständig überprüft.

2.2.2 Gesprächsführung an der Kasse mit dem Kunden

Ist das Verkaufsgespräch erfolgreich verlaufen, begleitet die Verkaufskraft seine Kundschaft zur Kasse. Sie „übergibt" ihre Kundschaft – sofern sie nicht selbst den Kaufpreis kassiert – an das Kassenpersonal. Während der Kassierarbeiten ist ein Small Talk sinnvoll, dieser stärkt die Kundenbindung.

Beispiele:

- „Mit diesen Gummistiefeln sind Sie für nasses Wetter bestens gerüstet."
- „Das sind hochwertige Weingläser, die Ihre Gäste sicher zu schätzen wissen."
- „Gefällt es Ihrem Enkel im Kindergarten?"
- „Über diesen Pullover wird sich Ihr Mann sicher freuen."

Beansprucht der Kunde keine Serviceleistung, ist er mit einem freundlichen Gruß (z. B. *„Vielen Dank für Ihren Einkauf", „Danke und auf Wiedersehen")* zu verabschieden.

2.2.3 Anbieten von Zusatzartikeln an der Kasse

Zusatzartikel an der Kasse sind zu unterscheiden von Zusatzangeboten, die dazu geeignet sind, den Hauptartikel zu ergänzen. Vgl. Sie hierzu S. 139.

Einige Zusatzartikel an der Kasse stehen oftmals in **keinerlei Verbindung** zur gekauften Ware. Sie dienen dazu, den Umsatz zu steigern. Es handelt sich um sogenannte Impulsartikel.

Beispiel:

- Anbieten von Kleinigkeiten des täglichen Bedarfs (Süßigkeiten, Spielwaren usw.) im Lebensmitteleinzelhandel
- Vorstellen von Trendartikeln (z. B. T-Shirts zu einem aktuellen Sportereignis) und Produktneuheiten
- Aufstellen von Warenträgern mit Sonderangeboten oder Saisonartikeln
- Auslegen von Prospekten und Hauszeitschriften.

Solche Zusatzartikel werden in der Regel vom Kassenpersonal nicht aktiv angeboten. Man wartet vielmehr darauf, dass sich der Kunde spontan zum Kauf entschließt.

2.2.4 Kassieren des Verkaufspreises

(1) Regeln zum Verhalten beim Kassiervorgang

Für ein korrektes Verhalten beim Kassiervorgang sind **Regeln** zu beachten:

Checkliste: Kassiervorgang

- ✓ Alle **Waren müssen auf den Ladentisch** bzw. auf das **Band** gelegt werden. Es ist eine **Sichtkontrolle des Einkaufswagens** vorzunehmen. Außerdem ist darauf zu achten, dass der Kunde oder die Begleitpersonen **keine Waren in der Hand** halten.
- ✓ Der **Kaufpreis ist einzuscannen** bzw. über die Tastatur einzugeben. Dem Kunden ist der zu zahlende Betrag deutlich zu nennen.
- ✓ Der Geldbetrag des Kunden ist **auf das Zahlbrett** so zu legen, dass er für den **Kunden sichtbar** bleibt. Anschließend ist der **Geldschein auf Echtheit** zu überprüfen. Erst danach wird das **Rückgeld aus der Kasse** entnommen und dem **Kunden laut vorgezählt.**
- ✓ Das Geld des Kunden wird in die **Kassenschublade gelegt** und diese dann **sofort geschlossen.**
- ✓ Die Ware und der Kassenbon werden dem Kunden erst übergeben, wenn der **Zahlungsvorgang abgeschlossen** ist.

Die Kassierregeln verdeutlichen, dass an die Mitarbeiter an der Kasse hohe Anforderungen gestellt werden. Sie müssen konzentriert, ehrlich, zuverlässig, selbstständig, freundlich und aufmerksam gegenüber allen Kunden sein. Darüber hinaus benötigen sie ein technisches Verständnis, um die Kasse bedienen zu können.

(2) Ablauf des Kassiervorgangs mithilfe eines Warenwirtschaftssystems

Das Warenwirtschaftsprogramm dokumentiert, steuert und überwacht alle Vorgänge, die bei der Beschaffung, der Lagerung und dem Verkauf der Waren anfallen. Es handelt sich um ein **Datenbanksystem.** Es besteht aus einer **Datenbank, unterschiedlichen Dateien** und einem **Datenverwaltungsprogramm.**

Der **Kassiervorgang mithilfe eines Warenwirtschaftssytems** läuft wie folgt ab:

- Die **Artikelnummer,** die z. B. in Form eines **Strichcodes (GTIN-Barcode)** auf der Verpackung bzw. dem Etikett aufgedruckt ist, wird vom Scanner optisch-elektronisch **(Scanning)** erfasst und dem **Kassenterminal** (bzw. dem Zentralrechner) gemeldet.
- Das installierte Rechensystem ruft daraufhin die zu dieser Artikelnummer gespeicherte Artikeldatei (z. B. Artikelbezeichnung, Preis) ab und überträgt sie in die Kasse.

  Da der **Preis** und die **Artikelbezeichnung** nicht aus dem Strichcode, sondern **aus dem Rechensystem abgerufen** werden, ist es stets möglich, den Preis eines jeden einzelnen Artikels der jeweiligen Marktsituation (z. B. Sonderaktionen) anzupassen. Dieses Verfahren wird als **Price-look-up-Verfahren (PLU-Verfahren)** bezeichnet.

- Nach der Zuordnung des Preises zur Ware werden die Daten auf dem Kassenmonitor und dem Kundendisplay angezeigt. Anschließend wird der Kassenbon gedruckt.
- Nach Ablauf des Kassiervorgangs wird der betreffende Artikelbestand automatisch um die verkaufte Ware verringert.

GTIN ist eine weltweit abgestimmte Artikelnummer, die in Form eines Strichcodes (Barcodes) abgebildet ist und vom Hersteller auf die Warenverpackung aufgedruckt wird.

GTIN wird im Lernfeld 4, S. 227 ausführlich dargestellt.

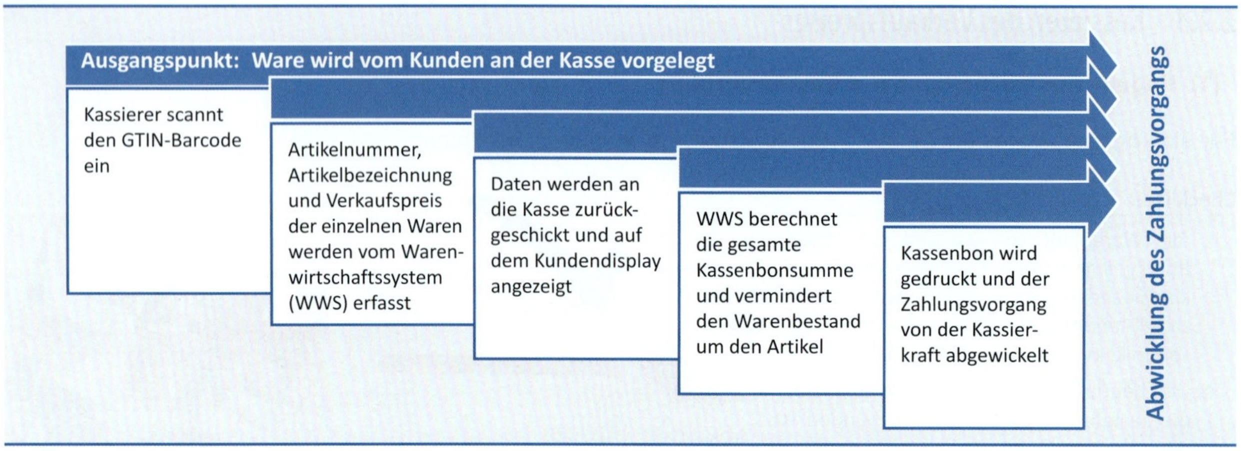

(3) Vorteile von Kassenterminals für den Einzelhandelsbetrieb

Vorteile, die mit dem Einsatz eines Kassenterminals verbunden sind:

- Preissicherheit beim Kassieren
- exakte Verkaufskontrolle
- Entlastung des Kassenpersonals
- Beschleunigung des Kassiervorgangs
- nicht erforderliche Einzelartikelauszeichnung
- Möglichkeit innerbetrieblicher Datenauswertung (z. B. Erstellen von Umsatzstatistiken, artikelgenaue Erfolgskontrolle, Ermittlung des richtigen Bestellzeitpunktes)
- aussagefähiger („sprechender") Kassenbon für den Kunden

(4) Kassieranweisungen

Große Einzelhandelsgeschäfte, Kaufhäuser, Filialketten oder Selbstbedienungsläden verfügen über mehrere Einzelkassen. Es ist daher unverzichtbar, dass die jeweilige Unternehmensleitung für das Kassenpersonal **Kassieranweisungen** erlässt, um die **Kassiervorgänge zu vereinheitlichen** und einen reibungslosen Ablauf zu gewährleisten.

Kassieranweisungen sind besondere Arbeitsanweisungen für das **Kassenpersonal.** Sie regeln den **gesamten Kassenvorgang.**

2.2.5 Erstellen von Kassenbelegen

(1) Kassenbon

Der Kassenbon wird vom jeweils benutzten Kassensystem ausgedruckt. Der Bon ist gleichzeitig der Rechnungs- und Quittungsbeleg für die gekaufte Ware.

Vgl. hierzu S. 172.

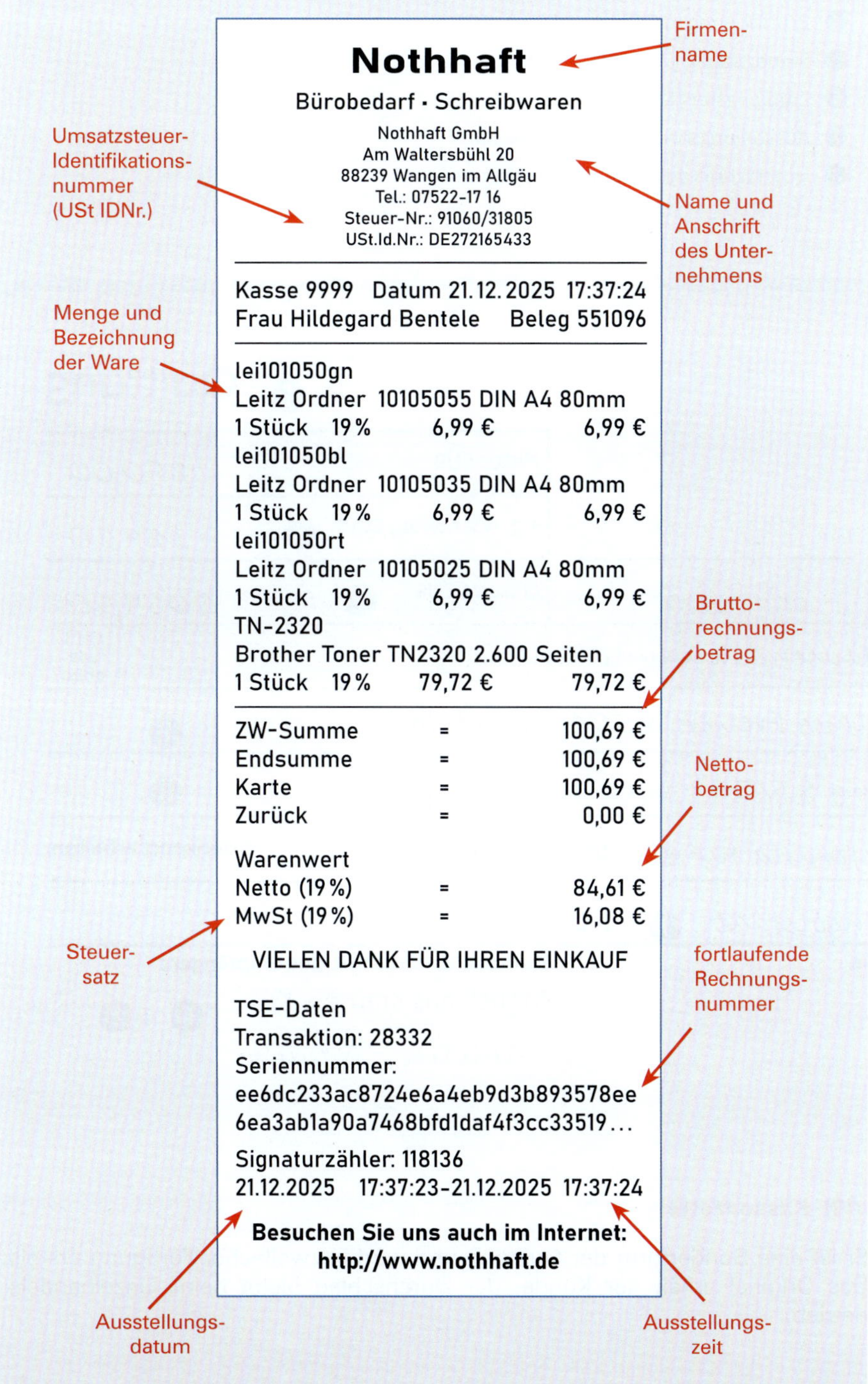

Nothhaft
Bürobedarf · Schreibwaren
Nothhaft GmbH
Am Waltersbühl 20
88239 Wangen im Allgäu
Tel.: 07522-17 16
Steuer-Nr.: 91060/31805
USt.Id.Nr.: DE272165433

Kasse 9999 Datum 21.12.2025 17:37:24
Frau Hildegard Bentele Beleg 551096

lei101050gn
Leitz Ordner 10105055 DIN A4 80mm
1 Stück 19 % 6,99 € 6,99 €
lei101050bl
Leitz Ordner 10105035 DIN A4 80mm
1 Stück 19 % 6,99 € 6,99 €
lei101050rt
Leitz Ordner 10105025 DIN A4 80mm
1 Stück 19 % 6,99 € 6,99 €
TN-2320
Brother Toner TN2320 2.600 Seiten
1 Stück 19 % 79,72 € 79,72 €

ZW-Summe = 100,69 €
Endsumme = 100,69 €
Karte = 100,69 €
Zurück = 0,00 €

Warenwert
Netto (19 %) = 84,61 €
MwSt (19 %) = 16,08 €

VIELEN DANK FÜR IHREN EINKAUF

TSE-Daten
Transaktion: 28332
Seriennummer:
ee6dc233ac8724e6a4eb9d3b893578ee
6ea3ab1a90a7468bfd1daf4f3cc33519...
Signaturzähler: 118136
21.12.2025 17:37:23-21.12.2025 17:37:24

Besuchen Sie uns auch im Internet:
http://www.nothhaft.de

Die Umsatzsteuer (Mehrwertsteuer) wird im 3. Ausbildungsjahr dargestellt.

TSE (Technische Sicherheitseinrichtung) dient der lückenlosen und unveränderbaren Aufzeichnung aller Kassenvorgänge.

(2) Quittung

Eine Quittung hat folgende Bestandteile:

1. Bezeichnung des Dokuments mit der Überschrift „Quittung"
2. Name des Zahlers
3. Zahlungsgrund (Art der Ware/der Waren)
4. Bruttobetrag in Ziffern und Buchstaben
5. Steuerbetrag (7 %/19 %)
6. Empfangsbestätigung
7. Ausstellungsort und Ausstellungstag
8. Unterschrift des Zahlungsempfängers

Beispiel:

❶ **Quittung**

Netto EUR	890,00
+ 19 % MwSt./EUR ❺	169,10
Gesamt EUR ❹	1059,10

Nr.

EUR in Worten: eintausendneunundfünfzig — Cent wie oben

von: Herrn Klaus Freuer, 85049 Ingolstadt ❷

für: Rechnung 83/398 vom 10. Sept. 20.. ❸

Möbellieferung für ein Kinderzimmer — dankend erhalten.

Ort/Datum: 85055 Ingolstadt ❼ 11.09.20..

Buchungsvermerke

Stempel/Unterschrift des Empfängers: Möbelhaus Krause e. K. Fridolin Krause ❻ + ❽

Quittung

(3) Kassenzettel

Er ist eine Sonderform der Quittung und wird in zweifacher Fertigung erstellt. Das Original erhält der Kunde, der Durchschlag bleibt beim Einzelhandelsbetrieb.

(4) Rechnung

Nach dem Umsatzsteuergesetz muss eine Rechnung die nachfolgenden Angaben enthalten.

Beispiel für eine korrekte Rechnung nach dem Umsatzsteuergesetz:

Name und Anschrift des leistenden Unternehmens →

Chris Kralle OHG

Bürogroßhandlung Fürth

Alles fürs Büro

Chris Kralle OHG · Biberstr. 15 · 90766 Fürth

Name und Anschrift des Kunden →

Lebensmittelgeschäft
Joshua Keller e. Kfm.
Sudetenstraße 15
71032 Böblingen

Fürth, Telefon 0911 2371
Bankkonten:
Deutsche Bank Fürth
IBAN DE16 7607 0024 0003 1010 11
BIC DEUTDEDB764
Commerzbank Fürth
IBAN DE62 7624 0011 0000 1174 60
BIC COBADEFF762

Bei Bezahlung und Schriftwechsel angeben		
Kunden-nummer	Rechnungs-nummer	Datum
411/721	679	31. Juli 20 . .

← Ausstellungsdatum
← fortlaufende Rechnungsnummer

Rechnung

Menge und handelsübliche Bezeichnung der Ware → (Menge, ME, Bezeichnung)
Zeitpunkt der Lieferung → (Lieferdatum)
Steuersatz → (+ 19 % USt)

Liefer-datum	Menge	ME	Bezeichnung	Einzelpreis in EUR	Gesamtpreis in EUR
17. Juli 20 . .	18	St.	Lagerregale	790,00	14 220,00
			+ 19 % USt		2 701,80
					16 921,80

← Nettorechnungsbetrag (14 220,00)
← Steuerbetrag (2 701,80)
← Bruttorechnungsbetrag (16 921,80)

Bei Barzahlung innerhalb 8 Tagen 2 % Skonto. Die Ware bleibt bis zur völligen Bezahlung mein Eigentum.
Sitz der Gesellschaft: Fürth; RG Fürth: HRA 2785 Steuer-Nr.: 91479/17040
USt.-IdNr.: DE 105 710 111

↑ Skonti, Boni, Rabatte (bzw. Zahlungsbedingungen)

← Steuernummer bzw. Umsatzsteuer-Identifikationsnummer

Dies gilt für Rechnungen mit einem Betrag von über 250,00 EUR brutto. Für Kleinbetragsrechnungen gibt es Erleichterungen.

VERSTANDEN?

1 Nennen Sie die Einheiten, die in der Regel ein Kassenterminal umfasst.

2 Formulieren Sie zur Kundenverabschiedung vier situationsgerechte Sätze in wörtlicher Rede. Orientieren Sie sich dabei an dem Warenangebot aus Ihrem Ausbildungsbetrieb.

3 Formulieren Sie drei Vorteile, die mit dem Einsatz eines Kassenterminals für das Einzelhandelsunternehmen verbunden sind.

4 Stellen Sie den Unterschied zwischen einem Stand-alone-Terminal und einem Point-of-Sale-Verbundsystem dar.

5 Nennen Sie Belege, die im Einzelhandel bei der Barzahlung als Zahlungsbestätigung gelten.

6 Erläutern Sie zwei Maßnahmen, die zur Vorbereitung der Verkaufsbereitschaft der Kasse getroffen werden müssen.

7 Eine Kundin möchte den Kaufpreis für ein Kleid begleichen. Der Kaufpreis beträgt laut Preisetikett 69,90 EUR. Der Preis erscheint der Mitarbeiterin an der Kasse zu niedrig, da es sich um ein wertvolles Kleid der aktuellen Kollektion handelt.

Aufgabe:

Erläutern Sie, wie Sie sich in dieser Situation verhalten sollten.

8 Ein Kunde legt eine Ware auf den Ladentisch, bei der das Preisetikett fehlt.

Aufgabe:

Beschreiben Sie, wie Sie den Kaufpreis ermitteln.

9
9.1 Erläutern Sie, warum kundenorientiertes Verhalten beim Kassiervorgang wichtig ist.

9.2 Geben Sie drei Beispiele.

10
10.1 Beschreiben Sie Kassieranweisungen aus Ihnen bekannten Abteilungen.

10.2 Begründen Sie die Bedeutung dieser Anweisungen.

3 Abwicklung von Zahlungsvorgängen

Arbeitsheft Kap. 6

3.1 Barzahlung

3.1.1 Begriff Barzahlung

Bei der **Barzahlung** erfolgen die Zahlungen mit **Banknoten** und **Münzen.**

Banknoten	■ Das alleinige **Recht zur Ausgabe von Banknoten** besitzt die **Europäische Zentralbank** in Frankfurt. ■ Die Banknoten sind die **gesetzlichen Zahlungsmittel** der Bundesrepublik Deutschland.
Münzen	■ Eurocent-Münzen müssen bis zu fünfzig Münzen im Gesamtbetrag von **höchstens 100,00 EUR** in Zahlung genommen werden. ■ Die deutschen Euromünzen werden von der **Deutschen Bundesbank in Umlauf** gebracht.

Die Barzahlung hat für den Einzelhandelsbetrieb z. B. folgende Vor- und Nachteile:

Vorteile	Nachteile
■ sofort im **Besitz von Bargeld** ■ **kein Risiko** (z. B. Forderungsausfall) ■ **keine Mahnkosten** ■ **keine Überprüfung der Identität/ Bonität** des Kunden nötig	■ Geldverlust durch **falsche Herausgabe** oder **Diebstahl** ■ Einnahme von **Falschgeld** ■ **Überfallrisiko** bei großen Geldbeträgen in der Kasse

3.1.2 Sicherheitsmerkmale von Banknoten

Folgende Punkte sollen dazu beitragen, Fälschungen ohne spezielle Hilfsmittel zu erkennen.

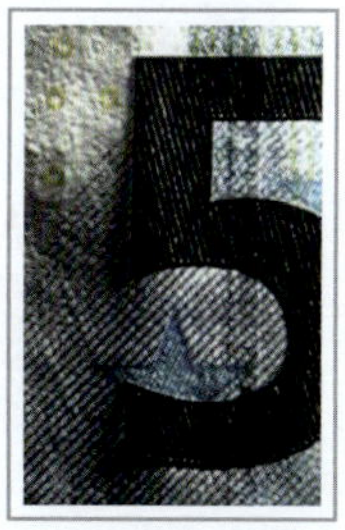

■ **Fühlen**

Zur Herstellung der Euro-Banknoten wird ein Spezialpapier aus Baumwollfasern verwendet. Dieses Papier lässt sich durch seine griffige, charakteristische Struktur gut erkennen. Zudem sind einige Stellen auf der Vorderseite der Banknote durch ein fühlbares Relief hervorgehoben.

Relief: Geländeoberfläche oder deren plastische Nachbildung; hier Hervorhebung.
Hologramm: Speicherbild; dreidimensionale Aufnahme eines Gegenstandes.

■ **Sehen**

Einige Merkmale erscheinen erst, wenn die Banknote gegen das Licht gehalten wird. Im Wasserzeichen werden ein Architekturmotiv sowie die Wertzahl sichtbar. In der Mitte der Banknote erscheint der Sicherheitsfaden als dunkler Streifen.

Kippen

Wenn die Banknoten gekippt werden, verändern einige Merkmale je nach Betrachtungswinkel ihre Motive oder Farbe. Bei der 5-Euro-, 10-Euro- und 20-Euro-Banknote sind u. a. im Hologrammstreifen die Wertzahl und das €-Symbol zu erkennen. Auf der Rückseite erscheint ein goldfarbener Glanzstreifen. Bei der 50-Euro-Banknote wechselt die Wertzahl auf der Rückseite die Farbe. Im Hologramm erscheinen abwechselnd die Wertzahl und das Hauptmotiv.

Technische Hilfsmittel zur Falschgelderkennung sind z. B. Infrarotgeräte, UV-Lampen und Magnetierungsleser.

Schnelltest Echtheit „Fühlen – Sehen – Kippen"
→ Videos zum Schnelltesten: **www.bundesbank.de.**

Beispiel: Sicherheitsmerkmale der 50-Euro-Banknote

Die Euro-Banknoten
Seiten 16/17

Sicherheitsmerkmale Europa-Serie: 20 Euro, 50 Euro

Porträt-Wasserzeichen (s. rechte Seite)

Fühlbares Druckbild
Auf der Vorderseite der Banknote lässt sich am linken und rechten Rand jeweils eine Reihe kurzer erhabener Linien ertasten. Bei Hauptmotiv, Schrift und großer Wertzahl ist ebenfalls ein Relief spürbar.

Porträt-Hologramm mit Fenster
Im silbernen Streifen auf der Vorderseite erscheinen beim Kippen das €-Symbol, das Hauptmotiv, mehrfach die Wertzahl der Banknote sowie das Porträt der Europa im „Fenster".

Smaragdzahl
Die Smaragdzahl ist eine glänzende Zahl auf der Vorderseite der Banknote. Beim Kippen der Banknote bewegt sich darauf ein Lichtbalken auf und ab. Je nach Blickwinkel verändert sich ihre Farbe von Smaragdgrün zu Tiefblau.

Porträt-Fenster
Die Banknote weist oben am Hologrammstreifen ein transparentes Fenster auf, in dem auf beiden Seiten der Banknote ein Porträt der Europa erscheint, wenn der Geldschein gegen das Licht gehalten wird. Auf der Rückseite sind beim Kippen im Fenster regenbogenfarbene Wertzahlen zu erkennen.

Glanzstreifen
Je nach Betrachtungswinkel erscheint der Glanzstreifen golden glänzend oder als fast unsichtbarer Schatten. Er weist Aussparungen in Form des €-Symbols und der Wertzahl auf.

Sicherheitsfaden
Der in das Papier eingearbeitete Sicherheitsfaden ist im Gegenlicht von beiden Seiten als dunkler Streifen erkennbar. Abwechselnd erscheinen in kleiner Schrift das €-Symbol und die Wertzahl der Banknote.

Porträt-Wasserzeichen
Das Wasserzeichen ist im Gegenlicht auf der Vorder- und Rückseite zu sehen. Es wird ein schemenhaftes Motiv sichtbar, in dem ein Porträt der mythologischen Gestalt Europa, das Hauptmotiv und die Wertzahl der Banknote zu erkennen sind.

Mikroschrift
An verschiedenen Stellen im Motiv der Banknote befindet sich eine Mikroschrift, die unter der Lupe gestochen scharf erkennbar ist.

Quelle: Deutsche Bundesbank (Hrsg.): Die Euro-Banknoten.

3.2 Bargeldlose Zahlung

3.2.1 Girocard (Debitkarte)

> **Debit** (engl.): Schulden, Belastung (des Kontos).

(1) Begriff Girocard (Bankkarte)

Girocards werden von Banken ausgegeben. Sie sind mit einer Geheimzahl **(Personal Identification Number: PIN)** ausgestattet. Jeder Karte ist ein **Girokonto zugeordnet,** das bei einer Zahlung belastet wird.

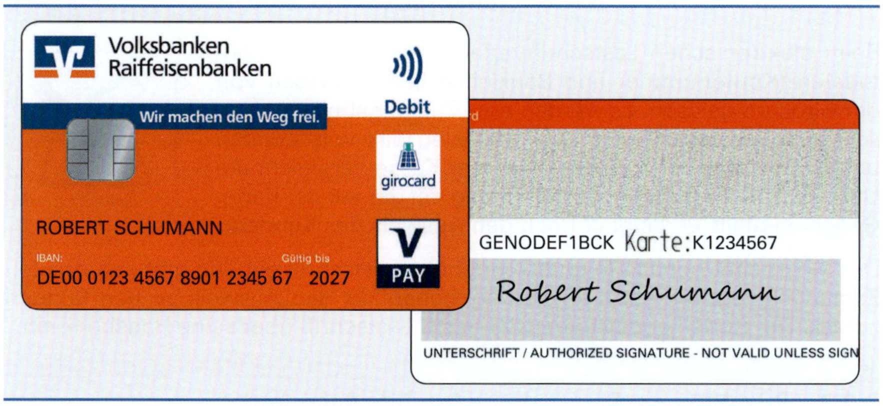

Erläuterung wichtiger optischer Zeichen:

girocard	Das **Logo „girocard"** ist das Symbol für die beiden Zahlungssysteme Bargeldbeschaffung am Geldautomaten und Kartenzahlung mit persönlicher Geheimzahl.
V PAY	Ist das Zeichen für das länderübergreifende bargeldlose Bezahlen und die Benutzung des weltweiten Geldautomatennetzes. An den so gekennzeichneten Geldautomaten kann dann im Ausland mittels Girocard und PIN Bargeld in der jeweiligen Landeswährung beschafft werden.
	Neu ausgegebene Girocards sind mit einem fälschungssicheren SECCOS-Chip (Secure Chip Card Operating System) ausgestattet. Dieser Chip ersetzt nach und nach den bisher verwendeten Magnetstreifen.
EUFISERV	Karten mit dem EUFISERV-Logo funktionieren auch im europäischen Ausland an zahlreichen Händlerkassen und Geldautomaten unter Eingabe der PIN.

(2) Zahlungen mit PIN-Eingabe

> Bei der **Girocard-Zahlung** gibt der Kunde seine **Girocard** und die **PIN** in einen **Chipkartenleser** ein und bestätigt die Eingabe.

Per Datenleitung wird die Geheimnummer, die Echtheit der Karte, eine mögliche Sperre sowie der Kontostand direkt bei der Karten ausgebenden Bank geprüft **(Autorisierungsprüfung).**

Wird die Zahlung genehmigt, erhält der Kunde den quittierten Kassenbeleg ausgehändigt. Der **Verkäufer** erhält automatisch von seiner Bank die **Gutschrift.** Der **Käufer** erhält automatisch die **Lastschrift** von seiner Bank.

Dem Händler werden für die Nutzung des Girocard-Systems Gebühren berechnet (in der Regel 0,2 % vom Umsatz). Umgangssprachlich wird für den Bezahlvorgang mit der Girocard auch der Begriff **„electronic cash“** verwendet.

Im Regelfall wird die Girocard nah vor das Kartenterminal gehalten **(„Girocard kontaktlos“).** Der Betrag wird dann direkt vom Girokonto des Kunden abgebucht und dem Verkäufer gutgeschrieben. Bei Beträgen bis 50,00 EUR ist in der Regel keine PIN-Eingabe erforderlich.

kontaktlos

(3) Elektronisches Lastschriftverfahren (ELV)

Beim elektronischen Lastschriftverfahren werden die Kontodaten (Kontonummer und Bankleitzahl) elektronisch von der Girocard gelesen. Es werden zwei Zahlungsbelege (Lastschriften) ausgedruckt. Ein Zahlungsbeleg wird vom Kunden unterschrieben. Der Mitarbeiter an der Kasse vergleicht die Unterschrift des Kunden auf dem Beleg mit der auf der Karte. Gegebenenfalls verlangt er noch den Ausweis des Kunden.

Der Mitarbeiter behält die unterschriebene Lastschrift ein und gibt den zweiten Zahlungsbeleg, die Karte sowie gegebenenfalls den Ausweis an den Kunden zurück. Der Einzelhandelsbetrieb zieht die Lastschrift über seine Hausbank ein.

3.2.2 Bezahlen per Smartphone (mobile Payment)

Bezahlen mit einem NFC-fähigen Handy

Zum Bezahlen muss der Kunde ein NFC-fähiges Smartphone in einem Abstand von bis zu vier Zentimetern über das Display des Bezahlterminals an der Kasse halten. Der entsprechende Betrag wird dann mithilfe der Wallet-App des genutzten Mobilfunkanbieters vom Girokonto abgebucht. Es ist eine **PIN-Eingabe erforderlich.** Geringere Beträge bei zu einem festgelegten Limit können ohne PIN-Eingabe bezahlt werden.

Bezahlen durch Scannen des QR-Codes

Bei diesem Verfahren scannt der Kunde per Smartphone-Kamera einen QR-Code, der ihm auf dem Kassendisplay (oder dem Monitor beim Online-Einkauf) angezeigt wird, ein und startet so den Bezahlvorgang. Der Nutzer muss sich vor dem erstmaligen Einsatz bei dem Dienst (z. B. Girocode) anmelden, die Bezahl-App auf seinem Smartphone installieren und vor dem Einkauf Geld auf sein Konto einzahlen.

NFC: **N**ear **F**ield **C**ommunication (engl.): Datenaustausch im Nahbereich von wenigen Zentimetern.

QR: **Q**uick **R**esponse (engl.): schnelle Antwort durch programmierten Link.

3.2.3 Kreditkarte

Wer eine Kreditkarte erwerben will, schließt sich einem bestimmten Kreditkartensystem (z. B. Diners Club, VISA, American Express, MasterCard) an. Von der gewählten Kreditkartengesellschaft erhält der Kunde (in der Regel gegen Zahlung einer **jährlichen Gebühr**) eine Kreditkarte. Mit der Kreditkarte kann der Inhaber bei allen Einzelhandelsgeschäften, die **Vertragspartner** der betreffenden Kreditkartengesellschaft sind, Rechnungen bargeldlos bis zu einem bestimmten Verfügungsrahmen begleichen. In der Regel ist beim Zahlungsvorgang die **Eingabe einer PIN** erforderlich.

Der Karteninhaber erhält am Ende des Abrechnungszeitraums (in der Regel nach einem Monat) eine Aufstellung über alle Zahlungsvorgänge. Er muss dann den gesamten Rechnungsbetrag auf einmal begleichen.

Die Kreditkartenorganisation überweist den Rechnungsbetrag an den Einzelhandelsbetrieb unter Abzug eines Disagios (Abschlags) in Höhe von in der Regel 0,8–3 % und belastet den Karteninhaber im Normalfall monatlich.

3.2.4 SEPA-Überweisung

(1) Begriff SEPA-Überweisung

Bei einer **Überweisung** wird ein Geldbetrag vom Girokonto des Zahlers auf ein Konto des Zahlungsempfängers umgebucht.

SEPA-Überweisungen können im Inland und in 36 Nationen des einheitlichen Euro-Zahlungsverkehrsraums, kurz SEPA, durchgeführt werden.

SEPA:
Single Euro Payments Area (Einheitlicher Euro-Zahlungsverkehrsraum).

Beispiel:

Die Software Raabe GmbH, Kantstr. 12, 88213 Ravensburg, bezahlt eine Rechnung über 9500,00 EUR an die ABC Europe PC-Systems AG Niederlande, durch einen Überweisungsauftrag an die Kreissparkasse Ravensburg.

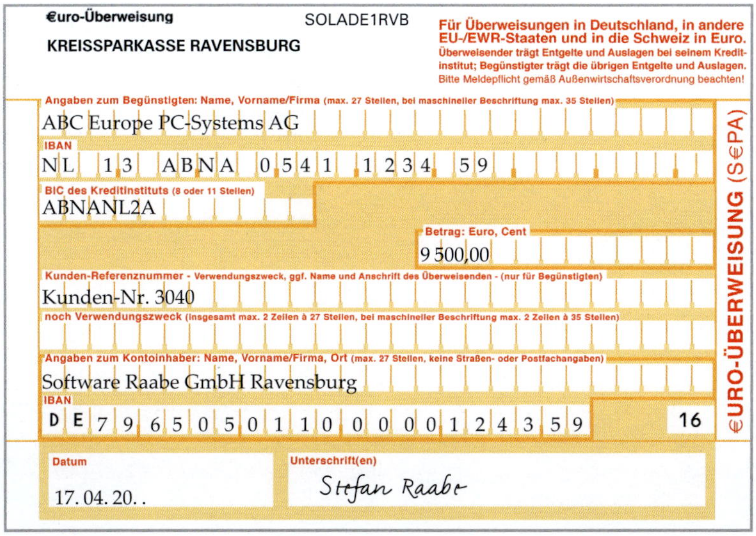
€uro-Überweisung
KREISSPARKASSE RAVENSBURG
SOLADE1RVB

Für Überweisungen in Deutschland, in andere EU-/EWR-Staaten und in die Schweiz in Euro.
Überweisender trägt Entgelte und Auslagen bei seinem Kreditinstitut; Begünstigter trägt die übrigen Entgelte und Auslagen.
Bitte Meldepflicht gemäß Außenwirtschaftsverordnung beachten!

Angaben zum Begünstigten: Name, Vorname/Firma (max. 27 Stellen, bei maschineller Beschriftung max. 35 Stellen)
ABC Europe PC-Systems AG

IBAN
NL 13 ABNA 0541 1234 59

BIC des Kreditinstituts (8 oder 11 Stellen)
ABNANL2A

Betrag: Euro, Cent
9 500,00

Kunden-Referenznummer - Verwendungszweck, ggf. Name und Anschrift des Überweisenden - (nur für Begünstigten)
Kunden-Nr. 3040

noch Verwendungszweck (insgesamt max. 2 Zeilen à 27 Stellen, bei maschineller Beschriftung max. 2 Zeilen à 35 Stellen)

Angaben zum Kontoinhaber: Name, Vorname/Firma, Ort (max. 27 Stellen, keine Straßen- oder Postfachangaben)
Software Raabe GmbH Ravensburg

IBAN
DE 79 6505 0110 0000 1243 59 16

Datum
17. 04. 20..

Unterschrift(en)
Stefan Raabe

€URO-ÜBERWEISUNG (S€PA)

(2) Dauerauftrag

eignet sich für Zahlungen, die
- ✓ regelmäßig wiederkehren und
- ✓ in der Höhe stets gleich sind

Hier erteilt der Zahlungspflichtige seiner Bank einen **einmaligen** Überweisungsauftrag. Die Bank soll bis auf Widerruf regelmäßig von seinem Konto einen **feststehenden** Betrag zu **bestimmten Terminen** auf das Konto des Zahlungsempfängers überweisen.

Beispiel:

Das Reformhaus Ezra Plauel e.Kfr. lässt die Miete für die Geschäftsräume jeweils zum 1. des Monats von dem Geschäftskonto abbuchen und auf das Konto des Vermieters überweisen.

3.2.5 SEPA-Lastschrift

Bei der SEPA-Lastschrift erhält der Zahlungsempfänger (z.B. Lieferer) **vom Zahlungspflichtigen** (z.B. Einzelhandelsbetrieb) eine **Einverständniserklärung (Mandat),** eine Lastschrift von dessen Konto einzuziehen.

Gleichzeitig erhält die Bank vom Zahlungspflichtigen den Auftrag, die eingehenden Lastschriften von seinem Konto abzubuchen.

eignet sich für Zahlungen, die
- ✓ unregelmäßig oder regelmäßig wiederkehren und
- ✓ in der Höhe schwankend sind

Das Lastschriftverfahren wird angewandt, wenn Zahlungsverpflichtungen in **wechselnder Höhe** und/oder zu **verschiedenen Zeitpunkten** fällig werden. Im privaten und geschäftlichen Zahlungsverkehr kann der Zahlungspflichtige den **Lastschriftbetrag innerhalb 8 Wochen** nach der Belastung **zurückfordern.**

Beispiel:

Die Trendsport KG hat mit einem Großhändler einen Rahmenvertrag über die regelmäßige Lieferung von Sportartikeln abgeschlossen. Die schwankenden Rechnungsbeträge des Großhändlers werden per Lastschrift eingezogen.

3.2.6 Zahlung mit Gutschein und Kundenkarte

(1) Gutschein

Gutscheine können in fast allen Einzelhandelsgeschäften gekauft werden. In der Regel handelt es sich um **Geschenkgutscheine.** Daneben geben Einzelhandelsgeschäfte noch **Umtauschgutscheine** aus, wenn sie z. B. einer Warenrückgabe aus Kulanzgründen zustimmen. Die Einlösung eines Gutscheins kann vom Einzelhandelsbetrieb befristet werden. Die Frist darf jedoch nicht kürzer als ein Jahr sein.

Der **Inhaber des Gutscheins** erwirbt das Recht, im Wert des Gutscheins Waren beim ausgebenden Einzelhandelsgeschäft zu kaufen.

Liegt der Wert des Gutscheins höher als der Kaufpreis der Ware, wird ein neuer Gutschein über den Restbetrag ausgestellt. Eine **Auszahlung** des Geldbetrages kann **nicht verlangt** werden.

Löst der Kunde den Gutschein ein, hat der Verkäufer darauf zu achten, dass er entwertet wird.

(2) Kundenkarte

Kundenkarten sind auf den **Namen des Kunden ausgestellt.** Kundenkarten können von

- einem **einzelnen Einzelhandelsbetrieb** (z. B. Eismann)
- **mehreren Einzelhandelsbetrieben** (z. B. Einkaufszentrum)
- einem **Unternehmen,** das für Einzelhandelsbetriebe ein **Bonusprogramm** verwaltet (z. B. Payback-Karte)

ausgestellt werden.

Kundenkarten können mit einer **Kreditfunktion** ausgestattet sein. Der Käufer kann dann bis zu einer Kreditgrenze Waren einkaufen, ohne diese sofort zu bezahlen. Der aufgelaufene Zahlungsbetrag wird vom Einzelhandelsbetrieb in bestimmten Zeitabständen (z. B. monatlich) vom Bankkonto des Kunden abgebucht.

Vorteile der Kundenkarte für den Einzelhandelsbetrieb:

- ✓ Bindung des Kunden an das Einzelhandelsunternehmen
- ✓ Kaufverhalten des Kunden kann genau erfasst und ausgewertet werden
- ✓ weniger Bargeldbestand in den Kassen
- ✓ Kundendaten liefern Informationen über die Kundenstruktur des Einzelhandelsunternehmens

3.2.7 Self-Scanning

Beim Self-Scanning erfasst der Kunde seine Ware selbst und bezahlt mittels Karte an der Selbstbedienungskasse. Die Mitwirkung eines Kassierers ist nicht erforderlich. Es sind zwei Formen zu unterscheiden:

- Beim **stationären Self-Checkout** nimmt der Kunde den Scanningvorgang an der Kasse selbst vor. Anschließend bezahlt er. Das Verfahren wird gegenwärtig verstärkt eingesetzt.
- Beim **mobilen Self-Scanning** scannt der Kunde mit einem mobilen Erfassungsgerät (MDE) die Artikel während seines Einkaufs ein. Anschließend bezahlt er. Das Verfahren wird gegenwärtig nur von wenigen Einzelhandelsbetrieben angeboten.

Arbeitsheft Kap. 7

4 Kassenendabrechnung (Tagesendabrechnung)

Die **Kassenendabrechnung** wird täglich nach Geschäftsschluss vorgenommen. Dies ist gesetzlich vorgeschrieben.

Die täglichen Bargeldeinnahmen und Bargeldausgaben werden im **Kassenbericht** erfasst.

Die **Kassenendabrechnung** ist von der **Kassenabrechnung** zu unterscheiden. Eine Kassenabrechnung wird bei jedem Wechsel eines Kassierers an der Kasse vorgenommen.

4.1 Tageslosung

Im Einzelhandel werden die Warenverkäufe als Barverkäufe oder Zahlung mit Girocard getätigt. Im Warenverkaufspreis ist die Umsatzsteuer eingerechnet. Der Wert jedes Barverkaufs umfasst den **Warenwert** und die **Umsatzsteuer.** Den Wert des täglichen **Barverkaufs** nennt man **Tageslosung**.

Beispiel:

Die Tageslosung des Baumarktes Albert Hage e. Kfm. am 15.10. beträgt 10 008,50 EUR.

Aufgabe:

Berechnen Sie bei der angegebenen Tageslosung den Warenwert und die Umsatzsteuer.

Lösung:

$$119\,\% \mathrel{\hat{=}} 10\,008{,}50\ \text{EUR}$$
$$100\,\% \mathrel{\hat{=}} x\ \text{EUR}$$

$$x = \frac{10\,008{,}50 \cdot 100}{119} = 8\,410{,}50\ \text{EUR}$$

Ergebnis: Der Warennettowert beträgt 8 410,50 EUR, die USt 1 598,00 EUR.

Vgl. hierzu die Ausführungen „Berechnung mit dem vermehrten Grundwert", S. 193.

Die Bareinnahmen eines Tages nennt man **Tageslosung.** Die Tageslosung umfasst den **Warenwert** und die **Umsatzsteuer.**

4.2 Berechnung der Tageslosung mithilfe des Kassenberichtes

4.2.1 Aufbau des Kassenberichtes

Der Kassenbericht hat die Aufgabe, die **Barverkäufe (Tageslosung) eines Tages** zu ermitteln. Die Tageslosung lässt sich wie folgt berechnen:

- Nach dem Ladenschluss wird der **tatsächliche Kassenbestand (Kassenschlussbestand)** durch Zählen des Bargelds ermittelt.
- Alle **Ausgaben,** die aus der Kasse getätigt werden, sind zum **Kassenschlussbestand wieder hinzuzurechnen.**

Beispiele:

- Wareneinkäufe bar
- Entnahme von Geld für den Privathaushalt
- Barzahlung für Frachtkosten
- Einzahlung auf das Bankkonto

- Das **Wechselgeld** des Vortags (Kassenanfangsbestand) ist vom Kassenbestand des heutigen Tages abzuziehen.

- **Alle Einnahmen** des Tages, die **nicht aus Wareneinkäufen stammen,** müssen vom **Kassenschlussbestand abgezogen werden.**

Beispiele:

- Privateinlagen des Einzelhändlers
- Barabhebungen vom Bankkonto und Einlage des Geldes in die Kasse

Beispiel für einen Kassenbericht:

Das Lebensmittelgeschäft Ralf Rohmer e. Kfm. weist für den 13. Juni 20.. folgende Kassenvorgänge aus:

Das Wechselgeld beträgt 300,00 EUR. Am 13. Juni 20.. werden folgende Ausgaben und Einnahmen getätigt: Barzahlung für Waren 1 200,00 EUR, Entnahme für private Zwecke 350,00 EUR, Zahlung an den Landwirt Dieter Halder für die Gemüselieferung der vorigen Woche 420,00 EUR, Barabhebung vom Bankkonto 500,00 EUR und Einlage des Geldes in die Tageskasse.

Am 13. Juni 20.. beträgt der Kassenschlussbestand nach Ladenschluss 4 150,00 EUR.

Aufgabe:

Berechnen Sie den Barverkauf des Tages für den 13. Juni 20...

Lösung:

	Kassenschlussbestand		4 150,00 EUR
+	**Ausgaben**		
	Barzahlung für Waren	1 200,00 EUR	
	bar bezahlte Rechnung (Landwirt Dieter Halder)	420,00 EUR	
	private Entnahme	350,00 EUR	1 970,00 EUR
–	**sonstige Einnahmen**		
	Abhebung vom Bankkonto und Einlage in die Kasse		500,00 EUR
–	**Wechselgeld**		300,00 EUR
=	Barverkauf (Tageslosung, Bareinnahmen)		5 320,00 EUR

4.2.2 Auswerten der wirtschaftlichen Kassendaten

Bei elektronischen Datenkassen werden alle gespeicherten Vorgänge nach verschiedenen Gesichtspunkten (z. B. Verkäufer, Warengruppe, Zahlungsart, Zeitraum des Kaufs) erfasst. Dies ermöglicht die nachfolgenden Auswertungen. Die Daten der einzelnen Bereiche ruft das Kassenpersonal per Tastendruck ab.

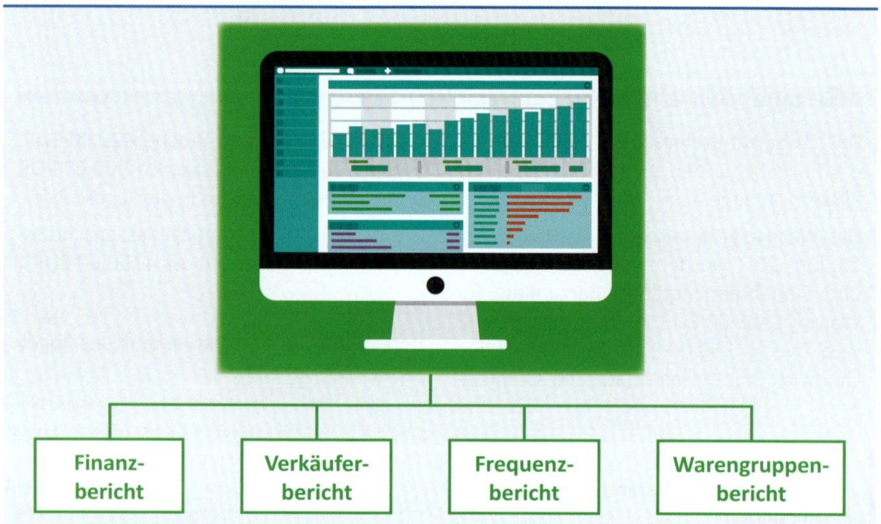

Berichtsformen	Erläuterungen	Beispiele
Finanzbericht	Er gibt an: Bruttoumsatz einschließlich USt Nettoumsatz ohne USt Umsatzsteuer 19 % Anzahl der verkauften Artikel Anzahl der Kunden gekaufte Artikel je Kunde Bruttoumsatz je Kunde Barumsatz (Tageslosung) Kartenumsatz	 4 522,00 EUR 3 800,00 EUR 722,00 EUR 448 320 $\frac{448}{320}$ 1,4 $\frac{4\,522}{320}$ 14,13 EUR 3 292,00 EUR 1 230,00 EUR
Verkäufer-bericht	Er gibt an, wie viel Artikel ein Verkäufer im Tagesverlauf verkauft hat und welchen Umsatz in EUR er damit erzielt hat.	Verkaufte Artikel 50 Umsatz 810,00 EUR
Frequenz-bericht	Über die Kassendaten kann ermittelt werden, wie viel Kunden das Geschäft in einem bestimmten Zeitraum aufgesucht haben, wie viel Artikel in diesem Zeitraum verkauft wurden und welchen Umsatz dies erbracht hat.	17:00–18:00 Uhr Kunden 45 Artikel 38 Umsatz 724,50 EUR
Warengruppen-bericht	Über einen Code kann für eine Warengruppe die Anzahl der verkauften Artikel, der Warengruppenumsatz und der Anteil am Gesamtumsatz ermittelt werden.	Warengruppe Kosmetik: Artikel 28 Umsatz 532,80 EUR Anteil am Gesamtumsatz 11,76 %

4.3 Kassenkontrolle

Aufgabe der Kassenkontrolle ist zu überprüfen, ob alle Aufgaben an der Kasse ordnungsgemäß ausgeführt werden.

(1) Durchführung eines Kassensturzes

Beim Kassensturz wird ein überraschender Soll-Ist-Vergleich des Kassenbestands vorgenommen. Der Kassensturz ist ein wichtiges **Kontrollmittel** zur **sofortigen Aufklärung von Kassendifferenzen** (z.B. wenn sich ein Kunde beschwert, er habe zu wenig Wechselgeld erhalten). Der Kassensturz ist eine nicht angemeldete Kassenkontrolle, die immer neben der normalen Kassenabrechnung durchgeführt wird.

(2) Kontrolle von Kassendifferenzen

Eine Kassendifferenz liegt vor, wenn der gezählte Bargeldbestand **(Ist-Barverkäufe)** von dem ausgedruckten Kassenbericht der Kasse **(Soll-Barverkäufe)** abweicht. Die Kassendifferenz kann ein **Kassenüberschuss** oder ein **Kassenfehlbetrag** sein.

Beispiele:

- Ein **Kassenüberschuss** kann z.B. dadurch entstehen, dass einem Kunden zu wenig Wechselgeld zurückgegeben wurde.
- Ein **Kassenfehlbetrag** kann z.B. durch zu hohe Wechselgeldrückgabe, durch Eingabefehler, Unterschlagung oder Diebstahl entstehen.

Wird ein Kassierer für Kassenfehlbeträge haftbar gemacht, spricht man von **Mankohaftung.** Dies muss zwischen Arbeitgeber und Kassierer **ausdrücklich vereinbart** werden. Zudem muss die Mankohaftung dem Kassierer vergütet werden, z.B. durch ein höheres Gehalt oder eine Sonderzahlung (Mankogeld).

VERSTANDEN?

1 Sarah Bach macht die Buchhaltung für das Autohaus Stolz & Krug OHG. Sarah Bach überlegt sich, wie sich die nachfolgenden monatlichen Zahlungen rationeller und einfacher durchführen lassen:

1.1 Mitarbeitergehälter,

1.2 Rechnung der Tankstelle,

1.3 Pacht für die angemieteten Parkplätze,

1.4 Pauschale für den Sicherheitsdienst.

Aufgabe:

Erläutern Sie, welche Zahlungsweisen sich für die jeweiligen Fälle anbieten.

---

2 Beschreiben Sie, welchem Zweck die Kreditkarte dient.

---

3 Recherchieren Sie, welche Pflichten der Karteninhaber (Kontoinhaber) beim Verlust oder einer missbräuchlichen Verfügung mit seiner Girocard hat.

---

4 Stellen Sie dar, worauf eine Kassiererin bei der Entgegennahme eines Coupons besonders zu achten hat.

---

5 5.1 Ein Einzelhandelsbetrieb hat am 12. April 20.. eine Tageslosung in Höhe von 10782,73 EUR. Von der Tageslosung unterliegen 8095,57 EUR einem Umsatzsteuersatz von 19 %. Der Restbetrag der Tageslosung unterliegt dem ermäßigten USt-Satz von 7 %.

Berechnen Sie die USt und die Nettobeträge.

5.2 Wechselgeld 140,00 EUR, Entnahme von Geld für den Privathaushalt 150,00 EUR, Barabhebung von Bankkonto und Einlage des Geldes in die Kasse 500,00 EUR, Bestand bei Geschäftsschluss 4180,00 EUR.

Aufgabe:

Ermitteln Sie den Tagesumsatz.

---

6 Nennen Sie drei Vorteile, die die bargeldlose Zahlung für den Einzelhandelsbetrieb hat.

---

5 Kaufmännische Rechenverfahren

5.1 Dreisatz

(1) Dreisatz mit geradem Verhältnis

Beispiel:

Der Verkaufserlös für 108 kg eines Artikels beträgt 345,60 EUR.

Aufgabe:

Berechnen Sie den Verkaufserlös für 42 kg.

Lösung:

Gegeben:	108 kg bringen einen Erlös von 345,60 EUR	← Bedingungssatz
Gesucht:	42 kg bringen einen Erlös von x EUR	← Fragesatz
	$x = \frac{345{,}60 \cdot 42}{108} = \underline{\underline{134{,}40 \text{ EUR}}}$	← Bruchsatz

Ergebnis: Der Verkaufserlös von 42 kg beträgt 134,40 EUR.

Allgemeiner Lösungsweg

- Schreiben Sie den **Bedingungssatz** so auf, dass die gefragte Größe am Ende des Satzes steht.
- Schreiben Sie den **Fragesatz** darunter. Achten Sie darauf, dass gleiche Bezeichnungen (z. B. kg, EUR, m usw.) immer untereinander stehen.
- Bei der Erstellung des **Bruchsatzes** ist von dem gegebenen Wert **(Erlös für 108 kg)** auszugehen. Er ist dann immer auf den Wert einer Einheit zurückzuführen **(Erlös für 1 kg),** und anschließend ist der Wert für die gesuchte Mehrheit zu berechnen **(Erlös für 42 kg ≙ x EUR).** Die Erstellung des Bruchsatzes erfolgt also über die folgenden drei Sätze:

1. Satz:	108 kg bringen einen Erlös von	345,60 EUR	je weniger, desto weniger (1.–2. Satz)
2. Satz:	1 kg bringt einen Erlös von	$\frac{345{,}60}{108}$ EUR	je mehr, desto mehr (2.–3. Satz)
3. Satz:	42 kg bringen einen Erlös von	$\frac{345{,}60 \cdot 42}{108}$ EUR	

- Beim 2. Satz gilt im Verhältnis zum 1. Satz: **Je weniger, desto weniger.** (Je weniger verkauft wird, desto niedriger ist der Erlös.) Es handelt sich um ein **gerades Verhältnis.** Es wird dividiert.
- Beim 3. Satz gilt im Verhältnis zum 2. Satz: **Je mehr, desto mehr.** (Je mehr verkauft wird, desto höher ist der Erlös.) Es handelt sich um ein **gerades Verhältnis.** Es wird multipliziert.

(2) Dreisatz mit ungeradem Verhältnis

Beispiel:

Der Vorrat an einer bestimmten Warenart reicht bei einem täglichen Verkauf von 42 kg noch 18 Tage.

Aufgabe:
Ermitteln Sie, wie viel Tage der Vorrat reicht, wenn es sich herausstellt, dass pro Tag nur 36 kg verkauft werden.

Lösung:

Gegeben: 42 kg täglicher Verkauf → Verbrauchszeit 18 Tage ← Bedingungssatz

Gesucht: 36 kg täglicher Verkauf → Verbrauchszeit x Tage ← Fragesatz

$x = \frac{18 \cdot 42}{36} = \underline{\underline{21 \text{ Tage}}}$ ← Bruchsatz

Ergebnis: Bei einem täglichen Verkauf von 36 kg reicht der Vorrat 21 Tage.

Allgemeiner Lösungsweg

Für die Aufstellung der drei Sätze gilt die gleiche Vorgehensweise wie beim Dreisatz mit geradem Verhältnis. Allerdings ist beim ungeraden Verhältnis zu beachten, dass die **Verringerung eines Wertes** zur **Erhöhung des anderen Wertes** führt bzw. die **Vergrößerung des Wertes** zu einem **Sinken des anderen Wertes** führt.

1. Satz: Bei einem täglichen Verkauf von 42 kg beträgt die Verbrauchszeit 18 Tage

2. Satz: Wird täglich nur 1 kg verkauft, reicht der Vorrat 18 · 42 Tage

3. Satz: Werden täglich 36 kg verkauft, reicht der Vorrat $\frac{18 \cdot 42}{36}$ Tage

(1. → 2. Satz: je weniger, desto mehr; 2. → 3. Satz: je mehr, desto weniger)

- Beim 2. Satz gilt im Verhältnis zum 1. Satz: **Je weniger, desto mehr.** (Je weniger an einem Tag verkauft wird, desto mehr Tage reicht der Vorrat.) Es handelt sich um ein **ungerades Verhältnis.** Es wird multipliziert.
- Beim 3. Satz gilt im Verhältnis zum 2. Satz: **Je mehr, desto weniger.** (Je mehr der Tagesverkauf zunimmt, desto weniger Tage reicht der Vorrat.) Es handelt sich um ein **ungerades Verhältnis.** Es wird dividiert.

Gerades Verhältnis	Ungerades Verhältnis
Beispiel: 20 kg Zucker kosten 24,00 EUR 5 kg Zucker kosten 6,00 EUR	**Beispiel:** 10 Arbeiter benötigen 8 Tage 4 Arbeiter benötigen 20 Tage
Allgemein: **Weniger** Zucker — **weniger** Geld **Mehr** Zucker — **mehr** Geld	**Allgemein:** **Weniger** Arbeiter — **mehr** Tage **Mehr** Arbeiter — **weniger** Tage
Die **Größen** (Zucker und Geld) verändern sich **gleichgerichtet.**	Die **Größen** (Arbeiter und Tage) verändern sich **entgegengerichtet.**
Das Zurückführen auf **eine Einheit** (1 kg Zucker) erfordert eine **Division.**	Das Zurückführen auf **eine Einheit** (ein Arbeiter) erfordert eine **Multiplikation.**
Das Schließen von der Einheit auf die gesuchte Mehrheit erfordert eine **Multiplikation.**	Das Schließen von der Einheit auf die gesuchte Mehrheit erfordert eine **Division.**

VERSTANDEN?

Lösen Sie die nachfolgenden Dreisatzaufgaben mit geradem und ungeradem Verhältnis.

1 Die Lederwaren Kuhn OHG bezahlte für ihre Geschäftsräume bei einem Mietpreis von 13,50 EUR je m^2 bisher monatlich 2 767,50 EUR.

Berechnen Sie die künftige Monatsmiete, wenn der Hauseigentümer die Miete um 0,80 EUR je m^2 erhöht.

---

2 Die Glasversicherung für die Schaufensterscheiben der Einzelhandlung Martin Weber e. Kfm. wird nach m^2 berechnet. Bei einer Glasfläche von 18 m^2 beträgt sie 225,00 EUR jährlich. Durch den Ladenausbau erweitert sich die Glasfläche um $4^1/_2$ m^2.

Ermitteln Sie die jährliche Versicherungssumme.

---

3 Das Farbengeschäft Christian Bunt e. Kfm. füllt 400 Liter Farbe in 2-l-Dosen ab und erhält somit 200 Dosen.

Ermitteln Sie, wie viel Dosen abgefüllt werden können, wenn der Doseninhalt $^1/_2$ Liter beträgt.

---

4 Ein Warenhaus versendet 2 400 Teller an den Festwirt eines Volksfestes. Ein Teller wiegt 210 g. Die Teller werden in Kartons mit je 80 Stück verpackt und mit dem eigenen Kombiwagen transportiert. Die maximale Zuladung beträgt 410 kg.

Berechnen Sie, ob die Teller mit einer Fahrt zum Festwirt transportiert werden können, wenn die zulässige Zuladung eingehalten wird.

---

5 Für unsere Inventur brauchen 3 Angestellte 12 Tage. Nach 4 Tagen wird ein weiterer Angestellter abgestellt, um die Arbeiten zu beschleunigen.

Geben Sie an, wie viel Tage nun für die Inventur benötigt werden.

---

6 Die 6 Einzelhandelsgeschäfte einer Geschäftsstraße starten gemeinsam eine Werbekampagne. Jedes Einzelhandelsgeschäft hat anteilige Kosten in Höhe von 2 070,00 EUR zu tragen.

Berechnen Sie den Kostenanteil eines Einzelhandelsgeschäfts, wenn sich in der Parallelstraße noch 3 weitere Einzelhandelsgeschäfte der Aktion anschließen.

---

7 Ein Mitarbeiter im Außendienst erhält für den Verkauf von 240 Stück einer Ware eine Provision von 4 400,00 EUR.

Berechnen Sie, welchen Betrag der Mitarbeiter erhält, wenn sich beim nächsten Abrechnungstermin der Verkauf auf 195 Stück beläuft.

5.2 Prozentrechnung

5.2.1 Einführung in die Prozentrechnung

Die Prozentrechnung ist dazu geeignet, Zahlenverhältnisse besser zu durchschauen und vergleichen zu können. Zum Vergleich benötigt man einen einheitlichen **Vergleichsmaßstab.** Beim **Prozentrechnen** ist es die Zahl **100.** Bei der **Promillerechnung** ist es die Zahl **1 000.**

Prozent bedeutet stets: bezogen auf 100
pro → für
centum → 100

Beispiel:

Einem Einzelhandelsbetrieb liegen 2 Rechnungen zur Zahlung vor:

Rechnung 1: Rechnungspreis 480,00 EUR
Rechnung 2: Rechnungspreis 1 440,00 EUR

Auf jede Rechnung wird ein **Rabatt von 144,00 EUR** gewährt. Obwohl der Rabatt betragsmäßig in beiden Fällen gleich hoch ist, ist der Rabatt auf der ersten Rechnung im Verhältnis zur zweiten Rechnung wesentlich höher.

Aufgabe:

Weisen Sie die Richtigkeit dieser Aussage nach.

Lösung:

Das **Verhältnis Rechnungsbetrag zu Rabatt** bei den beiden Rechnungen ist **direkt nicht vergleichbar,** da die Rechnungsbeträge unterschiedlich hoch sind. Ein Vergleich ist erst möglich, wenn der Rabatt auf einen **gleich großen Betrag (Vergleichszahl)** bezogen wird. Als Vergleichszahl wird zweckmäßigerweise die **Zahl 100** genommen.

Neue Aufgabenstellung: Wie viel EUR beträgt der Rabatt, bezogen auf 100,00 EUR?

Die **Lösung der neuen Aufgabenstellung** erfolgt mithilfe des **Dreisatzes:**

Rechnung 1:

Bei 480,00 EUR Re.-Betrag 144,00 EUR Rabatt
Bei 100,00 EUR Re.-Betrag x EUR Rabatt

$$x = \frac{144 \cdot 100}{480} = \underline{\underline{30{,}00 \text{ EUR Rabatt}}}$$

Der Rabatt beträgt
30,00 EUR je 100,00 EUR Rechnungsbetrag
→ entspricht: 30 vom Hundert (pro centum)
→ kürzer: 30 v. H. → 30 Prozent → 30 %

Rechnung 2:

Bei 1 440,00 EUR Re.-Betrag 144,00 EUR Rabatt
Bei 100,00 EUR Re.-Betrag x EUR Rabatt

$$x = \frac{144 \cdot 100}{1\,440} = \underline{\underline{10{,}00 \text{ EUR Rabatt}}}$$

Der Rabatt beträgt
10,00 EUR je 100,00 EUR Rechnungsbetrag
→ entspricht: 10 vom Hundert (pro centum)
→ kürzer: 10 v. H. → 10 Prozent → 10 %

Ergebnis: Verglichen mit einem Rechnungsbetrag von 100,00 EUR sind die beiden Rechnungsnachlässe verschieden hoch. Der Rabatt bei Rechnung 1 beträgt 30 %, bei Rechnung 2 nur 10 %.

In der Prozentrechnung sind die Größen **Grundwert, Prozentsatz** und **Prozentwert** zu unterscheiden:

Beispiel:

Ein Einzelhandelsbetrieb verkauft Waren an einen Kunden im Wert von 480,00 EUR. Der Einzelhandelsbetrieb gewährt 30% Sonderrabatt. Das sind 144,00 EUR.

Rechnungsbetrag 480,00 EUR	Rabattsatz 30%	Rabattwert 144,00 EUR
↓	↓	↓
Grundwert ist der Ausgangswert, der das Ganze betrifft. In Prozenten ausgedrückt, muss er immer 100% betragen.	**Prozentsatz** gibt an, wie viel Teile vergleichsweise auf 100 entfallen (Anzahl der Hundertstel).	**Prozentwert** ist der wertmäßige (absolute) Betrag (EUR, kg, Liter usw.), der dem Prozentsatz entspricht.

Von den **drei Größen** Prozentwert, Grundwert und Prozentsatz müssen stets **zwei Größen in der Aufgabe gegeben sein,** um die dritte Größe mithilfe des Dreisatzes errechnen zu können.

5.2.2 Berechnung des Prozentwertes

Beispiel:

Auf eine Lieferantenrechnung über 1450,00 EUR erhält ein Einzelhandelsbetrieb 3% Skonto.

Aufgabe:

Berechnen Sie den Skontobetrag.

Lösung:

Bedingungssatz	100 % ≙ 1 450,00 EUR
Fragesatz	3 % ≙ x EUR
Bruchsatz	$x = \frac{1450 \cdot 3}{100}$
	x = 43,50 EUR

Berechnung des Prozentwertes mithilfe der Formel:

$$\text{Prozentwert} = \frac{\text{Grundwert} \cdot \text{Prozentsatz}}{100}$$

Ergebnis: Der Skonto beträgt 43,50 EUR.

Skonto: Skonto ist ein Preisnachlass, der gewährt wird, wenn der Schuldner innerhalb einer bestimmten Frist bezahlt.

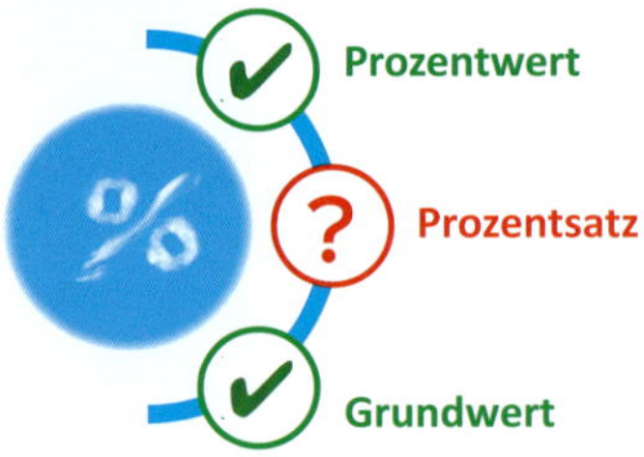

5.2.3 Berechnung des Prozentsatzes

Beispiel:

Ein Einzelhandelsbetrieb bestellt Waren im Wert von 1500,00 EUR. Es erhält einen Mengenrabatt von 60,00 EUR.

Aufgabe:

Berechnen Sie den Rabattsatz.

Lösung:

Bedingungssatz 1 500,00 EUR ≙ 100 %
Fragesatz 60,00 EUR ≙ x %

Bruchsatz $x = \frac{100 \cdot 60}{1500} = \underline{\underline{4\,\%}}$

Berechnung des Prozentsatzes mithilfe der Formel:

$$\text{Prozentsatz} = \frac{\text{Prozentwert} \cdot 100}{\text{Grundwert}}$$

Ergebnis: Der Rabattsatz beträgt 4 %.

5.2.4 Berechnung des Grundwertes

(1) Grundwert gesucht

Beispiel:

Ein Einzelhandelsbetrieb hat für die Versicherung des Warenlagers 1500,00 EUR Prämie zu begleichen. Das sind 2% der Versicherungssumme.

Aufgabe:

Berechnen Sie die Versicherungssumme.

Lösung:

Bedingungssatz 2 % ≙ 1 500,00 EUR
Fragesatz 100 % ≙ x EUR

Bruchsatz $x = \frac{1500 \cdot 100}{2}$

$x = \underline{\underline{75\,000{,}00\ \text{EUR}}}$

Berechnung des Grundwertes mithilfe der Formel:

$$\text{Grundwert} = \frac{\text{Prozentwert} \cdot 100}{\text{Prozentsatz}}$$

Ergebnis: Die Versicherungssumme für das Lager beträgt 75 000,00 EUR.

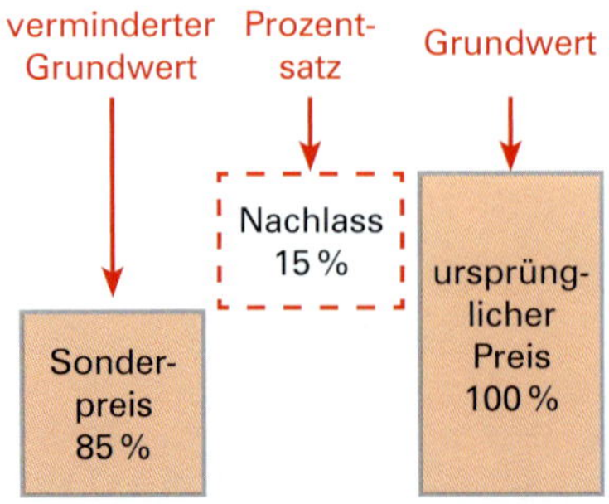

(2) Verminderter Grundwert gegeben

Beispiel:

Wegen kleiner Fehler verkauft ein Einzelhandelsbetrieb eine Ware mit einem Nachlass von 15% zum Sonderpreis von 104,55 EUR.

Aufgaben:

1. Berechnen Sie den ursprünglichen Preis.
2. Berechnen Sie den Betrag der Preissenkung.

Problemstellung

Die Preissenkung von 15 % bezieht sich auf den ursprünglichen Preis. Der **ursprüngliche Preis** ist der **Grundwert.** Er entspricht 100 %. Der **Sonderpreis** in Höhe von 104,55 EUR entspricht 85 % **(verminderter Grundwert).**

Lösungen:

Bedingungssatz 85 % ≙ 104,55 EUR
Fragesatz 100 % ≙ x EUR

Bruchsatz $x = \frac{104{,}55 \cdot 100}{85} = 123{,}00$ EUR

	Regulärer Preis	123,00 EUR
–	Sonderpreis	104,55 EUR
=	Preissenkung	18,45 EUR

Hinweis: Es ist auch möglich, zuerst die Preissenkung von 15 % in EUR zu errechnen. Allerdings wäre es ein Umweg. Man steuert vielmehr im Ansatz direkt auf die gefragte Größe zu. Das ist der ursprüngliche Preis (Grundwert). Dieser entspricht 100 %.

Ergebnisse:

1. Der reguläre Preis betrug 123,00 EUR.
2. Die Preissenkung beträgt 18,45 EUR.

(3) Vermehrter Grundwert gegeben

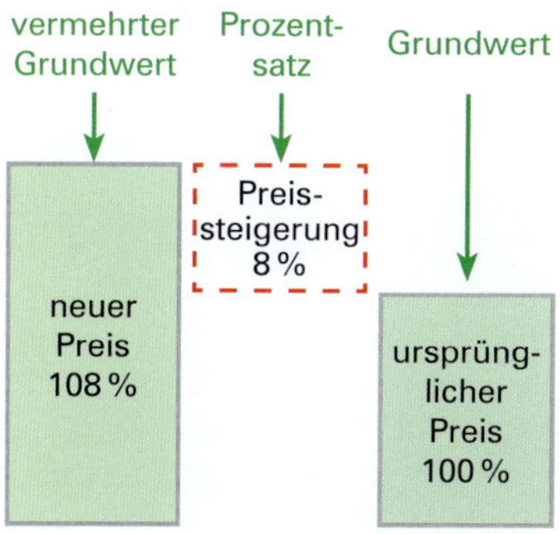

Beispiel:

Ein Einzelhandelsbetrieb erhöht den Preis einer Ware um 8%. Er beträgt jetzt 9,18 EUR.

Aufgaben:

1. Berechnen Sie den ursprünglichen Preis.
2. Berechnen Sie den Betrag der Preissteigerung.

Problemstellung

Die Preiserhöhung von 8 % bezieht sich auf den ursprünglichen Preis. Der **ursprüngliche Preis** ist der **Grundwert**. Er entspricht 100 %. Der **neue Preis** in Höhe von 9,18 EUR entspricht 108 % **(vermehrter Grundwert)**.

Lösungen:

Bedingungssatz 108 % ≙ 9,18 EUR
Fragesatz 100 % ≙ x EUR

Bruchsatz $x = \frac{9{,}18 \cdot 100}{108} = 8{,}50$ EUR

	Neuer Preis	9,18 EUR
–	Ursprünglicher Preis	8,50 EUR
=	Preiserhöhung	0,68 EUR

Hinweis: Die rechnerische Vorgehensweise entspricht dem allgemeinen Lösungsweg, der beim Rechnen mit dem verminderten Grundwert aufgezeigt wurde. Ausgangspunkt ist hier der vermehrte Grundwert, für den der Prozentsatz (über 100 %) und der absolute Wert bekannt sind.

Ergebnisse:

1. Der ursprüngliche Preis betrug 8,50 EUR.
2. Die Preissteigerung beträgt 0,68 EUR.

Preissteigerung in Prozent

8,50 EUR ≙ 100 %
0,68 EUR ≙ x %

$x = \frac{100 \cdot 0{,}68}{8{,}50} = 8\,\%$

Die Preissteigerung beträgt 8 %.

VERSTANDEN?

1 Eine Boutique hat für den Kauf von Dekorationsobjekten drei Angebote vorliegen.

Angebot 1: 3 250,00 EUR bar ohne Abzug.
Angebot 2: 3 310,00 EUR bar bei 3 % Skonto.
Angebot 3: 3 380,00 EUR bar bei 5 % Rabatt.

Ermitteln Sie das billigste Angebot.

---

2 Ein Fernseher ist mit 999,00 EUR ausgezeichnet. Bei Barzahlung werden 2 % Skonto gewährt.

Berechnen Sie, um welchen Betrag der Ratenkauf teurer ist, wenn der Händler 225,00 EUR Anzahlung und 8 Monatsraten zu 100,00 EUR verlangt.

---

3 Das Bruttogehalt einer Verkäuferin betrug 2 680,00 EUR. Durch Tarifänderungen hat sich das Gehalt innerhalb eines Jahres zunächst um $3^1/_2$ % und dann nochmals um $1^3/_4$ % erhöht. Am Ende des Geschäftsjahres erhielt die Verkäuferin noch eine hausinterne Leistungszulage von $1^1/_2$ %.

Nennen Sie den Bruttolohn nach diesen Erhöhungen.

---

4 Beim Abfüllen von 310 Liter Wein in Literflaschen beträgt der Abfüllverlust (Leckage) 7,75 Liter.

Berechnen Sie den Abfüllverlust in Prozent.

---

5 Ein Lebensmittelgeschäft bietet als Kundendienst die kostenlose Zustellung der gekauften Waren ab einem Warenwert von 100,00 EUR zum Kunden an. Der hierzu benötigte Lieferwagen verursacht Gesamtkosten in Höhe von 3 033,00 EUR. Die Kosten für die Warenzustellung sind in der Kalkulation zu berücksichtigen.

Berechnen Sie, welcher Zuschlagssatz für die Warenzustellung kostendeckend ist, wenn monatlich im Durchschnitt Waren im Werte von 121 320,00 EUR zugestellt werden.

---

6 Das Monatseinkommen unseres Mitarbeiters im Außendienst setzt sich aus einem Festgehalt (Fixum) von 880,00 EUR und einer Umsatzprovision zusammen.

Berechnen Sie, wie viel Prozent der Mitarbeiter vom Umsatz erhält, wenn er bei einem durchschnittlichen Umsatz von 90 000,00 EUR ein durchschnittliches Monatseinkommen von insgesamt 6 000,00 EUR erzielt.

---

7 Bei einer Warenzustellung wird unser Lieferwagen in einen Unfall verwickelt. Die mitgeführte Ware ist verdorben. Die Versicherung kommt teilweise für den Schaden auf. Der Schaden beläuft sich auf 388,00 EUR. Als Entschädigung erhalten wir 318,16 EUR.

Berechnen Sie den Prozentsatz, den die Versicherung ersetzt hat.

---

8 Ein Einzelhandelsbetrieb konnte im Monat August den Umsatz um $4^1/_2$ % oder 6 221,25 EUR steigern.

Berechnen Sie den Umsatz im Juli.

---

9 Auf der Eingangsrechnung E 61 ist ein Umsatzsteueranteil von 446,88 EUR ausgewiesen. Der Umsatzsteuersatz beträgt 19 %.

Berechnen Sie den Nettoeinkaufspreis.

---

10 Ein Versicherungsvertreter erhält für den Abschluss einer Lebensversicherung eine Provision von $5^1/_2$ ‰. Das sind 194,70 EUR.

Berechnen Sie die Versicherungssumme der vermittelten Lebensversicherung.

---

11 Der Inhaber des Textilhauses „Haus Kleidegut GmbH" zahlt an die Feuerversicherung eine Prämie von vierteljährlich 165,00 EUR.

Ermitteln Sie, mit welcher Summe das Geschäftsgebäude einschließlich Lager versichert ist, wenn die jährliche Versicherungsprämie $1^1/_4$ % der Versicherungssumme beträgt.

---

12 Der Preis eines Liegestuhls war um 20 % ermäßigt worden. Da der Liegestuhl immer noch nicht verkauft werden konnte, wurde dieser Preis nochmals um 30 % gesenkt. Er kostet jetzt 24,50 EUR.

12.1 Berechnen Sie den ursprünglichen Preis.

12.2 Ermitteln Sie, um wie viel Prozent der Liegestuhl insgesamt billiger wurde.

---

13 Berechnen Sie den ursprünglichen Preis des stapelbaren Rollers (siehe nebenstehende Abbildung).

---

14 Der Rechnungsbetrag für einen Wareneinkauf beträgt einschließlich 19 % Umsatzsteuer 4 630,29 EUR.

Berechnen Sie den Nettowarenwert und die Umsatzsteuer.

---

15 Nach einer Werbeaktion für französischen Käse konnte ein Supermarkt in der Käseabteilung eine Umsatzsteigerung für den Monat Juli um 8% auf 6 073,92 EUR gegenüber dem Vormonat erzielen.

Berechnen Sie die Umsatzsteigerung.

---

16 Ein Einzelhandelsgeschäft hat den Bruttoverkaufspreis eines Artikels mit 24,15 EUR neu ausgezeichnet, nachdem der bisherige Bruttoverkaufspreis um einen Teuerungszuschlag von 5 % angehoben wurde.

Geben Sie den Bruttoverkaufspreis vor der Preiserhöhung an.

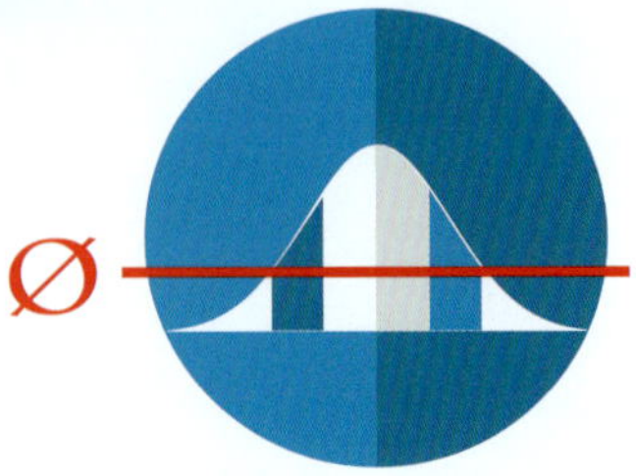

5.3 Durchschnittsrechnung

(1) Einfacher Durchschnitt

Beispiel:

Ein Einzelhandelsbetrieb möchte am 30. Juni den durchschnittlichen Lagerbestand einer Warenart zu Einstandspreisen für die vergangenen 6 Monate ermitteln. Für die einzelnen Monate waren folgende Werte festgehalten worden:

30. Januar	142500,00 EUR
28. Februar	198610,00 EUR
31. März	124080,00 EUR
30. April	142090,00 EUR
31. Mai	84610,00 EUR
30. Juni	76350,00 EUR

Aufgabe:

Berechnen Sie den durchschnittlichen Lagerbestand.

Lösung:

$$\text{Ø Lagerbestand} = \frac{142500 + 198610 + 124080 + 142090 + 84610 + 76350}{6}$$

$$= \underline{\underline{128040{,}00\ \text{EUR}}}$$

Ergebnis: Der durchschnittliche Lagerbestand beträgt 128040,00 EUR.

Allgemeiner Lösungsweg

- In einem ersten Schritt werden die einzelnen Werte addiert.
- In einem zweiten Schritt wird die Summe der Werte durch die Anzahl der Werte geteilt.

$$\text{einfacher Durchschnitt} = \frac{\text{Summe der Werte}}{\text{Anzahl der Werte}}$$

(2) Gewogener Durchschnitt

Beispiel:

Ein Einzelhandelsbetrieb möchte am Eingang des Ladens einen großen Korb mit Restposten aufstellen. Die im Korb angebotenen Waren sollen zu einem Einheitspreis verkauft werden. Vorhanden sind:

Anzahl	Bisheriger Verkaufspreis je Einheit
6	12,60 EUR
12	27,80 EUR
8	26,10 EUR
20	16,40 EUR

Aufgabe:

Berechnen Sie, mit welchem Durchschnittspreis der Einzelhandelsbetrieb die Waren auszeichnen muss, wenn der gesamte Verkaufserlös unverändert bleiben soll.

Lösung:

Einzelmenge		Preis je Einheit		Gesamtwert je Einzelmenge
6	·	12,60 EUR	=	75,60 EUR
12	·	27,80 EUR	=	333,60 EUR
8	·	26,10 EUR	=	208,80 EUR
20	·	16,40 EUR	=	328,00 EUR
Gesamtmenge → 46		**Gesamtwert** →		946,00 EUR
1				x EUR

$$x = \frac{946 \cdot 1}{46} = \underline{\underline{20{,}57 \text{ EUR}}} \text{ (genau: 20,565217)}$$

Probe:

46 · 20,565217 EUR ergibt einen Gesamterlös von 946,00 EUR.

Ergebnis: Die Ware muss mit einem Preis von 20,57 EUR ausgezeichnet werden.

Erläuterungen:

Die Preise für die einzelnen Waren dürfen nicht wie beim einfachen Durchschnitt nur zusammengezählt und dann durch die Anzahl der Sorten (in unserem Beispiel 4) geteilt werden.

Begründung:

Von der Ware zu 27,80 EUR sind 12 Stück vorhanden. Von der Ware zu 12,60 EUR sind lediglich 6 Stück im Korb. Das bedeutet, dass die 12 Stück zu 27,80 EUR stärker ins Gewicht fallen als etwa die 6 Stück zu 12,60 EUR. Die Folge ist: unterschiedliche Einzelmengen müssen bei der Berechnung eines Durchschnittspreises berücksichtigt (gewichtet) werden.

Es ist der **Gesamtwert der jeweiligen Warenart** zu ermitteln (Einzelmenge · Preis je Einheit, z. B. 6 · 12,60 EUR = 75,60 EUR). Die Summe der Gesamtwerte ist dann durch die **Gesamtmenge zu dividieren.**

$$\text{gewogener Durchschnitt} = \frac{\text{Einzelmenge} \cdot \text{Preis je Einheit}}{\text{Gesamtmenge}}$$

VERSTANDEN?

1 Ein Mitarbeiter im Außendienst legte in der Woche vom 2. April bis 6. April mit dem Pkw folgende Tagesstrecken für Kundenbesuche zurück:

2. April	280 km
3. April	125 km
4. April	364 km
5. April	212 km
6. April	304 km

Berechnen Sie, wie viele km der Außendienstmitarbeiter am Tag durchschnittlich gefahren ist.

2 Um sich ein Urteil über die Preisentwicklung auf dem Markt für Südfrüchte bilden zu können, notiert sich der Inhaber einer Früchtehandlung eine Woche lang die Preise für ein 5-kg-Netz Orangen auf dem Großmarkt. Die Preise an den verschiedenen Wochentagen betrugen:

Montag	5,25 EUR
Dienstag	5,60 EUR
Mittwoch	4,90 EUR
Donnerstag	4,85 EUR
Freitag	5,40 EUR
Samstag	6,20 EUR

Ermitteln Sie den durchschnittlichen Großmarktpreis für 5 kg Orangen.

3 Der Kaffeeladen „Wonder Coffee" hatte im vergangenen Geschäftsjahr folgende Monatsumsätze:

Monat	Umsatz	Monat	Umsatz	Monat	Umsatz
Januar	32 400,00 EUR	Mai	45 380,00 EUR	Sept.	29 420,00 EUR
Februar	25 200,00 EUR	Juni	51 420,00 EUR	Oktober	34 370,00 EUR
März	34 150,00 EUR	Juli	28 410,00 EUR	Nov.	38 910,00 EUR
April	28 700,00 EUR	August	27 700,00 EUR	Dez.	66 720,00 EUR

3.1 Berechnen Sie den Jahresumsatz.

3.2 Ermitteln Sie den durchschnittlichen Monatsumsatz.

3.3 Ermitteln Sie den durchschnittlichen Tagesumsatz bei 295 Verkaufstagen.

3.4 Berechnen Sie den durchschnittlichen Umsatz je Verkäufer, wenn das Geschäft 3 Mitarbeiter beschäftigt.

4 Das Textilhaus Fritz Wolle e. Kfm. stellt am Ladeneingang einen Wühltisch mit Hemden, Blusen, T-Shirts und Röcken auf. Alles soll zu einem Einheitspreis verkauft werden. Vorhanden sind:

15 Hemden	zu 21,90 EUR
11 Blusen	zu 15,40 EUR
18 T-Shirts	zu 12,80 EUR
24 Röcke	zu 28,50 EUR

Berechnen Sie, welchen Durchschnittspreis Fritz Wolle e. Kfm. verlangen muss, damit der gesamte Verkaufserlös unverändert bleibt.

5.4 Verteilungsrechnung

Beispiel:

Ein Einzelhhandelsbetrieb hat für das Geschäftshaus eine monatliche Miete von 4032,00 EUR zu bezahlen. Um für die einzelnen Abteilungen eine genaue Kalkulation vornehmen zu können, teilt der Kaufmann die Geschäftsmiete auf die einzelnen Abteilungen nach folgendem Schlüssel auf: Warenabteilung I: 80 m^2, Warenabteilung II: 56 m^2, Büro: 48 m^2 und Lager: 72 m^2.

Aufgabe:

Berechnen Sie den Mietanteil, der auf die einzelnen Abteilungen entfällt.

Lösung:

Aufteilungsgrund	Verteilungsschlüssel	Teile	Anteile
↓	↓	↓	↓
Abteilungen	Größe in m^2	gekürzte Anteile	Kostenanteile
Warenabteilung I	80 →	10	1 260,00 EUR ← 10 · 126
Warenabteilung II	56 →	7	882,00 EUR ← 7 · 126
Büro	48 →	6	756,00 EUR ← 6 · 126
Lager	72 →	9	1 134,00 EUR ← 9 · 126

Summe der Teile: 32 Teile ≙ 4032,00 EUR Miete (Gesamtwert)

1 Teil ≙ 4032,00 EUR : 32 = 126,00 EUR

Ergebnis: Die verschiedenen Abteilungen werden durch die Miete wie folgt belastet: Warenabteilung I: 1 260,00 EUR, Warenabteilung II: 882,00 EUR, Büro: 756,00 EUR, Lager: 1 134,00 EUR.

Probe:	Die Addition der Kostenanteile ergibt wiederum die Gesamtmiete: 1 260,00 EUR + 882,00 EUR + 756,00 EUR + 1 134,00 EUR = 4032,00 EUR.

Allgemeiner Lösungsweg

- Es ist zu überprüfen, ob sich der Verteilungsschlüssel durch Kürzen vereinfachen lässt.
- Addition der Teile.
- Über die Division des Gesamtwertes durch die Summe der Teile erhält man den Wert eines Teils.
- Durch die Multiplikation der einzelnen Teile mit dem Wert eines Teiles erhält man den Wert für die Anteile. **Probe:** Die Addition der einzelnen Anteile muss wiederum den Gesamtwert ergeben.

VERSTANDEN?

1 Verteilen Sie die folgenden Kapitalien im angegebenen Verhältnis.

1.1 7200,00 EUR Kapital im Verhältnis 3 : 4 : 2

1.2 975,00 EUR Kapital im Verhältnis 2 : 5 : 7 : 1

1.3 38000,00 EUR Kapital im Verhältnis 3 : 2 : 9 : 5

1.4 2400,00 EUR Kapital im Verhältnis 3 : 4 : 5

2 Aus Anlass des 25-jährigen Geschäftsjubiläums zahlt ein Einzelhandelsbetrieb an seine Mitarbeiter 8400,00 EUR an Treueprämie. Der Betrag wird nach der Betriebszugehörigkeit der Mitarbeiter gezahlt.

Mitarbeiter A arbeitet seit 25 Jahren, B seit 20 Jahren, C seit 9 Jahren und D seit 2 Jahren im Geschäft.

Berechnen Sie die Treueprämie, die die einzelnen Mitarbeiter erhalten.

3 An dem Modehaus Kempter OHG sind drei Geschwister beteiligt.

Anna mit 144000,00 EUR   Beate mit 216000,00 EUR   Centa mit 360000,00 EUR

Der Reingewinn beläuft sich auf 88560,00 EUR und wird entsprechend der Beteiligung verteilt.

Ermitteln Sie den Teil des Reingewinns, den Centa erhält.

4 Ein Lebensmittelgroßmarkt hat neben seinem Hauptgeschäft noch 2 Filialen. Im laufenden Geschäftsjahr wurden 37120,00 EUR für Werbeaktionen ausgegeben. Aus kostenrechnerischen Gründen sind diese Ausgaben auf die 3 Geschäfte zu verteilen. Verteilungsgrundlage sind die Jahresumsätze.

Hauptgeschäft: 720000,00 EUR   Filiale I: 480000,00 EUR   Filiale II: 540000,00 EUR

Berechnen Sie, welcher Anteil an Werbekosten auf jedes Geschäft entfällt.

5 Drei Spielwarengeschäfte stellen gemeinsam auf der Frühjahrsmesse aus. Dabei wird ein Umsatz von 14200,00 EUR erzielt. Der Einstandspreis der Spielwaren betrug 8100,00 EUR. An Kosten fielen 3100,00 EUR an. Der Reingewinn wird folgendermaßen verteilt: 300,00 EUR sollen dem „Roten Kreuz" gespendet werden, der Rest wird entsprechend der Arbeitsleistung am Messestand verteilt (A: 80 Stunden, B: 96 Stunden, C: 64 Stunden).

5.1 Ermitteln Sie den Reingewinn sowie den aufzuteilenden Betrag.

5.2 Berechnen Sie die Gewinnanteile von A, B, und C.

6 Nach Abschluss des Weihnachtsgeschäftes verteilt der Geschäftsinhaber an die fest angestellten Verkäuferinnen und 2 Aushilfskräfte eine Prämie in Höhe von 1585,50 EUR. Die Aufteilung erfolgt nach den geleisteten Überstunden. Die Mitarbeiter haben folgende Überstunden geleistet:

Maria: 42   Paula: 32   Olga: 28   Nora: 35   Anna: 14

Berechnen Sie, welche Prämie jede Mitarbeiterin ausbezahlt bekommt.

Lernfeld **4**

Waren präsentieren

Arbeitsheft Kap. 1

1 Verkaufsraumgestaltung

1.1 Elemente der Verkaufsraumgestaltung

Verkaufsräume sind so zu gestalten, dass sie auf den Kunden sowohl von außen als auch von innen einladend wirken. Die Kunden sollen sich beim Einkauf wohlfühlen. Eine stimmungsvolle Gestaltung lädt ein und verführt zum Kauf. Wichtige Elemente der Verkaufsraumgestaltung sind:

(1) Gestaltung des Ladenumfeldes

Hierzu zählt zunächst die Gestaltung des **Gebäudes** und der **Schaufenster** sowie des **Eingangsbereichs.**

Die äußere Gestaltung des Gebäudes hat das **Ziel,** einen möglichst **hohen Wiedererkennungswert beim Kunden** zu erreichen. Dies kann z. B. über das Anbringen des Firmenlogos, durch eine gleichartige Gebäudeform bei Filialbetrieben (z. B. Aldi, Penny Markt) oder über die Gestaltung der Außenfassade als kostenlose Werbefläche erfolgen.

Ergänzt werden muss das Gebäudedesign durch einen **Eingangsbereich,** der zum Betreten des Verkaufsraums einlädt.

(2) Gestaltung der Verkaufsräume

Hierzu zählen insbesondere die eingesetzten Materialien, Formen, Farben, Licht, Düfte, Bilder, Raumklima sowie die Art der Wegeführung durch die Verkaufsräume.

Es können grundsätzlich zwei Strategien angewandt werden:

Discountstrategie
Zugunsten dauerhaft niedriger Preise wird auf eine aufwendige Ladengestaltung, Bedienung und Beratung weitestgehend verzichtet.

Erlebnisstrategie
Durch eine aufwendige Ladengestaltung, Warenpräsentation und Serviceleistungen soll der Einkauf zu einem Erlebnis für den Kunden werden.

(3) Platzierung der Waren

Hier geht es zum einen um die Frage, an welchem **Platz** die Warengruppen und die einzelnen Artikel angeordnet werden.

Zum anderen ist festzulegen, wie viel **Verkaufsfläche** den einzelnen Waren jeweils zugewiesen wird.

Außerdem sind die einzelnen **Elemente der Ladeneinrichtung** wie

- Warenträger (z. B. Regale, Vitrinen, Tische),
- Verkaufshilfen (z. B. Einkaufswagen, Kasse, Umkleidekabinen),
- interne Werbemittel (z. B. Plakate, Schwarzes Brett, Informationstafeln) oder
- sonstigen Einrichtungsgegenständen (z. B. Recyclingbehälter, Diebstahlsicherung, Videoüberwachung)

zu bestimmen und ihre Anordnung festzulegen.

1.2 Visual Merchandising

1.2.1 Begriff und Ziele des Visual Merchandisings

Bei einem Stadtgang informieren sich die Verbraucher über die Waren eines Einzelhandelsgeschäfts durch einen **Blick ins Schaufenster** und/oder in den **Verkaufsraum.** Passanten werden jedoch nur dann zu Kunden, wenn die Schaufenstergestaltung und die Ausstattung des Verkaufsraums als **attraktiv** und **unverwechselbar** wahrgenommen werden.

Visual Merchandising setzt sich das **Ziel,** durch eine optisch ansprechbare **Gestaltung des Verkaufsraums**, durch **Maßnahmen der Verkaufsförderung** und der **Schaufenstergestaltung** den Kunden von der Straße direkt zum Kaufabschluss in das Einzelhandelsgeschäft zu führen.

Visual Merchandising: Sichtbarmachung des Warenangebots; optische Verkaufsförderung.

- **Visual Merchandising** möchte über die **Verkaufsraumgestaltung** und die **Warenpräsentation** eine **besondere Verkaufsatmosphäre** schaffen.
- Der **Einkauf** soll für den Kunden zu einem **besonderen Erlebnis** werden und bei ihm den **Wunsch zum Kaufen** wecken.

1.2.2 Erlebniskauf

Dem Visual Merchandising liegt die Idee zugrunde, dass die Kunden mit dem Einkauf ein Freizeiterlebnis verbinden möchten.

Beispiel:

Frau Walter möchte mit ihrem Mann ein neues Kleid für den Frühling einkaufen. Sie fährt mit ihrem Mann in ein großes Einkaufszentrum mit mehreren Boutiquen. Es wird viel Zeit eingeplant und die Küche soll an diesem Tag kalt bleiben.

Ziel vom Ehepaar Walter ist, den Kauf des Kleids mit einem Unterhaltungs- und Freizeiterlebnis zu verbinden. Man spricht in diesem Zusammenhang von einem **Erlebniskauf.**

Zu einem Erlebniskauf gehört, dass dem Kunden mehr geboten wird als nur das passende Warensortiment. Der Einkauf soll ein Ereignis sein, das in erster Linie Vergnügen bereitet.

Kriterien des Erlebniskaufs	Beispiele
Sortimentspräsentation	■ **Überblick geben über das Sortiment** z. B. durch Hinweisschilder, Infostände, Videos, Schaufenster ■ **Bildung von Warengruppen** Gleichartige Waren verschiedener Hersteller, Qualitäten, Verwendungsbereiche werden zusammengestellt, z. B. Herrenhemden, Smartphones, Parfüm. ■ **Zusammenstellen von Bedarfsbündel** Verschiedene Waren, die zu einem bestimmten Lebensbereich gehören, werden zusammengestellt, z. B. „Alles für Ihr Bad“, „Urlaub im Süden“, „Hochzeit, Ihr schönster Tag“. ■ **Einrichten von „Shop-in-Shops“** Einzelne Abteilungen werden optisch abgetrennt und im Boutiquestil eingerichtet, z. B. Schmuckshop im Warenhaus. ■ . . .
Sortimentsstruktur	Ein Schwerpunkt des Sortiments liegt auf **erklärungsbedürftigen Waren.** Ziel des Einzelhandelsgeschäftes ist, über die Beratungskompetenz der Verkäufer Kunden zu gewinnen und zu halten, z. B. durch Anbieten von ■ Neuheiten auf dem Medienmarkt wie Smart TV, Smartphones, ■ innovativen Videos, Vorführen von Drohnen u. Ä., ■ Waren, die gesetzlich nur in Bedienungsform verkauft werden dürfen (offene Lebensmittel, Waffen).
Kundenerwartung	Der Kunde erwartet ■ eine kompetente, freundliche, bedarfsorientierte Beratung bei geringen Wartezeiten, ■ ein vielseitiges Angebot an Marken, das den Markt repräsentiert, ■ eine Verkaufsraumgestaltung, die eine angenehme Verkaufsatmosphäre ausstrahlt und den Kauf zu einem Erlebnis macht.
Verkaufsform	Überwiegend **Vorwahl** und **Bedienung**
Zusatzangebote	Mögliche Zusatzangebote sind z. B. ■ Kundenbetreuung, ■ gastronomische Einrichtungen, z. B. Kaffeeecke, Imbissstand, Restaurant, ■ Friseursalon, Reisebüro, Schlüsseldienst usw.
Betriebsform	Der Erlebniskauf erfordert **große Verkaufsflächen.** Häufigste Betriebsformen sind daher Warenhaus, Einkaufszentren, Verbrauchermärkte.

Bedarfsbündel

erklärungsbedürftige Neuheit

freundliche Bedienung

1.2.3 Gestaltungselemente des Visual Merchandisings zur Verkaufsförderung

Zur Platzierung der Waren innerhalb der Verkaufsflächen siehe Kapitel 2, S. 210 ff.

Gestaltungselemente, die dazu geeignet sind, dass Kunden gern im Laden verweilen, sind eine kundenfreundliche Ladengestaltung (Platzierung der Ware) sowie eine **Warenpräsentation,** die **alle Sinne der Kunden** anspricht.

(1) Beleuchtung

Hauptaufgabe der Beleuchtung ist, für ausreichendes Licht im Verkaufsraum zu sorgen **(Grundbeleuchtung).** Gleichzeitig sind bestimmte Waren im Wandbereich **(Warenwandbeleuchtung)** sowie Dekorationsinseln und Warenbilder **(Akzentbeleuchtung)** durch Lichteffekte hervorzuheben und zu betonen.

Eine weitere wichtige Aufgabe der Beleuchtung ist, die **Farbe der Artikel wiederzugeben.**

Beispiele:

Während es z.B. am Gemüsestand gewollt ist, dass durch ein warmes Licht die Tomaten tiefrot erscheinen, müssen im Mode- und Textilbereich die Farben durch das künstliche Licht möglichst naturgetreu wiedergegeben werden. Eine Kundin, die im Laden eine hellblaue Bluse gekauft hat, möchte bei Tageslicht nicht feststellen, dass die Bluse eher grünlich ist.

Neben der Aufgabe, Verkaufsraum und Waren mit Licht hervorzuheben, können **Licht** und **Lichtfarbe** auch die **Empfindungen der Kunden** beeinflussen und damit die **Stimmung** und **Kaufbereitschaft** erhöhen oder senken.

Licht ist nicht nur wichtig, um die **Bedeutung der Ware zu zeigen.** Es ist auch bedeutsam, um die **gewünschte Stimmung beim Kunden** zu schaffen.

Um die vielfältigen Lichteffekte zu erzielen, ist es notwendig, ein flexibles Beleuchtungssystem mit verschiedenen Lichtquellen (Richtstrahler und Spots, Fluter, Pendelleuchten, Standleuchten, „Sternenhimmel", Lichtbänder u.a.) und variable Lichtstärkenregler zu verwenden.

(2) Farbe

Ein wichtiges Element für die Ladenatmosphäre sind die im Verkaufsraum verwendeten **Farben** und **Farbkombinationen.** Die Farben haben **drei Aufgaben** zu erfüllen:

- **Farbe als Ordnungs- und Gliederungselement**

Durch Farbkontraste (z.B. helle und dunkle, warme und kalte, leuchtende und getrübte Farben) können verschiedene Warengruppen von einander abgegrenzt, die unterschiedlichen Bereiche im Verkaufsraum herausgehoben und Kundenwege markiert werden.

Farbe als Element zum Wohlfühlen

Die Farben können eingesetzt werden, um erwünschte Stimmungen bei den Kunden zu erzeugen.

Mit dem Befinden der Menschen durch Farben beschäftigt sich die Farbenpsychologie. Die Wirkungen der einzelnen Farben sind in der nachfolgenden Tabelle zusammengestellt:

Farbe	Mögliche Wirkung auf die Kunden
rot	aktiviert, stärkt Leben, Kraft, Liebe, Feuer, Signal, Leidenschaft, Gefahr
gelb	strahlt, hell, heiter, bringt Licht, Wärme, Erfolg, Offenheit
orange	wirkt anregend, warm, freundlich, signalisiert Spaß, Tatkraft, Ausdauer
blau	wirkt kühl, distanziert, schafft Klarheit, Weite, Himmel, Treue, Ruhe, Harmonie
grün	zeigt Natürlichkeit, Frische, lebensfroh, entspannend, signalisiert Wachstum, Hoffnung, Natürlichkeit
weiß	sauber, frisch, festlich, Unschuld
schwarz	feierlich, Ernst, Trauer, Auflehnung, Eleganz, Abgeschlossenheit

Beispiel:

- Bei teuren und beratungsintensiven Waren wird eine entspannte Atmosphäre durch „kältere Farben" (grün oder blau) erzeugt.
- Bei Impulsartikeln oder preiswerten bzw. problemlosen Angeboten wird ein aktivierendes Umfeld durch „warme" Farben (Rot- oder Gelbtöne) geschaffen.

Farbe als Wiedererkennungselement

Die Wiedererkennung wird erreicht durch eine einheitliche Farbgebung für Fassade, Innenraum, Werbeprospekte, Plakate, Geschäftsgebäude. Man spricht in solchen Fällen von der „Hausfarbe" (Corporate Design) eines Unternehmens (z. B. blau, gelb, rot von Lidl).

(3) Dekoration

Die Dekoration leistet einen wesentlichen Beitrag zur Ladenatmosphäre. Ihr steht ein weiter Spielraum zur Verfügung. Es reicht vom herkömmlichen Dekorationsstoff über Dekorationsfiguren, Körperteile (Kopf, Beine, Füße, Arme), Warenbilder, Blumen, Kerzen, Kunstwerke bis hin zu „branchenfremden" Schaustücken (z. B. Formel-1-Rennwagen von Ferrari in einem Bekleidungshaus zur Unterstützung einer Aktionswoche für Sportbekleidung).

Für alle **Dekorationsobjekte** gilt eine einheitliche Regel: Die Objekte müssen im weitesten Sinne **positiv und sympathietragend** sein.

Neben dem Einsatz von Dekorationsobjekten versteht man unter dem Begriff Dekoration auch die **Präsentation von Warengruppen unter einer bestimmten Thematik.**

Beispiele:

- **Frühjahrs- und Winterstimmung in der Bekleidungsabteilung**
  Man kann mittels Dekoration die entsprechende (kommende) Jahreszeit ins Geschäft holen, um die Kunden auf die neue Mode einzustimmen.
- **Urlaubsstimmung im Reisebüro**
  „Urlaub von Anfang an" beginnt mit dem Betreten des Reisebüros; z. B. durch große Flugzeugmodelle, Sand, Palmen und helles Licht wie im sonnigen Süden kann ein Hauch von Urlaubsstimmung und Fernweh geweckt werden.
- **Das Frische-Erlebnis in der Lebensmittelabteilung**
  Der Aufbau eines kleinen Bauernhofs oder einer Plantage vermittelt den Eierkauf vor Ort.

(4) Musik

Der Einsatz von Musik bedarf eines besonderen Feingefühls, denn die Hörempfindungen der Kunden sind sehr unterschiedlich. Eine Grundregel ist wichtig: Die **ausgewählte Musik** muss auf die **Erlebniswelt genau abgestimmt** sein.

Beispiele:

- Beruhigende weiche Klangteppiche im Supermarkt oder in Fachgeschäften mit hochwertiger teurer Ware lassen die Kunden länger bei den Regalen verweilen.
- Laute und schnelle Stücke sorgen hingegen für eine deutliche Aktivierung. Sie sind in szenigen Läden mit einer jungen Zielgruppe angebracht.

Neben der traditionellen Hintergrundmusik über Lautsprecher sollte im Bereich der **jungen Mode** die Spannung der Musik durch **Video-** bzw. **TV-Geräte** noch gesteigert werden.

(5) Gerüche, Düfte, Temperatur

Ob sich ein Kunde in einem Ladengeschäft wohlfühlt oder nicht, wird stark durch die in der Luft befindlichen **Geruchsstoffe** beeinflusst. Dabei reicht es nicht aus, nur die negativen Stoffe zu vermeiden oder herauszufiltern, vielmehr müssen der Luft **„Duftnoten"** hinzugeführt werden. Sie sollen eine Atmosphäre schaffen, in der sich der Kunde wohlfühlt.

Beispiel:

Die Düfte der Natur, von Wiesen, Wäldern oder Blumen sind dem Wohlbefinden des Menschen am zuträglichsten und werden in der Regel unabhängig von persönlichen Vorlieben als positiv empfunden. Sie vermitteln ein Gefühl der Frische und regen zum tiefen Durchatmen und Entspannen an.

Die Wissenschaft hat herausgefunden, dass beim **richtigen Duft** die **Kaufbereitschaft steigt** und sich die **Verweildauer im Geschäft erhöht.** Außerdem bleibt der Duft dem Menschen am **längsten in Erinnerung.**

Die Qualität der Raumluft steht auch in einem engen Zusammenhang mit der **Raumtemperatur.** Der Kunde erwartet **spezifische Geschäftstemperaturen.** Untersuchungen ergaben, dass je nach Branche oder Abteilung, in der sich der Kunde gerade befindet, eine spezifische Temperatur erwünscht ist.

- In der Obst- und Gemüseabteilung rechnet man mit kühlen, frischen Temperaturen,
- in Ruhezonen oder Boutiquen werden warme Temperaturen erwartet.

(6) Materialauswahl

Materialwirkungen werden durch die Qualität der Oberfläche und durch den Bezug, den der Kunde mit dem Material verbindet, bestimmt.

Beispiele:

- Edle Hölzer, polierter Marmor, glänzendes Messing oder Glasoberflächen wirken luxuriös und teuer.
- Roh belassene Materialien wie rauhe Steinstrukturen oder unbehandelte Holzoberflächen spiegeln die Naturbezogenheit des Produkts und die Bodenständigkeit des Unternehmens wider.

Materialien und deren Oberfläche können **anziehende oder abstoßende Wirkungen** haben. So erzeugen z.B. hinterleuchtete Glasböden ein Gefühl von Unsicherheit, während ein alter Holzdielenboden Behaglichkeit verströmt. Pflanzen wecken Vertrauen.

(7) Ruhezonen

Der Kunde ist nicht nur ein möglicher Käufer von Waren aller Art, sondern ist in erster Linie ein Mensch. Als solcher unterliegt er dem natürlichen menschlichen Rhythmus. So sehnt sich ein Kunde bei einem erlebnisreichen Einkauf nach einer Ruhezone, in der er sich erholen und erfrischen kann. Die Ruhezonen variieren zwischen einer Sitzecke, einem kleinen Imbiss und der Espressobar bis hin zum Bistro oder Restaurant.

Ruhe- und Erfrischungszonen sind meist zentral platziert, damit sie von überall schnell erreichbar sind und man sich von da aus wieder nach allen Richtungen in den Warenbereich begeben kann.

Checkliste: Visual Merchandising

- ✓ **Grundbeleuchtung** ist ausreichend, **Warenwand- und Akzentbeleuchtung** sind effektvoll.
- ✓ **Farben** und **Farbkombinationen** gliedern die Warengruppen optisch und fördern das Wohlbefinden der Kunden.
- ✓ **Dekorationsobjekte, Musik, Gerüche, Düfte, Temperatur** und **Materialien** verstärken die positive Einkaufsatmosphäre.
- ✓ Zentrale **Ruhe- und Erfrischungszonen** schaffen Möglichkeiten zur Erholung.

1.2.4 Schaufenster

(1) Ziele und Aufgaben der Warenpräsentation im Schaufenster

Das Schaufenster ist das **Aushängeschild des Einzelhandelsbetriebs** und ein wichtiges **Element des Visual Merchandisings.** Es muss durch eine entsprechende Warenpräsentation Sehnsüchte wecken, Nachfrage nach mehr Informationen auslösen und somit den Passanten einladen, das Geschäft zu betreten.

Checkliste: Schaufenster

- ✓ es liefert einen **visuellen Eindruck** des Unternehmens
- ✓ es stellt eine **Kontaktbrücke** zu den Passanten her
- ✓ es werden Waren ausgestellt, die **typisch sind für das Warenangebot** des Unternehmens
- ✓ es möchte durch **gute Dekorationen** oder **witzige und originelle Ausstellungsstücke** Aufmerksamkeit erzeugen
- ✓ es übermittelt **Informationen** über Sortiment, Qualität, Preise u.Ä.
- ✓ es möchte **Zielgruppen emotional ansprechen**

Der Passant geht in drei bis vier Sekunden an einem Schaufenster vorbei. In diesem Augenblick muss das Warenbild mit seiner Botschaft den Passanten so überzeugen, dass er entweder stehen bleibt oder das Geschäft betritt. Diese Zeit reicht natürlich nicht, um komplizierte Informationen zu übermitteln.

(2) Schaufenstertypen

Im Allgemeinen unterscheidet man fünf Schaufenstertypen:

- Das **Übersichtsfenster** zeigt einen Überblick über das Sortiment des Geschäfts. Ein vollständiger Überblick über das Sortiment ist nur in seltenen Fällen möglich.

- Das **Fantasiefenster** möchte durch eine originelle Thematik die Fantasie, Sehnsüchte und Träume der Passanten anregen.
  Fantasiefenster stehen immer unter einem bestimmten Leitgedanken (z. B. Karneval, Sommerurlaub, Schulanfang).

- Im **Stapelfenster** wird eine bestimmte Warengruppe vorgestellt (z. B. nur Kinderkleidung, nur Bürostühle, nur Weine, „Alles für den Fahrradfahrer").

- Das **Durchblickfenster** (Einblickfenster) gibt freie Sicht in den Verkaufsraum, in dem eine attraktive Warenpräsentation bei Tag und Nacht angestrahlt wird und auf die Straße hinausleuchtet.

- Das **Anlassfenster** bezieht besondere Themen in die Gestaltung des Schaufensters ein, z. B. Weihnachten, ein lokales Jubiläum, Freizeit. Im Mittelpunkt steht ein Leitgedanke.

Arbeitsheft Kap. 2

2 Platzierung der Waren innerhalb der Verkaufsfläche

2.1 Raumaufteilung

Bei der Aufteilung des Verkaufsraums wird zwischen **drei Zonen** unterschieden:

Warenfläche	Sie umfasst den Teil des Verkaufsraums, in dem die Waren auf Warenträgern präsentiert werden.
Kundenfläche	Sie steht dem Kunden als Weg zu den Waren zur Verfügung (Laufwege, Ein- und Ausgänge, Treppen usw.).
übrige Verkaufsfläche	Sie umfasst je nach Betriebstyp Kassenanlagen, Vorführ- und Anprobierräume, Ruhe- und Erfrischungsbereiche.

Hat der Einzelhandelsbetrieb entschieden, als **Verkaufsstrategie** den **Erlebniskauf** zugrundezulegen, kommt der „übrigen Verkaufsfläche" eine immer höhere Bedeutung zu. Sie kann z.B. als Ruhezone, Informationszentrum, Beratungsraum oder Kindergarten gestaltet werden.

2.2 Raumordnung

2.2.1 Aufgaben der Raumordnung

Hauptaufgabe der Raumordnung ist, den **Verkaufsraum zu gliedern,** d.h. ihn in Zonen aufzuteilen, Teilbereiche abzugrenzen, Abteilungen anzuordnen und großzügige Laufwege einzurichten.

Checkliste: Gliederung des Verkaufsraums

- ✓ Der **markierte Laufweg** ist so ausgelegt, dass alle Sortimentsbereiche erschlossen werden können.
- ✓ Die **Waren** sind entlang des Laufwegs so **platziert,** dass die Kunden in die einzelnen Warenbereiche „hineingeführt" werden.
- ✓ **Quantitative Raumzuordnung:** Für jede Warengruppe wird der angemessene Umfang an Verkaufsfläche bestimmt (Leitfrage: **Wie viel** Raum wird den einzelnen Warengruppen zur Verfügung gestellt?).
- ✓ **Qualitative Raumzuordnung:** Die einzelnen Warengruppen sind im Verkaufsraum sinnvoll angeordnet (Leitfrage: **Wie** sind die Warengruppen angeordnet?).

Ziel ist, die **Kunden in möglichst viele Zonen des Verkaufsraums** zu lenken, damit sie mit dem Großteil des Warensortiments in Kontakt kommen. Außerdem soll erreicht werden, dass der „Kundenstrom" flüssig durch den Verkaufsraum geführt wird.

2.2.2 Wegeführung (Laufwege)

(1) Formen der Wegeführung

Ein auffallender Laufweg wird mit unterschiedlichen Bodenbelägen, Flächenbegrenzungen durch Linien, durch farbliche Gestaltung oder mit Licht erreicht. Die Kunden folgen diesen Merkmalen wie einer Fährte. Sie werden so durch das Geschäft gelenkt, dass ein möglichst großer Teil des Sortiments im Blickfeld liegt.

Bei der Festlegung der Laufwege wird angestrebt, den Kunden einen **Loop (Rundlauf)** zu ermöglichen, damit er keinen Weg doppelt gehen muss (Loop-Prinzip). Die unterschiedlichen Sortimentsbereiche sind durch **Warenleitbilder** deutlich zu kennzeichnen.

An den Laufwegen müssen **Hinweise auf Flucht- und Rettungswege** angebracht werden. Sie weisen auf Wege und Notausgänge hin, die im Notfall (z. B. im Fall eines Brandes) benutzt werden sollen.

Der Loop kann als Zwangsumlauf oder als Individualumlauf angelegt sein.

- Beim **Zwangsumlauf** ist die Verkaufsfläche mithilfe der Warenträger so gegliedert, dass der Kunde vom vorgegebenen Laufweg nicht abweichen kann. Er muss von Abteilung zu Abteilung gehen und so das gesamte Geschäft und Sortiment durchlaufen, um zur Kasse zu gelangen.

  Der Zwangsweg ist in der Praxis nur noch selten anzutreffen.
- Der **Individualumlauf** ermöglicht es dem Kunden, den Verlauf des Weges bzw. der Weglänge **eigenständig** zu wählen. Der Individualumlauf kommt in vielfältigen Formen vor.

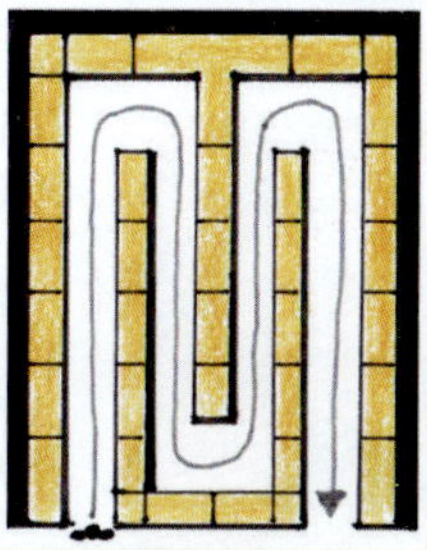

Quelle: in Anlehnung an: Kreft, W.: Ladenplanung, 2. Aufl., Stuttgart, S. 555.

Loop: (engl.): Schleife, Schlinge.

Formen des Individualumlaufs (Beispiele)

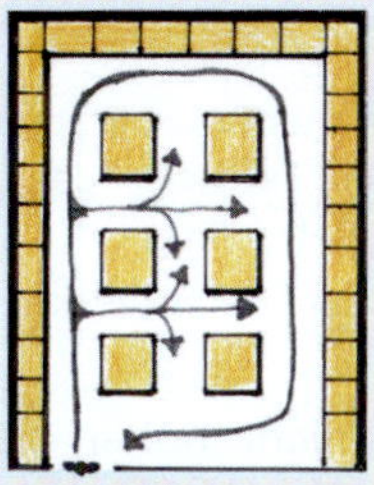

Das **Kreuzprinzip:** Es wird sehr oft angewandt – weiterentwickelt in Lebensmittelmärkten.

Das **Sternprinzip**: Es ermöglicht die Steuerung aus der Mitte. Gut geeignet für Fachgeschäfte mit vielen unterschiedlichen Waren. Anwendung auch in Kaufhäusern.

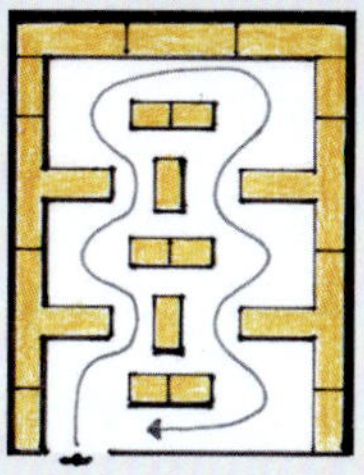

Das **Kojenprinzip:** Dies ist ein ausgetüfteltes System mit vielen Kontaktzonen zwischen Konsument und Ware.

Quelle: in Anlehnung an: Kreft, W.: Ladenplanung, 2. Aufl., Stuttgart, S. 555.

(2) Gestaltung der Laufwege

Die Laufwege sind so anzuordnen, dass **alle Sortimentsbereiche wahrgenommen** werden.

Die Sortimentsbereiche sind durch **„Deko-Punkte"** zu kennzeichnen. „Deko-Punkte" sollen zum Besuch der Abteilung einladen und sind daher attraktiv zu gestalten.

Beispiele:

- Regalanlagen bekommen eine Frontanlage, Gondeln einen Fronthänger, womit Ausstellungsstücke ins Blickfeld gerückt werden
- Aufstellen von Display-Einheiten, d.h. Präsentation von Waren in kleinen Stückzahlen (sogenannte „Stopper")

Die **Rückwand eines Laufwegs** ist besonders aufwendig zu gestalten. Die Gestaltung gibt den Ausschlag, ob der Kunde bis dahin vordringt und so alles erlebt, was bis dorthin aufgebaut ist, oder ob er vorzeitig die Richtung wechselt.

Da Farben schon von einer weiten Distanz erkennbar sind, kann auf eine Warengruppe auch durch die **Gruppierung der Ware nach Farben** aufmerksam gemacht werden. Dabei ist möglichst die Farbe senkrecht und die Größe waagerecht anzuordnen.

Lange gerade Laufwege sind durch **„Faszinationspunkte"** zu unterbrechen. Es handelt sich hierbei um eine Kombination von Dekorationsflächen und Warenträger.

Die Laufwege sind durch **Ruhezonen** zu unterbrechen, die zum Verweilen, zur Erfrischung und zum Gespräch einladen.

Beispiele:

- Positionierung einer Sitzgruppe im Bereich eines Fensters, das den Blick nach außen zulässt
- Einrichten einer Getränkeecke

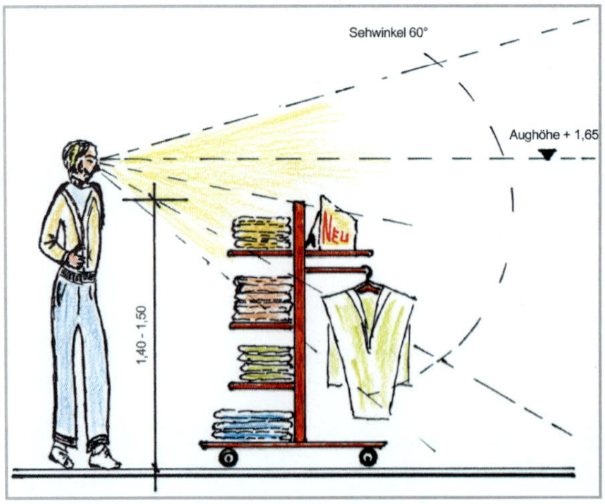

Quelle: in Anlehnung an: Grundmann/Wiedemann: Design im Verkaufsraum, Frankfurt, S. 102.)

Warenträger im Mittelraum dürfen nicht höher als ca. 1,50 m sein, damit der Verkaufsraum vom Laufweg aus noch überschaubar ist. Höhere Warenträger lassen Nischen und Gänge entstehen. Sie fördern zwar das Gefühl der Behaglichkeit, haben aber den Nachteil, dass ein Sackgasseneindruck entsteht – wie in einer Falle, aus der sich der Kunde schnell befreien möchte.

Es ist wichtig, dass der Kunde vom **Hauptlaufweg** einen **ungehinderten Blick auf die Wanddekoration** hat. Die Warengruppen müssen daher **stufenweise aufgebaut werden** wie in einer Arena **(Arenaprinzip)**:

3. Ebene (2,30 m–2,50 m oder höher): Wanddekoration

2. Ebene (1,40 m–1,60 m): halbhohe Regale oder Warenträger

1. Ebene (0,8 m–1,40 m): Waren auf Podesten oder Tischen

Der Kunde muss einen freien Blick auf alle drei Warenebenen haben, um zu erkennen, **wo** und **welche Ware** das Geschäft bietet.

Checkliste: Gestaltung der Laufwege

- ✓ Verkaufsraum ist **vom Laufweg aus überschaubar**, alle Sortimentsbereiche können wahrgenommen werden.
- ✓ Sortimentsbereiche sind durch **Deko-Punkte** gekennzeichnet.
- ✓ **Rückwand des Laufwegs** ist besonders aufwendig gestaltet.
- ✓ Waren sind durch **Farben** gruppiert.
- ✓ Lange gerade Laufwege werden durch **Faszinationspunkte** aufgewertet.
- ✓ Die Warendekoration erfolgt nach dem **Arenaprinzip.**

2.3 Verkaufszonen

(1) Kundenlaufstudien

Kundenlaufstudien haben folgende Ergebnisse erbracht:

- Kunden bevorzugen Außengänge, halten sich vorwiegend rechts (ca. 70%) und laufen entgegen dem Uhrzeigersinn (Linkslauf).
- Kunden laufen im ersten Teil des Einkaufs eher schnell („Rennstrecke"), dann langsam und gegen Ende des Einkaufs wieder schneller. Breite Gänge erhöhen die Laufgeschwindigkeit der Kunden.
- Kunden schauen vornehmlich nach rechts. Mittelbereiche werden deutlich schwächer besucht, weil sie nicht in der Laufrichtung liegen.
- Kunden vermeiden Kehrtwendungen und Ladenecken, so weit es geht.
- Helle Ladenbereiche wirken anziehend, dunkle Bereiche werden gemieden.
- Warenplatzierungen an den Wänden und an den Kopfseiten von Gondeln, auf die die Kunden zulaufen (Auflaufflächen), werden stark beachtet.

Beispiel:

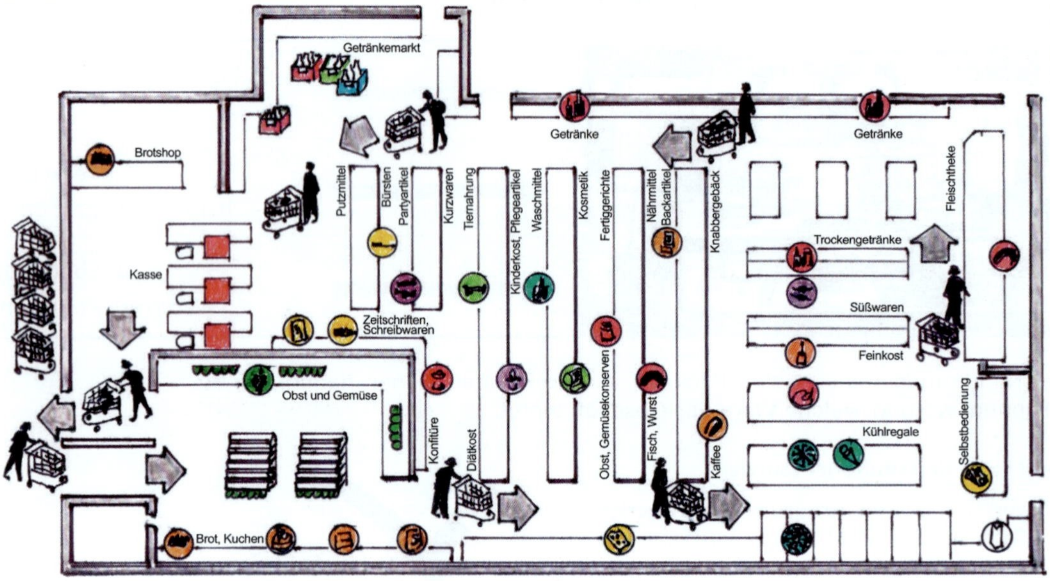

Quelle: in Anlehnung an: DIE ZEIT v. 14. März 1997, zitiert in: EinzelHandelsBerater spezial No. 1/97.)

Nach dem **Kundenverhalten** unterscheidet man **verkaufsstarke Zonen** und **verkaufsschwache Zonen.**

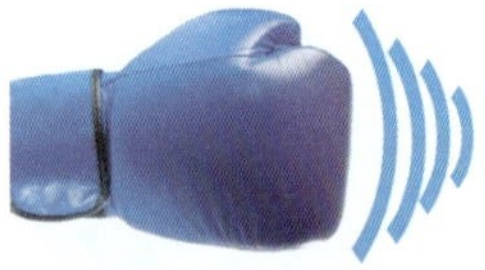

Verkaufsstarke Zonen	■ Verkaufsflächen, die rechts des Hauptlaufweges liegen ■ Flächen, auf die der Kunde automatisch blickt („Auflaufflächen“, Kopfseiten von Gondeln) ■ Gangkreuzungen und Bereiche um Beförderungseinrichtungen (z. B. Lift, Treppe) ■ Kassenbereiche
Verkaufs-schwache Zonen („tote Zonen“)	■ Verkaufsflächen, die links des Hauptlaufweges bzw. an Mittelgängen liegen ■ Eingangsbereich, der schnell passiert wird ■ Sackgassen des Verkaufsraums und Ladenecken ■ dunkle Ladenbereiche (hinterer Bereich des Verkaufsraums) ■ breite Laufwege ■ Bereiche hinter der Kasse

Die Kenntnisse über verkaufsstarke und verkaufsschwache Zonen sowie über umschlagsstarke und umschlagsschwache Warengruppen werden dazu genutzt, die einzelnen Warengruppen strategisch zu platzieren.

(2) Kundenlauf und Wertigkeit von Verkaufszonen

Bei der Platzierung der Waren im Verkaufsraum sollten folgende allgemeine Vorgehensweisen beachtet werden:

■ Eingangsbereich

Das **Warenangebot im Eingangsbereich** ist die Visitenkarte des Geschäfts. Es muss dem Konsumenten **interessante Warenkontakte** vermitteln, Neues und

Aktuelles **(Impulskaufartikel)** zeigen, Artikel für **Zusatzkäufe** anbieten und **Fachkompetenz** ausstrahlen.

Zu den Warengruppen, die im Eingangsbereich platziert werden sollten, zählen auch **Sonderangebote, preisgünstige Gebinde** und **Verkaufsförderaktionen.** Sie sollen das Interesse der Kunden wecken. Gleiches gilt auch für **Magnetartikel,** die häufig in Sonderständen vor dem Geschäft stehen.

Die Waren können auf sogenannten „Stoppern" (Warenträger mit Aktionspräsentationen) oder auf Tischen als „Willkommensgruß" präsentiert werden. Dadurch kann der Kundenstrom im Eingangsbereich verlangsamt, geordnet und in „Kaufstimmung" versetzt werden. Trotzdem ist die Eingangszone in der Regel eine **verkaufsschwache Zone.**

Impulskaufartikel werden vom Kunden spontan und meistens unbewusst gekauft (z. B. Knabbereien, Süßigkeiten, Lippenpflegestifte).
Magnetartikel sind attraktive Waren und Projektartikel, die die Kunden in das Geschäft bzw. zu einem bestimmten Regal locken sollen (z. B. Angebot eines Tablets in einem Discounter).

Beispiel:

In einem Wäsche- und Bettenfachgeschäft findet man im Eingangsbereich einen Tisch mit flauschigen Frottierbadetüchern für Kinder, der als Stopper wirkt und durch eine farbenfrohe Präsentation zum Einkauf einstimmt.

Zone rechts vom Eingang

Da die Mehrzahl der Kunden sich zunächst nach **rechts** bewegt und dabei die Aufmerksamkeit der Blicke zuerst nach rechts geht, ist die Zone rechts vom Hauptgang eine **verkaufsstarke Zone.** Hier ist ein Teil der **absatzstarken Artikel („Renner")** sowie Artikel mit **hohen Gewinnspannen** zu platzieren. Zwischen den umsatzstärksten Warengruppen können auch **absatzschwache Artikel („Penner")** angeboten werden, um den Abverkauf zu steigern.

Ein **„Linksblick"** wird erreicht durch die Platzierung attraktiver Artikel links vom Kundenlauf. Deko, Attraktionen, Licht, Farbe, Tischpräsentationen weisen auf diese Artikel hin. Dadurch wird die Wahrnehmungs- und Bewegungsrichtung der Kunden verändert.

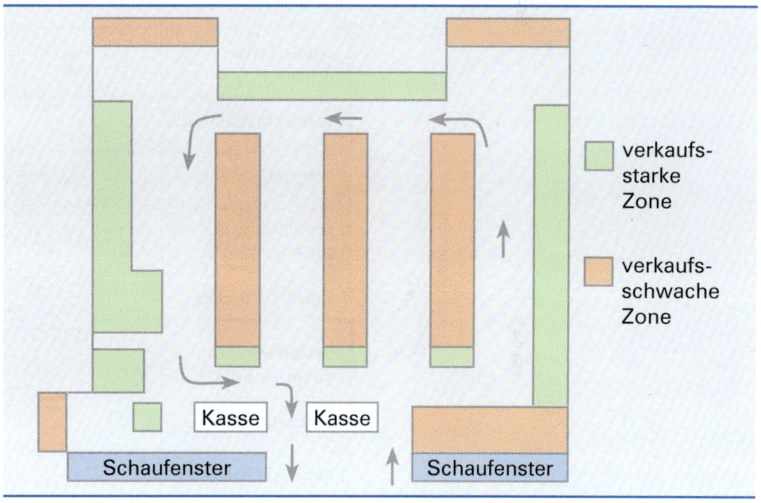

Mitte des Verkaufsraums

Sie ist durch die Rechtsorientierung der Kunden eher benachteiligt. Sie stellt eine **verkaufsschwache Zone** dar. Hier werden das **Standardsortiment** sowie **Mussartikel** (z. B. Milch, Mehl, Zucker in Lebensmittelgeschäften), **Sonderangebote** und **Aktionsartikel** platziert. Es wird aufgewertet durch **Zweitplatzierungen** von **Waren mit Magnetwirkung.** Werden umsatzstarke Warengruppen an mehreren Stellen des Verkaufsraums platziert, spricht man von **Mehrfachplatzierung.**

Mussartikel bezeichnet man auch als Such- oder Plankaufartikel. Es handelt sich um Artikel, deren Kauf der Kunde bereits zu Hause plant.
Bei der **Zweitplatzierung** werden Artikel mehrfach an verschiedenen Standorten im Verkaufsraum angeboten.

Für die Erschließung der Raummitte bzw. der Rückwände gilt als Faustregel: Positionierung von **visuellen Anziehungspunkten (Eyecatcher)** in den Wahrnehmungsabständen von ca. 7–10 m.

Gleichzeitig sollte – möglichst in der Ladenmitte – ein **Kommunikationspunkt** (z. B. Informationsstand, Getränkeautomat, Cafeteria) geschaffen werden, der zum Verweilen einlädt.

Hinterer Bereich des Verkaufsraums sowie Ecken

Sie zählen zu den **verkaufsschwachen Zonen.** Hier sollte die **bedienungsintensive Ware,** das **Spezialsortiment,** die **Mussartikel** und **Schnäppchenware** platziert werden. Eine **allgemeine Platzierungsregel** lautet: Die Ware staffelt sich **von vorn nach hinten,** von der **unproblematischen zur problematischen Ware.**

Kassenbereich

Hier wird der Kundenlauf durch Wartezeiten an der Kasse gebremst. Er ist der Ort für **kleine Artikel** und **Accessoires,** mit denen der Zusatz- und Spontankauf gefördert wird. Auch diebstahlgefährdete Waren (z. B. Schmuck, Uhren) werden in der Nähe der Kasse platziert, um sie im Blickfeld zu behalten.

Der Kassenbereich stellt eine **verkaufsstarke Zone** dar.

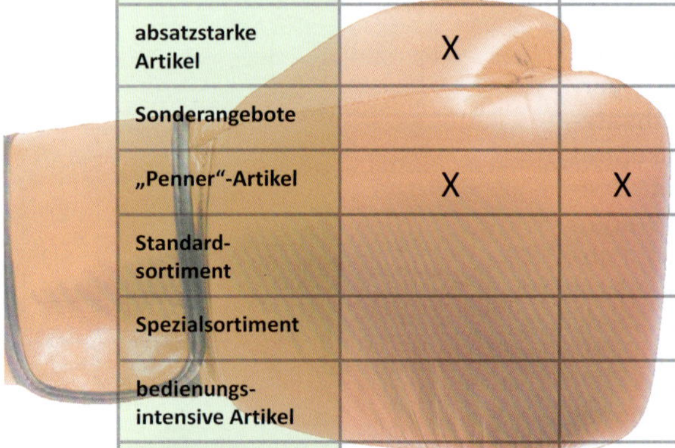
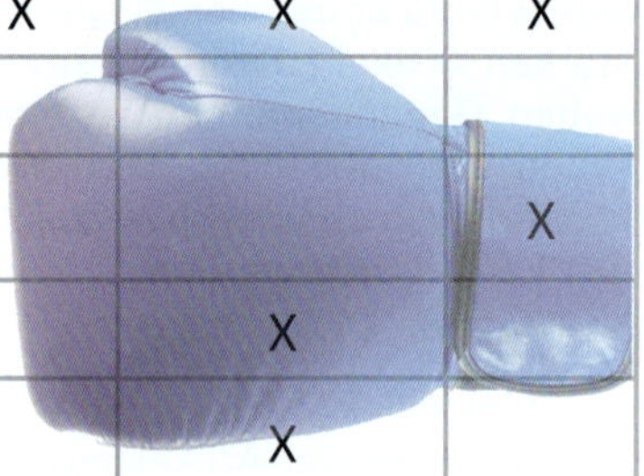

	Verkaufsstarke Zone		Verkaufsschwache Zone		
	Rechts vom Kundenlauf/Außengänge/Auflaufflächen	Kassenbereich	Eingangsbereich	Hinterer Ladenbereich/Ecken	Mittelgänge
Impulskaufartikel		X	X		
Magnetware				X	X
absatzstarke Artikel	X				
Sonderangebote			X	X	X
„Penner"-Artikel	X	X			
Standardsortiment					X
Spezialsortiment				X	
bedienungsintensive Artikel				X	
Suchkaufartikel				X	X
Aktionsplatzierung			X	X	X
Neuheiten	X	X	X		
niedrigpreisige Artikel		X	X	X	X

3 Platzierung der Waren innerhalb der Warenträger

Arbeitsheft Kap. 3

3.1 Warenträger

Warenträger sind Einrichtungsgegenstände. Sie sind ein **Mittel der Ladengestaltung** und übernehmen die Aufgabe, die **Waren zu präsentieren.**

(1) Regale

Regale präsentieren die Waren in Fächern, Kästchen, Böden oder an Schienen eingehängt auf verschiedenen Ebenen. Sie sind aus Metall, Holz, Glas oder Kunststoff. Regale stehen an der Wand als Rückwandregale oder sie stehen als Mittelregale frei im Raum.

Eine besondere Form des Rückwandregals sind die Nutwände (Lamellen- oder Schlitzwände). Nutwände sind waagerecht geschlitzt zum Einhängen von Trägern, Kästchen, Böden oder Waren.

(2) Vitrinen

Vitrinen werden eingesetzt, um das Besondere bzw. den Wert der Ware hervorzuheben.

Vitrinen stehen in der Regel frei im Raum und sind ringsum verglast. Der Inhalt wird angestrahlt.

(3) Podeste, Tische, Ständer

Podeste sind Kastenwürfel, nach oben geschlossen, aus den verschiedensten Materialien, sehr oft grell farbig, aber auch leuchtende Glaskästen, sogenannte Leuchtpodeste.

Häufig werden auf Podesten Waren in verschiedenen Größen und Farben zu einer Gesamtgruppe inszeniert. Kleinere Gegenstände, die die Nähe des Auges benötigen, brauchen immer die spezielle Ausstellungshöhe durch Podeste.

Tische sind Möbel, auf denen die Waren ausgelegt werden können. Sehr oft werden antike Möbel verwendet, aber auch interessante Glaskonstruktionen. Tische werden häufig mit Aufbauten versehen. Die Stapelung der Ware erfolgt mit der Ware selbst, mit Kartons, Verpackungen oder mit Podesten in verschiedenen Höhen.

Ständer werden im Innenraum aufgestellt und werden dazu genutzt, eine Vielzahl von Waren (Kleider, Anzüge, Brillen usw.) kompakt anzubieten.

(4) Display

Ein Display schafft unter Verwendung verschiedener Materialien (Schilder, Pappfiguren, Regalsäule, Schatztruhe u.Ä.) ein bestimmtes Warenbild. So ist z.B. die Zusammenfassung unterschiedlicher Schokoladensorten in einem aufwendig gestalteten Bodenaufsteller mit einer zentralen Großfigur als Eyecatcher ein Display. Displays werden insbesondere zur auffälligen verkaufsfördernden **Zweitplatzierung eines Artikels** im Verkaufsraum verwendet.

(5) Stopper

Regale, Ständer, Figuren oder Tische können als Stopper eingesetzt werden. Durch Stopper soll der Schritt des Kunden verlangsamt werden. Außerdem dienen die Stopper dazu, die Aufmerksamkeit der Käufer auf reguläre Ware oder Aktionsware zu lenken.

3.2 Warengruppen- und Verbundplatzierung

(1) Platzierung nach Warengruppen

In vielen Einzelhandelsgeschäften wird das Sortiment nach Warengruppen (z.B. Herrenanzüge, Kleider, Brot, Toilettenartikel) platziert.

Werden viele verschiedene Artikel innerhalb der Warengruppe angeboten, liegt ein **tiefes Sortiment** vor. Das bedeutet, dass der Kunde aus einer Vielzahl gleichartiger Artikel verschiedener Hersteller, Qualitäten, Preisstufen auswählen kann.

Zum Sortimentsumfang siehe Lernfeld 1, S. 65 f.

(2) Platzierung nach Kundenbedarf

Die **Bedarfsbündelung** spielt in der Warenplatzierung eine zunehmend bedeutende Rolle. Gemeint ist damit die Zusammenführung von Waren quer durch alle Warengruppen, um den Bedarf der Kunden in einem bestimmten Lebensbereich zu befriedigen.

Beispiele:

- Damenbekleidung: die Bluse zusammen mit dem passenden Rock, Tuch und Hut, Gürtel und Tasche
- Teezeit: Teesorten, Kandis, Teegebäck, Teegeschirr

Werden die Waren nach dem Bedarf der Kunden zusammengestellt und platziert, spricht man von **Verbundplatzierung.**

Durch die Verbundplatzierung lässt sich zum einen die Anzahl der Impulskäufe steigern. Durch das Angebot von sich ergänzenden Artikeln wird der Kunde zum anderen dazu ermuntert, Zusatzkäufe zu tätigen.

3.3 Platzierung der Waren im Regal

(1) Wahrnehmung der Regalzonen durch den Kunden

Aus **horizontaler Sicht** bietet das Regal die besten Regalzonen in der Regalmitte und rechts von der Mitte.

Aus **vertikaler Sicht** unterteilt man das Regal in **fünf Zonen:**

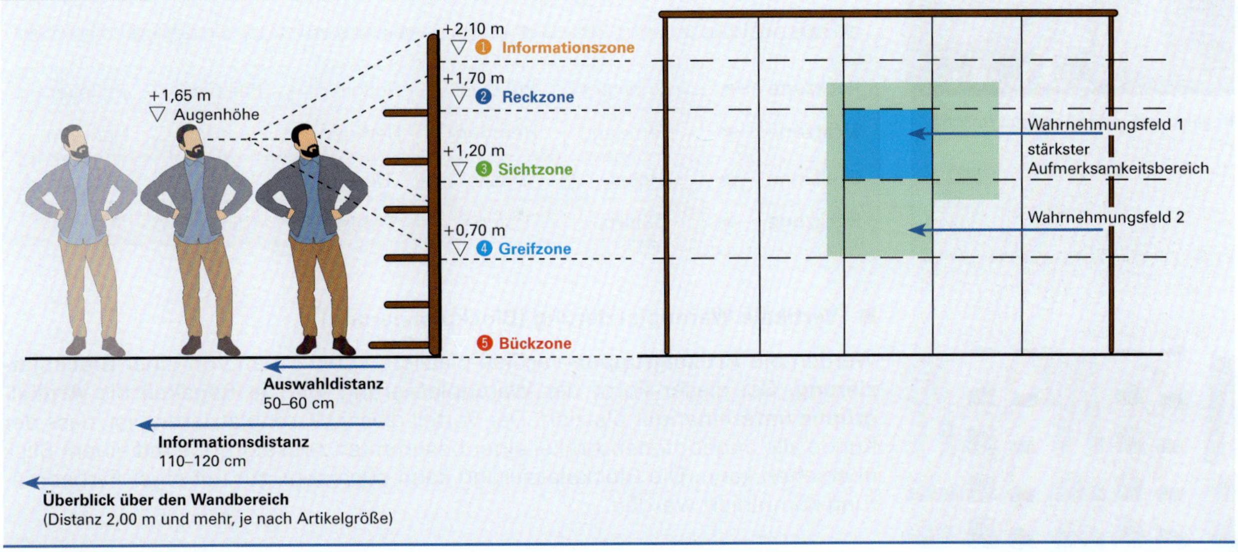

Quelle: in Anlehnung an: Grundmann/Wiedemann: Design im Verkaufsraum, Frankfurt, S. 152.

Erläuterungen:

1. Die **Informationszone** dient der **Orientierung.** Sie wird für Warenbilder bzw. zur Beschriftung der Warengebiete, die sich in diesem Regal befinden, benutzt. Sie dient **nicht** der Warenplatzierung.
2. Die **Reckzone** ist für die Warenpräsentation die **drittbeste Platzierung.** Hier werden **leichte, nicht verkaufsintensive Waren** angeboten.
3. Die **Sichtzone** ist die Zone mit der **größten Verkaufswirksamkeit.** Hier werden **teure Artikel, qualitativ hochwertige Artikel,** Artikel die **gefördert werden sollen** sowie Artikel mit **hohem Gewinnanteil** angeboten.
4. Die **Greifzone** ist die **zweitbeste Platzierung.** Hier werden vor allem **Impulskaufartikel** und **Ergänzungsartikel,** die mit den Hauptartikeln (Sichtzone) in Verbindung stehen, platziert.
5. Die **Bückzone** ist die **schlechteste Platzierung.** Hier werden **Massenartikel, Plankaufprodukte,** Artikel mit **geringer Gewinnspanne** sowie **Großpackungen** angeboten.

> Stellt der Einzelhandelsbetrieb dem Hersteller oder einem Großhändler das Regal gegen Entgelt zur Verfügung und übernimmt dieser die Regalbestückung, spricht man von **Rackjobber-System.** Die Ware wird auf Rechnung des Rackjobbers angeboten (siehe hierzu Lernfeld 6).

An das Regalende bzw. den Regalkopf sollten kleine Artikel des Alltags (z. B. Schokoriegel, Batterien, Zwieback, Papiertaschentücher) eingeordnet werden, die spontan und häufig unbewusst gekauft werden. Dazu gehören auch saisonale Artikel wie Zuckerhasen an Ostern, Lebkuchen in der Weihnachtszeit, Badeartikel im Sommer.

(2) Möglichkeiten der Warenplatzierung im Regal

Regalzonen- oder Bandplatzierung

Horizontale Warenplatzierung (Regalzonen- oder Bandplatzierung)

Werden die **Artikelgruppen horizontal** platziert, spricht man von **Regalzonen- oder Bandplatzierung.** Bei dieser Form der Platzierung wird eine Artikelgruppe nebeneinander platziert, und zwar unabhängig von der Artikelgröße und vom Hersteller. In diesem Falle können nicht jeder Artikelgruppe „gute Plätze" zur Verfügung gestellt werden.

Beispiel:

Reckzone →	Pullover	Pullover	Pullover	Pullover	Pullover
Sichtzone →	Hemden	Hemden	Hemden	Hemden	Hemden
Greifzone →	Hosen	Hosen	Hosen	Hosen	Hosen
Bückzone →	T-Shirts	T-Shirts	T-Shirts	T-Shirts	T-Shirts

Blockplatzierung

Vertikale Warenplatzierung (Blockplatzierung)

Werden die **Artikelgruppen vertikal** platziert, spricht man von einer **Blockplatzierung.** Bei dieser Form der Warenplatzierung wird je Regalteil die **Artikelgruppe untereinander** platziert. Der Vorteil dieser Warenplatzierung ist, dass der Kunde alle angebotenen Artikel einer bestimmten Artikelgruppe mit einem Blick übersehen kann. Die Blockplatzierung kann auch sehr gut mit einer Farbsortierung kombiniert werden.

Beispiel:

Reckzone →	Pullover	Hemden	Hosen	T-Shirts	Westen
Sichtzone →	Pullover	Hemden	Hosen	T-Shirts	Westen
Greifzone →	Pullover	Hemden	Hosen	T-Shirts	Westen
Bückzone →	Pullover	Hemden	Hosen	T-Shirts	Westen

Kreuzblock-Platzierung

Die Kreuzblock-Platzierung leitet sich aus der Kombination der horizontalen und vertikalen Platzierungsform ab. Vertikal in der Mitte wird der **Marktführer** platziert. Horizontal werden rechts und links **vergleichbare Markenartikel** angeordnet. An den Enden des Regals können Zusatzartikel platziert werden. Die Kreuzblock-Platzierung kann auch sehr gut mit einer Farbsortierung kombiniert werden.

Bei dieser Warenanordnung überblickt der Kunde die Artikel- und Herstellerpalette und kann schnell einen Preis und Artikelvergleich vornehmen.

Beispiel:

Pullover	Hemden[3]	Hemden[1]	Hemden[2]	Westen
Pullover	Hemden	Hemden	Hemden	Westen
Pullover	Hemden	Hemden	Hemden	Westen
Pullover	Hemden	Hemden	Hemden	Westen

1 Hemden des Marktführers
2 Hemden des zweitstärksten Herstellers
3 Hemden des drittstärksten Herstellers

VERSTANDEN?

1 Erläutern Sie den Begriff „Visual Merchandising".

2 Beschreiben Sie in Stichworten die Elemente der Verkaufsraumgestaltung.

3 Nennen Sie fünf Merkmale, durch die ein Erlebniskauf gekennzeichnet ist.

4 4.1 Erläutern Sie, warum der Erlebniskauf für den stationären Einzelhandel von besonderer Bedeutung ist.

4.2 Beschreiben Sie je eine Möglichkeit, im Rahmen eines Erlebniskaufs die Kunden mit ihren fünf Sinnen anzusprechen, d.h. durch Sehen, Hören, Riechen, Schmecken, Fühlen.

4.3 Berichten Sie über Maßnahmen von Erlebniseinkauf im stationären Handel, die Sie besonders beeindruckt haben – als Kunde oder Verkäufer. Nennen Sie Gründe, warum Sie diese Maßnahmen für besonders gelungen halten.

5 Ein Schaufenster soll unter der Thematik „Sommerurlaub" mit Freizeitkleidung dekoriert werden.

Aufgaben:

5.1 Welche Farben würden Sie bei der Schaufensterdekoration bevorzugen? Begründen Sie Ihre Entscheidung.

5.2 Welchen Schaufenstertyp würden Sie dabei bevorzugen? Begründen Sie Ihre Meinung.

5.3 Erläutern Sie den Begriff „Übersichtsfenster" und bilden Sie hierzu ein Beispiel.

6 In vielen Einzelhandelsgeschäften wird sehr viel Wert auf die Planung eines Laufweges gelegt.

Aufgaben:

6.1 Erklären Sie, warum es wichtig ist, einen Laufweg durch den Verkaufsraum zu planen.

6.2 Beschreiben Sie, wie der Laufweg in Ihrem Ausbildungsbetrieb angelegt ist.

6.3 Zeigen Sie auf, wie die Laufwege das Kaufverhalten von Kunden beeinflussen.

7 Nennen Sie die Zonen, in die sich der Verkaufsraum aufteilen lässt.

8 Sie sollen für einen neuen Modetrend drei Kleider mit Accessoires im Verkaufsraum platzieren. Unterbreiten Sie einen Vorschlag und begründen Sie diesen.

9 Nennen Sie drei Maßnahmen aus Ihrer Branche, wodurch die Warenplatzierung kundenorientierter gestaltet werden kann.

10 Unterscheiden Sie die Suchkaufartikel von den Impulskaufartikeln.

11 Stellen Sie den Unterschied zwischen Warenpräsentation und Warenplatzierung heraus.

Arbeitsheft Kap. 4

4 Warenkennzeichnung und Preisauszeichnung

4.1 Warenkennzeichnung

4.1.1 Gesetzlich vorgeschriebene Warenkennzeichnung am Beispiel der Lebensmittelkennzeichnungsverordnung

Weitere Verordnungen zur Warenkennzeichnung sind z.B. die Handelsklassenverordnung und die Textilkennzeichnungsverordnung.

Die weitaus meisten Lebensmittel werden in fertig verpacktem Zustand angeboten. Sie müssen EU-weit einheitlich gekennzeichnet sein. Die wichtigsten Kennzeichnungselemente sind:

Zum GTIN-Code siehe Kapitel 4.2.2, S. 227.

Zutaten, die Allergien oder bestimmte Unverträglichkeiten auslösen können (z. B. glutenhaltiges Getreide, Soja, Milch), sind anzugeben und hervorzuheben.

Ein **Los** ist die Gesamtheit der Verkaufseinheiten eines Lebensmittels, das unter praktisch gleichen Bedingungen erzeugt, hergestellt und verpackt wurde.

Mithilfe der **Los- und Chargennummer** (eine beliebige Ziffern- und Buchstabenkombination, beginnend mit dem Buchstaben „L", z. B. „L-20042014") lässt sich das Herstellungsdatum nachvollziehen. Es darf entfallen, wenn das Mindesthaltbarkeitsdatum auf den Tag genau angegeben ist.

Neben diesen grundlegenden Kennzeichnungselementen gibt es weitere, vor allem produktspezifische Kennzeichnungen.

Beispiele:

- Bei natürlichem Mineralwasser ist die Angabe der Analysenwerte vorgeschrieben, bei Schokolade die Angabe der Menge der Kakaobestandteile und bei Konfitüren der Gesamtzuckergehalt.
- Bei abgepackter Milch und Milcherzeugnissen muss angegeben sein, ob sie z. B. wärmebehandelt, ultrahocherhitzt oder sterilisiert wurde.
- Nach der Käseverordnung muss die Fettgehaltsstufe (z. B. Rahmstufe) oder der Fettgehalt in der Trockenmasse (Fett i. Tr.) angegeben sein.
- Für diätetische Lebensmittel gelten zusätzliche Kennzeichnungsvorschriften, z. B. für die Angabe des durchschnittlichen Gehalts an Kohlenhydraten, Fetten und Eiweißstoffen.
- Gentechnische Verfahren oder die ionisierende Bestrahlung von Lebensmitteln sind anzugeben.
- Bei unverpackten Lebensmitteln, wie Obst und Gemüse, müssen unter anderem Art und Sorte sowie das Herkunftsland angegeben werden.

Ohne Gentechnik

Ausführliche Informationen finden Sie im Internet unter **www.transgen.de**.

Die richtige Kennzeichnung wird durch die amtliche Lebensmittelüberwachung kontrolliert.

4.1.2 Freiwillige Warenkennzeichnung

Die Warenkennzeichnung liefert Kunden Informationen über Eigenschaften, Qualität, Umweltverträglichkeit, Sicherheit u. Ä. von Waren. Sie erleichtert damit die Kaufentscheidung für die Kunden und trägt zur Verbesserung der Marktübersicht bei. Im Folgenden werden wichtige Formen der Warenkennzeichnung vorgestellt.

(1) Marke

Wenn bestimmte Hersteller sich bewusst von anderen Herstellern abheben wollen, verwenden sie ein besonders gestaltetes Zeichen. Es dient dazu, Waren eines Unternehmens von anderen Unternehmen zu unterscheiden. Die Zeichen (insbesondere Wörter, Abbildungen, Zahlen) sollen den Ursprung und die Qualität einer Ware zum Ausdruck bringen und ein bestimmtes Image aufbauen. Die Marke wird auch als **Warenzeichen** bzw. als **Markenname** bezeichnet.

- Eine **Marke** ist dazu bestimmt, Waren und Dienstleistungen eines Unternehmens von denjenigen anderer Unternehmen zu unterscheiden.
- Durch die **„Markierung"** wird die Ware zum **Markenartikel.**

Ein Markenartikel zeichnet sich insbesondere durch gleichbleibende Aufmachung und gleichbleibende Qualität aus.

Die Marke dient als einprägsames Werbemittel und wird durch das **Markengesetz geschützt.**

Zum Markenartikel siehe auch Lernfeld 1, Kapitel 4.1.4, S. 67.

(2) Gütezeichen und Güteklassen

Gütezeichen werden für **gleichartige Waren** verschiedener Hersteller verliehen. Ihre Waren müssen bestimmte **Mindestanforderungen** erfüllen.

Gütezeichen sichern dem Verbraucher eine **gleichbleibende, hochwertige Qualität der Ware** zu. Die Qualitätssteuerung und -sicherung beruht auf **Warentests,** denen sich die Mitglieder des jeweiligen Hersteller- bzw. Händlerverbands unterwerfen.

Vergeben werden die Gütezeichen vom Güteverband der betreffenden Branche. Die Einhaltung der Gütebedingungen wird vom **„Deutschen Institut für Gütesicherung und Kennzeichnung e. V. (RAL)"** überwacht.

Die **Qualität von Lebensmitteln** wird nach verschiedenen Merkmalen (z. B. Aussehen, Geschmack, Größe, Reifegrad) in verschiedenen **Güteklassen** klassifiziert. Gütezeichen genießen **Rechtsschutz** gegen Verwendung oder Nachahmung durch Unternehmen, die nicht dem Hersteller- oder Händlerverband angehören.

(3) Umweltzeichen (Ökolabel)

Umweltzeichen kennzeichnen zum einen die **ökologische Erzeugung der Ware** und zum anderen die **sozialen Bedingungen** des Herstellungsprozesses (z. B. keine Kinderarbeit).

Zwei wichtige Umweltzeichen sind z. B. der „Blaue Engel" und die „Euro-Blume" für die Verwendung umweltfreundlicher Materialien und Herstellungsverfahren.

Auch in der Landwirtschaft werden Ökolabel benutzt, um zu zeigen, dass bestimmte ökologische Auflagen erfüllt werden.

Beispiel: Fairtrade (fairer Handel)

Fairtrade ist eine gemeinnützige Organisation, die sich für menschenwürdige Arbeitsbedingungen von Kleinbauernfamilien sowie Arbeitern im globalen Süden einsetzt. Nur Waren, die den Anforderungen der internationalen Fairtrade-Standards entsprechen, dürfen das Fairtrade-Siegel tragen.

Das Siegel steht für fair angebaute und gehandelte Waren, bei dem alle Zutaten zu 100% unter Fairtrade-Bedingungen gehandelt und rückverfolgbar sind. Bei Mischprodukten (Eis, Kekse, Schokolade) mit Zutaten, die es nicht Fairtrade-zertifiziert gibt (z. B. Milch), muss der Anteil der Fairtrade-Zutaten mindestens 20% betragen.

Quelle: https://www.fairtrade-deutschland.de/service/mediathek.

Zur Nachhaltigkeit siehe Lernfeld 1, Kapitel 2.6, S. 60.

Wesentliches Prinzip des fairen Handels ist die **Nachhaltigkeit.**

(4) Schutz- und Prüfzeichen

Technische Schutz- und Prüfzeichen

Schutz- und Prüfzeichen werden vom **Technischen Überwachungsverein (TÜV),** dem **Verband der Elektrotechniker (VDE)** und vom **Deutschen Institut für Normung (DIN)** festgelegt und überprüft und garantieren einen Mindestsicherheitsstandard von Erzeugnissen. Technische Produkte dürfen innerhalb der EU nur mit den CE-Zeichen in den Verkehr gelangen.

	Wird auf Produkte angebracht, die die sicherheitstechnischen Anforderungen des TÜV erfüllen.
	Wird für solche elektrische Geräte vergeben, die den Sicherheitsvorschriften des VDE entsprechen.
	Das CE-Zeichen ist ein Symbol dafür, dass ein Industrieprodukt den Vorschriften der EU auf dem Gebiet der Technik entspricht.

■ **Typenschilder**

Die an den Produkten angebrachten **Typenschilder** geben Auskunft über Sicherheitsstandards, Energie- und Wasserverbrauch, Schutzisolierung, Frostsicherheit, Abriebfestigkeit u. Ä.

■ **Warnzeichen**

Vor Gesundheits- und Umweltschäden, welche von **chemischen Inhaltsstoffen** ausgehen können, warnen **Gefahrensymbole.** Waren, die so gekennzeichnet sind, dürfen ausschließlich über die Sondermüll-Annahmestellen entsorgt werden.

Giftig Explosionsgefährlich Umweltgefährlich

4.2 Preisauszeichnung

4.2.1 Preisangabenverordnung

(1) Angabe von Gesamtpreisen

Die Grundvorschrift der **Preisangabenverordnung [PAngV]** besagt, dass der Einzelhandel seine Waren mit einem **Gesamtpreis unmissverständlich, klar erkennbar und gut lesbar** auszeichnen muss.

Diese Grundvorschrift gilt für alle Waren, die für den Kunden im **Verkaufsraum**, in **Schaufenstern**, in **Schaukästen,** auf **Regalen, Verkaufsständen** oder außerhalb des Verkaufsraums sichtbar sind und von ihm entnommen werden können **(Selbstbedienung).**

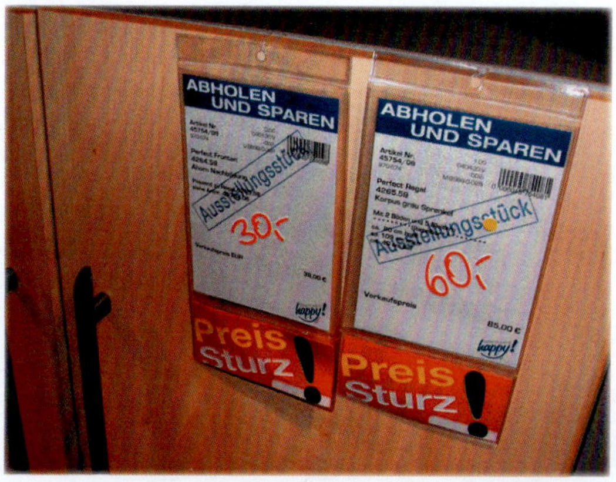

Außerdem besteht eine **Preisangabenpflicht für Waren,** die nach **Musterbüchern, Katalogen, Warenlisten** oder auf **Bildschirmen** angeboten werden. Die Preisangaben sind an der Ware selbst bzw. auf deren Abbildung anzubringen.

Zulässig ist auch eine Beschriftung der Regale, in denen die Waren angeboten werden. Die PAngV gilt auch für **Werbung,** sofern mit Preisen geworben wird. Der Preis muss ein **Gesamtpreis** sein.

- **Preis für die Ware**
- **Umsatzsteuer**
- **sonstige Preisbestandteile** (z. B. Liefer- und Versandkosten)
- **handelsübliche Waren-/Gütebezeichnung** (z. B. Deutsche Markenbutter; Leberwurst grob/fein; Karatangabe bei Goldschmuck; Qualitätswein)

Gesondert aufgeführt werden muss der Betrag für ein **Pfand.** Das Pfand ist kein Preisbestandteil.

> Der **Gesamtpreis** ist der Preis, der einschließlich der Umsatzsteuer und sonstiger Preisbestandteile für eine Ware oder eine Leistung zu zahlen ist.

(2) Angabe von Grundpreisen

Werden dem Endverbraucher Waren in **Fertigpackungen** (z. B. abgepackte Kartoffeln, eingeschweißte Wurst, Lebensmittelkonserven), in **offenen Packungen** (z. B. Schale Erdbeeren) oder als **Verkaufseinheit ohne Verpackung** (z. B. Backwaren, Obst, Gemüse, Fleisch, Fisch) angeboten, ist neben dem Gesamtpreis auch der Grundpreis anzugeben.

- Der **Grundpreis** einer Ware ist der Preis je Mengeneinheit (z. B. 1 Kilogramm, 1 Liter) einschließlich der Umsatzsteuer und sonstiger Preisbestandteile.
- Neben dem Gesamtpreis ist auch der Grundpreis **unmissverständlich, klar erkennbar** und **gut lesbar** anzugeben.

(3) Ausnahmen von der Preisangabenverordnung

Die **Preisauszeichnungspflicht entfällt** z. B. bei

- mündlichen Angeboten, die ohne Angabe von Preisen abgegeben werden (z. B. Lautsprecherdurchsagen im Supermarkt ohne Preisbenennung),
- Waren, die bei Werbevorführungen angeboten werden, sofern der Preis bei der Vorführung und unmittelbar vor dem Verkaufsabschluss genannt wird.

Vorgeschriebene Mindestangaben

+

- ☑ das Eingangsdatum (z. B. 19. 06. 20 . .)
- ☑ die Lieferernummer (z. B. 48051)
- ☑ die Artikelnummer (z. B. 14/4907)
- ☑ der verschlüsselte Einkaufspreis (z. B. 4.87,10)
- ☑ die Größe (z. B. Kleidergröße 42)

4.2.2 Etikettierung

Die gesetzlich vorgeschriebenen Mindestangaben zur Warenauszeichnung werden in der Regel aus innerbetrieblichen Gründen durch weitere (teils verschlüsselte) Informationen ergänzt.

Die Verschlüsselung von Informationen bezeichnet man als **Codierung.** Im Einzelhandel werden zur Warenauszeichnung insbesondere das GTIN-Code-Etikett und das OCR-Schrift-Etikett verwendet.

(1) GTIN-Code (Global Trade Item Number)

Die Artikelidentnummer (GTIN) löst den EAN-Code (Europäische Artikel-Nummer) schrittweise ab. Es handelt sich um eine einheitliche und weltweit überschneidungsfreie Artikelnummer, die in Form eines **Strichcodes (Barcodes)** abgebildet und vom Hersteller auf die Warenverpackung aufgedruckt wird. Der GTIN-13-Code ist wie folgt aufgebaut:

Zu Einzelheiten siehe im Internet: **www.gs1-germany.de**.

4 046800 111047

1. bis 2. Stelle: Länderkennzeichen, z. B. 40–44 stehen für Deutschland

3. bis 7. Stelle: Betriebsnummer des Herstellers. Sie wird vergeben von der GS1 Germany GmbH in Köln.

8. bis 12. Stelle: Interne Artikelnummer, sie wird vom Hersteller vergeben und klassifiziert den Artikel.

13. Stelle: Prüfziffer, sie garantiert die Richtigkeit der GTIN.

Vorteile des GTIN-Codes:

- ✓ die Etikettierung der einzelnen Artikel entfällt
- ✓ die Preisgestaltung kann zentral vorgenommen werden
- ✓ die Erfassung der Daten erfolgt schnell, kostengünstig (Hersteller zeichnet die Ware aus) und fehlerfrei (ohne Tippfehler)
- ✓ der Kunde erhält einen informativen Kassenbon

Den **Ablauf des Warenverkaufs unter Einsatz des GTIN-Codes** zeigt das folgende Schema:

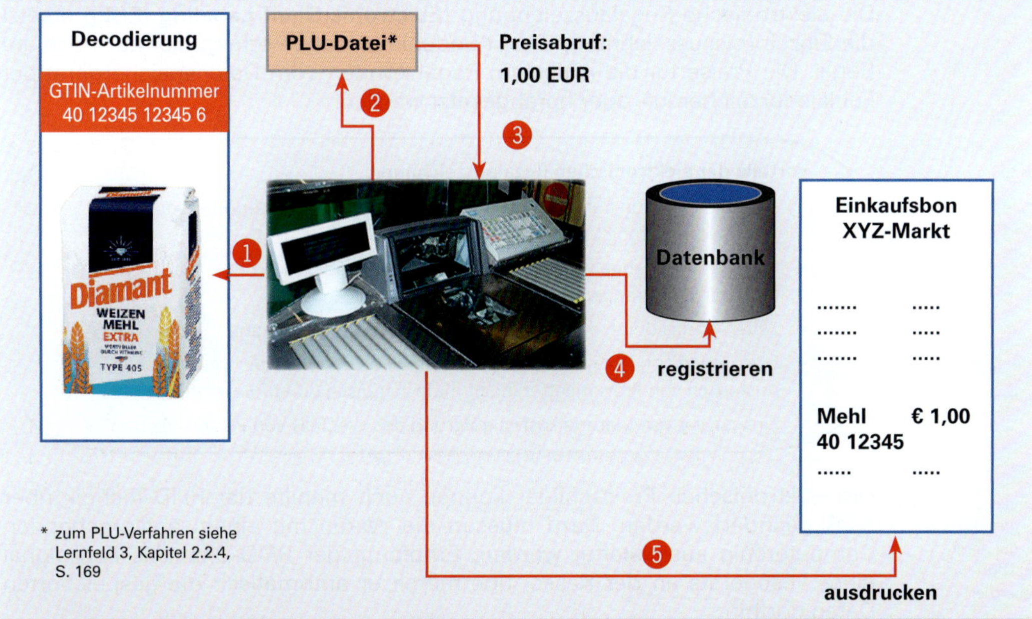

* zum PLU-Verfahren siehe Lernfeld 3, Kapitel 2.2.4, S. 169

Quelle: in Anlehnung an: www.gs1-germany.de/e4/e38/e42/e1865/index_print_ger.html.

(2) OCR-Schrift

OCR (Optical Character Recognition): optische Zeichenerkennung (OZE), Texterkennung.

In vielen Branchen (z. B. Möbel, Textil, Teppiche) wird zur Etikettierung ein **betriebseigenes Identnummernsystem** mit der OCR-Schrift verwendet. Informationen, die für den Kunden wichtig sind (z. B. Größe, Preis, Materialzusammensetzung, Qualität), sind in Normalschrift gedruckt, sodass sie von diesen gelesen werden können. Daneben ist das Etikett mit einer verschlüsselten maschinenlesbaren Identnummer versehen, die alle Daten eines Artikels enthält.

Diese zusätzlichen Daten sind im EDV-System des Einzelhandelsunternehmens gespeichert und können nach Bedarf abgerufen werden (PLU-Verfahren). In Einzelhandelsunternehmen werden OCR-Schrift-Etiketten mit einer Lesepistole erfasst.

Die **Vorteile** bei Verwendung von **OCR-Schrift-Etiketten** bestehen darin, dass

- eine Vielzahl von Daten auf dem Etikett gespeichert werden können,
- die Aussagekraft des Etiketts durch die artikelspezifischen Daten erhöht wird und
- der Kunde einen aussagekräftigen Kassenbon erhält.

Wichtige **Nachteile** sind, dass

- jeder Artikel einzeln ausgezeichnet werden muss und
- bei jeder Preisänderung das Etikett neu erstellt bzw. abgeändert werden muss.

(3) Elektronische Auszeichnung am Regal

Die elektronische Regalauszeichnung **(Electronic Shelf Labeling [ESL])** ersetzt die Einzelpreisauszeichnung. Eine Kundeninformation erfolgt hier nur noch am Regal. Die Preise für die Artikel im Regal können vom Datenspeichergerät per Funk jederzeit herauf- oder herabgesetzt werden.

Vorteile der elektronischen Regalauszeichnung:

- ✓ schnelle Reaktion auf Preisänderungen (z. B. vom Hersteller oder vom Mitbewerber) möglich
- ✓ Preise können ohne viel Aufwand kurzzeitig geändert werden (z. B. bei Sonderangeboten)
- ✓ Zeitersparnis durch die zentral gesteuerte Preisauszeichnung
- ✓ Einsparung von Personalaufwendungen, da das Verkaufspersonal den Austausch von Preisetiketten nicht mehr händisch durchführen muss
- ✓ Einsparung von Materialkosten aufgrund des Wegfalls von Papieretiketten

RFID: Radio Frequency Identification („Funkerkennung"); Technik, mit deren Hilfe Daten kontaktlos gelesen und gespeichert werden können.

Die elektronischen Preisschilder können auch mithilfe der RFID-Technik über Funk geändert werden. Dazu müssen die Waren mit einem entsprechenden Computerchip ausgestattet werden. Empfängt der RFID-Chip das Funksignal eines Lesegeräts an der Kasse, übermittelt er automatisch die gespeicherten Daten dorthin.

VERSTANDEN?

1 1.1 Nennen Sie die gesetzliche Grundlage für die Preisauszeichnungspflicht im Einzelhandel.

1.2 Beschreiben Sie Bereiche in Ihrem Ausbildungsbetrieb, in denen die Ware mit Preisangaben eingeordnet sind.

1.3 Begründen Sie, warum Preisauszeichnungen notwendig sind.

1.4 Zählen Sie Angaben auf, die ein Preisschild im Einzelhandel gesetzlich enthalten muss.

1.5 Manche Waren sind von der Preisauszeichnungspflicht ausgenommen. Recherchieren Sie diese Fälle von Warenverkäufen.

---

2 Erläutern Sie die Begriffe Gesamtpreis und Grundpreis.

---

3 3.1 Im Einzelhandel finden Sie Etikettierungen mit der Angabe von Grundpreisen. Beschreiben Sie Beispiele aus den Bereichen:

- lose Waren
- Fertigverpackungen
- offene Verpackungen

3.2 Begründen Sie die Angabe von Grundpreisen auf Preisschildern in den Beispielen (siehe 3.1) und nennen Sie den Vorteil für den Kunden.

3.3 Recherchieren Sie Pflichtangaben, die auf Etiketten für Lebensmittel zu finden sind.

3.4 Begründen Sie die Notwendigkeit dieser Informationen am Beispiel einer Etikettierung für ein Lebensmittel Ihrer Wahl.

3.5 Erläutern Sie, was „Mindesthaltbarkeitsdatum" auf verpackten Lebensmitteln bedeutet.

---

4 Die Grundlage einer fachkundigen Beratung sind solide Warenkenntnisse. Nennen Sie vier unterschiedliche Kriterien für eine Warenbeschreibung an einem Produkt Ihrer Wahl.

---

5 5.1 Erläutern Sie, wie die elektronische Auszeichnung am Regal stattfindet.

5.2 Beschreiben Sie vier Vorteile der elektronischen Preisauszeichnung.

---

6 Nennen Sie drei Merkmale, die einen Markenartikel kennzeichnen.

Lernfeld 5

Werben und den Verkauf fördern

Arbeitsheft Kap. 1

1 Werbung

1.1 Begriff Werbung

(1) Begriff Werbung

Werbung sind alle Maßnahmen, die dazu dienen, das Kaufverhalten von Kunden zu beeinflussen, um den Absatz einer Ware oder Dienstleistung zu fördern.

Warum Werbung?

aus Sicht des Einzelhandelsbetriebs:

- ✓ Möglichkeit, Verbraucher über das Angebot zu informieren
- ✓ Ziel: Kunden gewinnen und binden

aus Sicht des Kunden:

- ✓ Möglichkeit, den richtigen Anbieter zu finden
- ✓ Ziel: bestmögliche Erfüllung der Bedürfnisse

1.2 Werbearten

(1) Direktwerbung und Massenwerbung

Direktwerbung

Bei der **Direktwerbung** werden einzelne Personen direkt und persönlich angesprochen bzw. angeschrieben.

Beispiel:

Durch einen Werbebrief werden Stammkunden auf einen bevorstehenden Aktionsverkauf aufmerksam gemacht und zu einem Vorabkauf eingeladen.

Massenwerbung

Die Massenwerbung richtet sich in der Regel an die **Allgemeinheit.**

Die Massenwerbung kann auch eine **bestimmte Gruppe** (z. B. Campingfreunde, Radsportler, Heimwerker, Jugendliche, Senioren) ansprechen.

(2) Alleinwerbung und Kollektivwerbung

Alleinwerbung (Einzelwerbung)

Hier wirbt ein Einzelhandelsbetrieb mit dem eigenen Namen für sein Warenangebot und sein Unternehmen.

Kollektivwerbung

Gemeinschaftswerbung	Hier tritt ein ganzer Wirtschaftszweig (z. B. die deutsche Milchwirtschaft) als Werber auf. Die Namen der beteiligten Unternehmen werden nicht genannt.
Verbundwerbung (Sammelwerbung)	Sie liegt vor, wenn mehrere Einzelhandelsbetriebe aus unterschiedlichen Branchen gemeinsam werben. Die Namen der beteiligten Unternehmen werden genannt. **Beispiel:** Alle Einzelhandelsbetriebe des Einkaufszentrums Gänsbühl werben gemeinsam für das Zentrum.

(3) Waren-, Sortiments-, Firmen-, Aktionswerbung

Warenwerbung	Bei der Warenwerbung stellt der Einzelhandelsbetrieb einzelne Artikel seines Geschäfts heraus. Häufig wird diese Werbung durch die Hersteller erstellt und finanziert.
Sortiments-werbung	Durch die Sortimentswerbung, die die Breite, Tiefe und das Niveau des Sortiments präsentiert, möchte der Einzelhandelsbetrieb seine Leistungsfähigkeit demonstrieren.
Firmenwerbung	Bei der Firmenwerbung stellt der Einzelhandelsbetrieb neben dem Warenangebot noch den Namen des Einzelhandelsbetriebs (die Firma) sowie die Leistungsfähigkeit (z. B. „Wir garantieren Qualität zu fairen Preisen“) besonders heraus.
Aktionswerbung	Bei der Aktionswerbung sollen die Kunden auf besondere Angebote aufmerksam gemacht werden. Ziel der Aktionen ist, Waren (z. B. Möbel, Winterkleidung, Lebensmittel kurz vor dem Verfalldatum) kurzfristig abzuverkaufen.

Warenwerbung

Firmenwerbung

Sortimentswerbung

Aktionswerbung

1.3 Werbegrundsätze

Checkliste: Grundsätze der Werbung

KLAR UND WAHR:

- ✓ Die Werbung ist für den Kunden **klar** und **leicht verständlich.**
- ✓ Die **Vorzüge des Artikels** werden eindeutig herausgestellt.
- ✓ In der Sache enthält die Werbung **keine Unwahrheiten** oder Täuschungen.

WIRKSAM:

- ✓ Die Werbung spricht die **Wünsche der Umworbenen** an und verstärkt sie noch.
- ✓ Sie ist genau **auf die Zielgruppe abgestimmt.**

EINHEITLICH, STETIG UND EINPRÄGSAM:

- ✓ Die Werbung hat einen **hohen Wiedererkennungswert,** indem sie stets einen gleichartigen Stil aufweist (bestimmte Farben, Symbole, Figuren und Slogans).
- ✓ Durch die **regelmäßige Wiederholung** der Werbebotschaft wird deren Einprägsamkeit erhöht.

WIRTSCHAFTLICH:

- ✓ Die Aufwendungen der Werbung stehen in einem wirtschaftlichen Verhältnis zum Erfolg. Der auf die Werbung zurückzuführende zusätzliche **Erfolg ist höher als der** Werbeaufwand.

1.4 Werbeplan

Im Werbeplan sind insbesondere folgende Fragen zu beantworten:

- Welche **Werbebotschaft** soll vermittelt werden?
- Welche **Werbemittel** und **Werbeträger** sind einzusetzen?
- Welche Beträge können für die Werbung eingesetzt werden **(Werbeetat, Werbebudget)?**
- Welche **Streuzeit** wird festgesetzt?
- Welche **Streukreise** und **Streugebiete** sind auszuwählen?

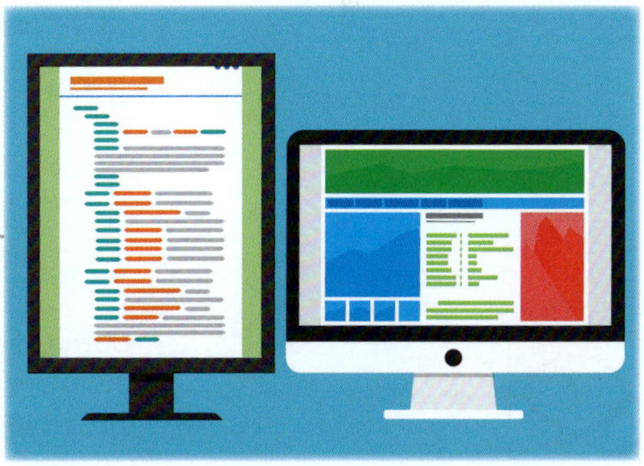

1.4.1 Werbebotschaft

Ist die Zielgruppe, die die Werbung erreichen soll, bestimmt (z. B. Handwerker), muss festgelegt werden, welche Inhalte durch die Werbung vermittelt werden sollen.

Die **Werbebotschaft** enthält die Inhalte, die einem Personenkreis durch die Werbung vermittelt werden sollen.

Checkliste: Inhalte der Werbebotschaft

- ✓ Die Ware ist für den Verbraucher **eindeutig erkennbar** (z. B. über eine Marke, ein Logo, ein Symbol, eine Farbzusammenstellung, einen einprägsamen Namen).
- ✓ Der **spezielle Nutzen der Ware** für die Zielgruppe wird deutlich herausgestellt und glaubhaft vermittelt.
- ✓ Der Verbraucher wird davon überzeugt, dass das **werbende Einzelhandelsgeschäft am besten geeignet** ist, die angebotene Ware zu liefern.

Für eine wirkungsvolle Gestaltung der Werbebotschaft wird häufig die **AIDA-Formel** herangezogen.

AIDA-Formel: Stufen der Verhaltensänderung beim Kunden

A	I	D	A
Aufmerksamkeit (attention)	**Interesse** (interest)	**Besitzwunsch** (desire)	**Kaufentschluss** (action)
1. Stufe: Die Werbebotschaft weckt die Aufmerksamkeit des Kunden.	**2. Stufe:** Der Kunde entwickelt ein Interesse an der Ware.	**3. Stufe** Beim Kunden wird der Wunsch ausgelöst, die Ware zu besitzen.	**4. Stufe** Der Kunde kauft die Ware.

Slogan:
Werbeschlagwort, wirksam formulierte Redewendung.

Damit die Werbung bei den Kunden haften bleibt, wird sie häufig kurz und einprägsam als **Slogan** formuliert.

Beispiele:

- Haribo macht Kinder froh …
- Ich bin doch nicht blöd!
- Geiz ist geil!

1.4.2 Werbemittel und Werbeträger

(1) Werbemittel

Werbemittel vermitteln die Werbebotschaft.

Je nachdem, **welche Sinne angesprochen** werden sollen, gliedert man die Werbemittel in:

Optische Werbemittel	Sie wirken auf das Sehen des Umworbenen (z. B. Plakate, Anzeigen, Schaufensterdekorationen, E-Mails und Instant Messaging).
Akustische Werbemittel	Sie sprechen das Gehör an (z. B. Verkaufsgespräch, Werbevorführungen, Werbespots im Radio).
Geschmackliche Werbemittel	Hier soll der Kunde durch eine Kostprobe von der Güte der Ware überzeugt werden. Die Kostproben sprechen den Geschmackssinn an.
Geruchliche Werbemittel	Sie wirken auf den Geruchssinn der Kunden (z. B. Parfümproben).

Werden die verschiedenen Werbemittel kombiniert (z. B. Lebensmittelproben können gesehen und gekostet werden, Stoffproben können gesehen und gefühlt werden), spricht man von **gemischten Werbemitteln.** Sie sind besonders werbewirksam, weil sie verschiedene Sinne des Menschen ansprechen.

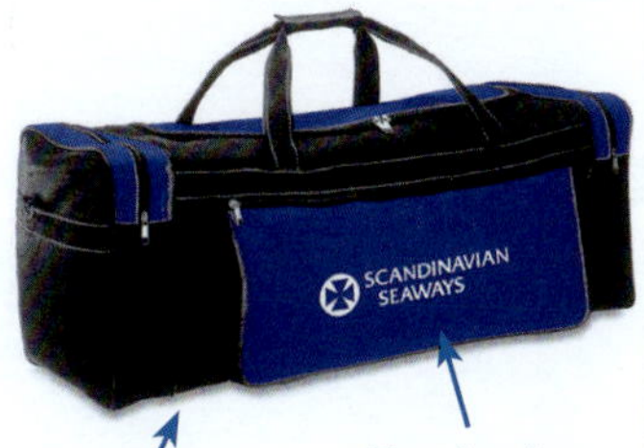

(2) Werbeträger

Werbeträger sind die Medien, die die Werbebotschaft verbreiten.

Wichtige Werbeträger (Streumedien) im Einzelhandel sind:

Werbeträger

- **Printmedien**
  - Zeitungen, Zeitschriften, Anzeigenblätter
  - Werbebrief, Kundenzeitschrift
  - ...
- **Schaufenster**
- **Hörfunk**, **Fernsehen**, **Kino**
- **Plakatanschlagstellen**, **Nah- und Fernverkehrsmittel**, **Bandenwerbung**
- **Internet**, **Social Media**, **E-Mail**, **Videoplattformen**
- **Werbegeschenke (z. B. Einkaufstaschen mit Firmenaufdruck)**

Corporate Design (CD-Werbung) stellt den Einsatz von Firmenlogo, Gestaltungselemente, Verpackungsmaterial, Farben und Bilder und sogar die Unternehmensgebäude in den Dienst der Werbung.

1.4.3 Werbeetat

Etat: Geldmittel, Haushaltsplan.
Budget: Haushaltsplan, Voranschlag.

Der **Werbeetat (Werbebudget)** weist die Geldmittel aus, die zur Durchführung der Werbemaßnahmen in einer bestimmten Zeit ausgegeben werden sollen.

Die Planung des Werbeetats sollte sich in der Regel auf ein Jahr erstrecken und die dafür notwendigen **Plankosten (Sollkosten)** ausweisen.

Ist der Werbeetat festgelegt, ist die Frage zu klären, wie die zur Verfügung stehenden Werbegelder auf die einzelnen Warengruppen aufzuteilen sind.

Beispiel:

Sieht der Einzelhandelsbetrieb für einzelne Waren bzw. Warengruppen gute Wachstumschancen, wird er diesen Waren einen hohen Werbebetrag zuweisen.

Die umsatzstärksten Waren werden weniger stark beworben. Hier genügt eine Erinnerungswerbung.

1.4.4 Streuzeit, Streukreis und Streugebiet

(1) Streuzeit

Durch die **Streuzeit** wird Beginn und Häufigkeit der Werbung sowie der zeitliche Einsatz der Werbemittel und Werbeträger festgelegt.

Grundsätzlich hat der Einzelhandelsbetrieb **drei Möglichkeiten** für die zeitliche Planung von Werbeaktionen:

- **einmalig** bzw. **zeitlich begrenzt** und intensiv zu werben,
- **regelmäßig** zu werben (pro Tag, pro Woche, pro Monat),
- in **unregelmäßigen Abständen** kurz, aber intensiv zu werben.

Vergleicht man die Wirkung von kurzzeitigen Werbeaktionen mit Werbeaktionen, die über einen längerfristigen Zeitraum angelegt sind, so gilt:

Je länger und je häufiger geworben wird, desto schneller treten wirtschaftliche Werbewirkungen ein.

Dennoch sprechen auch **Gründe** für einen **kurzzeitigen, intensiven Werbeeinsatz.**

Beispiele:

- Ein Autohaus veranstaltet ein Frühlingsfest, um ein neues Pkw-Modell vorzustellen.
- Ein Fitnesscenter eröffnet in neuen Räumen und möchte schnell einen hohen Bekanntheitsgrad erreichen.
- Ein Lebensmittelgeschäft eröffnet eine neue Fleischwarenabteilung. Die örtlichen Metzgereien reagieren mit Anzeigen in der Tageszeitung, im Anzeigenblatt und mit Handzetteln, in denen sie Sonderangebote vorstellen.

(2) Streukreis und Streugebiet

- Der **Streukreis** beschreibt den Personenkreis, der umworben wird. Der Personenkreis wird häufig noch nach **Zielgruppen** (z. B. Berufs-, Alters-, Kaufkraftgruppen, Geschlecht) untergliedert.
- Das **Streugebiet** (Werbeverbreitungsgebiet) ist das Gebiet, in welchem die Werbemaßnahmen durchgeführt werden sollen.

Streugebiete sind deswegen festzulegen, weil Art und Umfang des Bedarfs in den einzelnen Gebieten (z. B. andersartige Bedürfnisse von Stadt- und Landgemeinden) unterschiedlich sein können.

Beispiel für einen einfachen Werbeplan:

Beispiel:

Werbeplan des Modehauses Böhlen GmbH einschließlich des Werbeetats für den Monat Februar

Nr.	Werbemaßnahme	Reichweite in Tsd. ❶	Umfang/ Dauer ❷	Anzahl der Werbemaßnahmen ❸	Kosten für 1 000 Kontakte ❹	Kosten für Gestaltung/ Druckvorlagen/ Dekoration insg. ❺	Kosten für Werbeverbreitung insg. ❻	Werbedispositionen:* Februar KW 5	KW 6	KW 7	KW 8
1.	Schaufenster	14	14 Tage	2		840,00	–	x	x	x	x
	Thema: Fastnacht-Dekoration							Wintersport		Frühjahrsmode	
2.	Anzeigen Titel/Ausgaben										
	2.1 Tageszeitung**	180	$^1/_4$ Seite	10	8,40	1 800,00	16 920,00	2	2	3	3
	2.2 Anzeigenblatt	210	$^1/_2$ Seite	4	5,10	2 200,00	6 484,00	1	1	1	1
3.	Prospekte Titel/Ausgaben										
	3.1 Damenbekleidung	22	6 Seiten	2	5,40	7 200,00	7 437,60	1		1	
	3.2 Herrenbekleidung	22	4 Seiten	2	4,10	4 400,00	4 580,40		1		1
4.	Hörfunk Sender										
	4.1 SWR III	3 300	30 Sekunden	5	1,12	3 800,00	22 280,00	1	1	1	2
	4.2 Bayern III	2 400	45 Sekunden	8	1,30	2 900,00	27 860,00	2	2	2	2

* Soll der Werbeplan für ein ganzes Jahr gelten, ist die Spalte „Werbedispositionen" auf 12 Monate zu erweitern.
Disposition: Planung.

** Muster zur Berechnung der Kosten für die gesamte Werbeverbreitung am Beispiel der Tageszeitung:

❶ · ❹ · ❸ + ❺

180 · 8,4 · 10 + 1800,00 = 16920,00

1.5 Werbeerfolgskontrolle

(1) Begriff

Die **Werbeerfolgskontrolle** überprüft, ob sich die Werbemaßnahmen gelohnt haben.

Die Werbeerfolgskontrolle kann erfolgen als

- **nicht wirtschaftliche Werbeerfolgskontrolle.** Sie fragt danach, wie die Werbung bei den Umworbenen „angekommen" ist.
- **wirtschaftliche Werbeerfolgskontrolle.** Sie misst den Erfolg der Werbung.

(2) Nicht wirtschaftliche Werbeerfolgskontrolle

Hierbei wird ermittelt, ob sich die **Einstellung der Kunden** zum Sortiment, zu den Dienstleistungen oder insgesamt zum Einzelhandelsgeschäft **durch die Werbung positiv verändert** hat.

Beispiel:

Ein Haushaltswarengeschäft möchte seinen Kunden ein neues Kochtopfsortiment vorführen. Das Probekochen wird mit einem stadtbekannten Koch durchgeführt. Eine persönliche Einladung ergeht an 80 Kunden.

Angenommen, 20 der anwesenden Personen haben einen Kochtopf nach der Veranstaltung gekauft. Der Erfolg der Werbung kann dann wie folgt ermittelt werden:

$$\text{Erfolg der Werbung} = \frac{\text{Zahl der Käufer} \cdot 100}{\text{Zahl der eingeladenen Kunden}}$$

$$\text{Erfolg der Werbung} = \frac{20 \cdot 100}{80} = \underline{\underline{25\,\%}}$$

Die Kennzahl sagt aus, dass bei einem Viertel der eingeladenen Kunden die Werbung erfolgreich war.

(3) Wirtschaftliche Werbeerfolgskontrolle

Sie wird im Einzelhandel über die Auswertung von betrieblichen **Kennzahlen** und die **Kassenbons** ermittelt. Wichtige Kennzahlen in diesem Zusammenhang sind die **Absatzzahlen,** die **Frequenzanalyse**, der **Umsatz** und die **Werberendite**.

Grundsätzlich gilt: Die Werbung ist dann wirtschaftlich, wenn der Ertrag der Werbung die Kosten übersteigt.

Beispiel:

Ein Kaufhaus setzt für die Warengruppe „Sommerkleider" für das letzte Wochenende im Juni einen Sonderverkauf an. Dazu werden folgende Werbemittel und Werbeträger eingesetzt: Anzeigen in der Tageszeitung, Prospektverteilung am Freitag, Handzettel am Eingang des Kaufhauses, Ausweitung der Verkaufsfläche durch Sonderplatzierungen. Die Kosten für die Werbeaktionen belaufen sich auf insgesamt 9866,50 EUR.

Die Verkaufsstatistik des Kaufhauses weist für den Monat Juni folgende Daten auf:

	vom 1.–29. Juni durchschnittlich	Samstag, 30. Juni
Absatz pro Tag	146 Stück	511 Stück
Preis je Kleid	59,90 EUR	39,90 EUR*
Anzahl der Kunden	350	980

* Es wird davon ausgegangen, dass das Kaufhaus mit dem Preis von 39,90 EUR noch einen **Gewinn** erzielt. Im Verlustfall wäre die Werbeaktion nutzlos.

Auswertung der Daten:

Absatz: Der Absatz konnte von durchschnittlich 146 Kleider auf 511 Kleider gesteigert werden.

Frequenz: Die Kundenzahl steigt von durchschnittlich 350 Kunden auf 980 Kunden an. Die Kundenzahl hat sich damit fast verdreifacht.

Umsatz:

bis 29. Juni	am 30. Juni
146 Stück · 59,90 EUR = 8 745,40 EUR	511 Stück · 39,90 EUR = 20 388,90 EUR

Werberendite: Setzt man den Umsatzzuwachs ins Verhältnis zu den Werbekosten, erhält man die Werberendite.

$$\text{Werberendite} = \frac{\text{Umsatzzuwachs} \cdot 100}{\text{Werbekosten}}$$

$$\frac{11643{,}50^{*} \cdot 100}{9866{,}50} = \underline{\underline{118\,\%}}$$

* (20388,90 EUR – 8745,40 EUR)

Unabdingbare Voraussetzung für eine wirtschaftliche Werbeerfolgskontrolle ist, dass der Einzelhandelsbetrieb über ein **computergestütztes Warenwirtschaftssystem** verfügt, aus dem alle benötigten Informationen abgerufen werden können.

Die wirtschaftliche Werbeerfolgskontrolle wertet neben den Kennziffern auch noch die **Kassenbons** aus. Dadurch soll festgestellt werden, ob die Werbemaßnahmen für eine bestimmte Ware auch zu **Umsatzsteigerungen bei anderen Waren** geführt haben.

Beispiel:

Im vorgegebenen Beispiel wird das Kaufhaus anhand der Kassenzettel überprüfen, in welchem Umfang z. B. der Absatz an Schuhen, Blusen, Gürteln zugenommen hat.

Arbeitsheft Kap. 2

2 Verkaufsförderung und Öffentlichkeitsarbeit

2.1 Verkaufsförderung

Die Verkaufsförderung möchte die Kaufentscheidung am **Ort des Verkaufs (Point of Sale [POS])** beeinflussen. Ziel der Verkaufsförderung ist, die Kunden zu **Impulskäufen** zu veranlassen. Die Verkaufsförderung legt den Schwerpunkt auf **Aktionen,** die kurzfristig zu Absatzsteigerungen führen sollen.

Sale: Verkauf;
Promotion: Absatzförderung, Werbung.

Verkaufsförderung (Salespromotion) sind **kurzfristige Maßnahmen am Verkaufsort,** um den Absatz der Waren zu steigern.

Im Rahmen der Verkaufsförderung unterscheidet man zwischen Kunden-, Mitarbeiter- und Händlerpromotion.

(1) Kundenpromotion (Verbraucherpromotion)

Sie zielt darauf ab, den Verkaufsvorgang am Verkaufsort durch **kurzfristige Aktionen** zu fördern. Die Bedeutung dieser Form der Verkaufsförderung hat in den letzten Jahren zugenommen.

Der Grund ist, dass ein Großteil der Kaufentscheidungen erst am Verkaufsort fallen. Somit ist noch kurzfristig eine Information der Kunden möglich.

Beispiele:

- Veranstaltung mit Prominenten, z.B. Autogrammstunde eines Radrennfahrers.
- Verkostungen, Warenproben, Warenvorführungen, Verteilen von Werbegeschenken.
- Gewinnspiele, Gutscheine, Preisausschreiben.
- Lautsprecherdurchsagen im Verkaufsraum, z.B. „In unserer Lederabteilung bieten wir Ihnen Lederjacken für Sie und Ihn zum Aktionspreis an".
- Organisation und Durchführung von Aktionen, z.B. Modeschauen, Malwettbewerbe für Kinder, computergestützte Beratung bei der Auswahl von Skischuhen, Kochvorführungen.

(2) Mitarbeiterpromotion (Verkaufspromotion)

Die Mitarbeiterpromotion zielt auf die **Motivierung der Verkaufsmitarbeiter** sowie auf die **Erhöhung der Qualität des Verkaufsvorgangs** ab.

Beispiele:

- Schulung der Mitarbeiter, wenn neue Waren in das Sortiment aufgenommen werden bzw. wenn neue Geräte im Verkauf eingesetzt werden, z.B. neue Kassenautomaten.
- Verkaufstraining, Argumentationstraining, Vermittlung neuer Verkaufstechniken.
- Stärkung der Mitarbeitermotivation durch Verkaufswettbewerbe mit attraktiven Preisen, Prämien- und Provisionssystemen.
- Bereitstellen von verkaufsunterstützendem Material, z.B. Proben, Muster, Displays, Prospekten, Werbegeschenken, Vorführgeräten u.Ä.

(3) Händlerpromotion

Die Händlerpromotion wird von den Herstellern und Großhändlern betrieben. Dabei bieten diese dem Einzelhandelsbetrieb Anreize dafür an, dass er ihre **Waren verstärkt anbietet** bzw. **neu in das Sortiment** aufnimmt.

Beispiele:

- Gewährung von Einführungsrabatten, Gratisware, Rücknahmegarantien, Regalmiete u. Ä. bei Einführung einer neuen Ware.
- Beratung bei der Verkaufsraumgestaltung, Bereitstellung von Display-Materialien, Einrichtungsgegenständen (Verkaufsständern, Vitrinen, Regalen), Verpackungsmaterial, Schaufensterdekorationen, Ausrichten von Verkaufsshows bzw. Produktdemonstrationen.
- Erhöhung der Händlermotivation durch Verkaufsförderungsprämien, Verkaufswettbewerbe, Anerkennungsprogramme und Werbegeschenke.

2.2 Öffentlichkeitsarbeit (Public Relations)

(1) Begriff Öffentlichkeitsarbeit

Die **Öffentlichkeitsarbeit** hat das Ziel, um Vertrauen für das Einzelhandelsgeschäft zu werben.

Mithilfe der Öffentlichkeitsarbeit soll z. B. gezeigt werden, dass das Einzelhandelsgeschäft besonders fortschrittlich, sozial oder ein guter Steuerzahler ist oder dass es die Belange des Umweltschutzes in besonderem Maße berücksichtigt.

Beispiel:

Ein Einkaufszentrum spendet einer Berufsschule einen EDV-Raum mit 15 PCs und gibt anlässlich der Übergabe eine Pressekonferenz (Spende).

(2) Formen der Öffentlichkeitsarbeit (Beispiele)

Formen	Erläuterungen	Beispiele
Sponsoring	Sponsoring basiert auf dem Prinzip des gegenseitigen Leistungsaustauschs. So stellt ein Unternehmen Fördermittel nur zur Verfügung, wenn es hierfür eine Gegenleistung vom Gesponserten (z. B. die Duldung von Werbemaßnahmen) erhält.	■ Ein Sportgeschäft stattet den örtlichen Fußballverein mit Trikots aus. Auf den Trikots wird für das Sportgeschäft geworben. ■ Eine bekannte Buchhandlung der Stadt fördert eine Theaterveranstaltung. Auf den Eintrittskarten der Veranstaltung wird mit dem Namen der Buchhandlung geworben.

Formen	Erläuterungen	Beispiele
Eventmarketing	Eventmarketing ist eine erlebnisorientierte Darstellung des Unternehmens und seiner Waren in einer Mixtur aus Showaktionen, die den Erwartungshorizont der Zielgruppe treffen.	Ein Autohaus stellt ein neues Modell im Rahmen eines Familientages mit Essen, Trinken, Probefahrten, Spiele für Kinder, einer Band und einem bekannten Rennfahrer vor.
Veröffentlichungen	Sie werden verbreitet z. B. über eine Firmenzeitschrift, Newsletter, Homepage im Internet, Tageszeitungen.	■ Informationen über Unternehmensziele, Schwerpunkte des Sortiments, Serviceleistungen ■ Unterstützung eines sozialen Projekts

2.3 Kundenbindungsinstrumente

Kundenbindungsinstrumente sind Maßnahmen, die den Aufbau einer langfristigen Beziehung zum Kunden fördern.

Durch Maßnahmen der Kundenbindung soll in der Zeit **nach einem Kaufabschluss** der **nächste Einkauf vorbereitet** werden. Ziel ist, Laufkunden zu Stammkunden zu machen und den Stammkundenbestand zu erhalten.

Typische **Instrumente zur Kundenbindung** sind:

(1) Kundenzeitung

Sie wird im Geschäft ausgelegt bzw. an Stammkunden verschickt, um auf Sortimentsneuigkeiten und Aktionen hinzuweisen. Sie enthält häufig auch Sachinformationen, Rätsel und Schmunzelecke (z. B. EDEKA-Kundenmagazin „Mit Liebe“, Apotheken-Umschau).

(2) Newsletter

Newsletter werden regelmäßig in Form von **E-Mails** an Kunden bzw. Abonnenten gesendet und enthalten **Angebote, Infos und Neuigkeiten.**

Newsletter können kostenlos oder kostenpflichtig sein. In beiden Fällen muss der Empfänger dem Versand von Newslettern an die eigene E-Mail-Adresse zustimmen.

(3) Kunden-App

Eine Kunden-App ist eine Software, die auf einem Smartphone abgerufen wird. Sie versorgt den Nutzer mit Informationen über das betreffende Einzelhandelsgeschäft. Mit der App hat der Kunde „sein Einzelhandelsgeschäft" immer dabei.

Beispiele:

- Informationen über den neuesten Modetrend
- Vorstellung eines neuen Smartphones
- Rezept der Woche
- Schnäppchen des Tages mit Bestellmöglichkeit
- Ratespiel

Abonnent: Jemand, der regelmäßig eine Leistung bezieht.

(4) Coupons

Hier versucht der Einzelhandelsbetrieb über Bezugsberechtigungen (Coupons) Kunden zu gewinnen. Coupons werden über Zeitungen, Zeitschriften, durch Kundenbriefe oder durch Ausgabe im Verkaufsraum verteilt. Diese können auch auf der Kunden-App hinterlegt werden.

(5) Sammeln von Bonuspunkten am Beispiel Payback

Jeder, der das 16. Lebensjahr vollendet hat, kann Mitglied bei Payback werden. Dazu ist eine Registrierung notwendig. Der Einkauf eines Payback-Mitglieds bei einem Payback-Partnerunternehmen wird mit einer im Verhältnis zum Einkaufspreis entsprechenden Punktsumme belohnt. Wird eine bestimmte Anzahl an Punkten erreicht (mindestens 200 Punkte), bietet Payback zahlreiche Wege an, um die gesammelten Punkte in Boni umzutauschen. Dazu zählen Prämien, Flugmeilen, Geldspenden oder Einkaufsgutscheine. Sofern die Punkte nicht binnen 36 Monaten eingelöst werden, verfallen sie.

(6) Social-Media-Marketing

In den sozialen Medien (z. B. Instagram, X, TikTok, Facebook) werden Meinungen, Erfahrungen, Informationen zwischen Internetnutzern ausgetauscht. Dies kann der Einzelhandelsbetrieb wie folgt nutzen:

- seine Bekanntheit erhöhen, z. B. über Fotos, Videos, Beiträge
- Teilnahme an Events wie Modeschau, Weinprobe, Probefahrt anbieten
- Kundenbewertungen veröffentlichen
- Informationen über Geschichten transportieren (Storytelling)
- Ladengeschäft zeigen, die Mitarbeiter vorstellen und die Art und Weise, wie sie ihre Kunden beraten und betreuen, darstellen.

Die Mehrheit der im Internet aktiven Kunden nutzen Social-Media-Angebote täglich, um auf Erkenntnisse und Erfahrungen anderer Kunden bei **Kaufentscheidungen** zuzugreifen. Der Stellenwert der sozialen Medien hat bezüglich der Konsumentenentscheidungen eine große Bedeutung gewonnen.

VERSTANDEN?

1 Die Inhaberin eines Sportgeschäfts sieht sich durch eine verschärfte Konkurrenzsituation gezwungen, sich Gedanken über ihre Werbemaßnahmen zu machen.

Aufgaben:

1.1 Erklären Sie die vier Werbegrundsätze, welche die Geschäftsinhaberin berücksichtigen sollte.

1.2 Schlagen Sie drei verschiedene Werbeträger vor, die Sie für das Sportgeschäft als geeignet ansehen (mit Begründung).

---

2 Sie sind Mitarbeiter des Haushaltswarengeschäfts Stephanie Holzbauer e. Kfr. Frau Holzbauer überlegt, ob sie Alleinwerbung betreiben oder sich an der Sammelwerbung des Gewerbevereins beteiligen soll. Sie fragt Sie nach Ihrer Meinung.

Aufgabe:

Beraten Sie Stephanie Holzbauer, indem Sie die Vor- und Nachteile der beiden Werbearten gegenüberstellen.

---

3 3.1 Erklären Sie, warum es sinnvoll ist, alle Werbemaßnahmen in einem Werbeplan zusammenzufassen.

3.2 Nennen Sie die Inhalte eines Werbeplans.

3.3 Nennen Sie die Schritte zur Umsetzung des Werbeplans.

3.4 Erläutern Sie, wovon die Höhe des Werbeetats abhängig ist.

---

4 In manchen Geschäften werden die Kunden nach der Postleitzahl ihres Wohnortes gefragt.

Aufgabe:

Erläutern Sie, wozu dem Unternehmen diese Information dient.

---

5 Beschreiben Sie das Recht, das der Inhaber eines Gutscheins gegenüber dem ausgebenden Einzelhandelsgeschäft besitzt.

---

6 6.1 Erläutern Sie mit zwei Argumenten, warum ein Einzelhandelsbetrieb den Kunden Gutscheine anbietet.

6.2 Beschreiben Sie, was der Verkäufer bei der Einlösung eines Gutscheins zu beachten hat.

---

7 Grenzen Sie die Begriffe Verkaufsförderung und Werbung voneinander ab.

---

8 Nennen Sie sechs Beispiele von Werbezielen, die ein Einzelhandelsgeschäft mit seinen Werbemaßnahmen anstreben könnte.

---

3 Gesetz gegen den unlauteren Wettbewerb [UWG]

Das UWG dient dem Schutz der **Mitbewerber, Verbraucher** und **sonstigen Marktteilnehmern** vor unlauteren geschäftlichen Handlungen. Zugleich schützt es die **Interessen der Allgemeinheit** an einem unverfälschten Wettbewerb. Im UWG werden die nachfolgenden unlauteren Handlungen aufgezählt (siehe §§ 3 bis 7):

- unlautere geschäftliche Handlungen
- irreführende geschäftliche Handlungen
- unlautere vergleichende Werbung
- unzumutbare Belästigungen

3.1 Unlautere geschäftliche Handlungen

Unlauter sind alle geschäftlichen Handlungen, mit denen sich ein Unternehmen einen **Wettbewerbsvorteil** verschafft, der **gesetzlich nicht erlaubt** ist.

Unlautere geschäftliche Handlungen sind **unzulässig.** Im Anhang des Gesetzes werden geschäftliche Handlungen aufgeführt, die stets unzulässig sind **(„Schwarze Liste").**

Herabsetzung oder Verunglimpfung eines Mitbewerbers

Waren, Dienstleistungen, Tätigkeiten oder die persönlichen und geschäftlichen Verhältnisse eines Mitbewerbers werden **herabgesetzt oder verunglimpft.**

Beispiele:

- Ein Lebensmittelhändler behauptet wahrheitswidrig von einem Konkurrenten, dass dessen „Bio-Gemüse" nicht von einem Bio-Bauern stamme, sondern von einem Landwirt, der das Gemüse mit giftigen Chemikalien spritze.
- Der Autohändler Ron Winienz erzählt ständig seinen Kunden, dass der Pleitegeier auf dem Dach des gegenüberliegenden Autohauses säße.

Nachahmungen der Waren eines Mitbewerbers

Es werden Waren oder Dienstleistungen angeboten, die eine **Nachahmung der Waren oder Dienstleistungen eines Mitbewerbers** sind.

Beispiel:

Eine Ware soll vortäuschen, dass es sich um ein Markenprodukt handelt. Es wird dem Markenprodukt nachgeahmt. Lediglich der Preis unterscheidet sich vom Original (z. B. gefälschte Rolex-Uhren, gefälschte Lacoste-T-Shirts).

Beeinträchtigung der Entscheidungsfreiheit

Die **Entscheidungsfreiheit** des Verbrauchers oder sonstiger Marktteilnehmer wird durch **aggressive Handlungen erheblich beeinträchtigt.**

Beispiel:

Bei einer sogenannten „Kaffeefahrt" werden die Teilnehmer während der Verkaufsveranstaltung nicht aus dem Raum hinausgelassen. Teilnehmer, die nicht kaufen wollen, werden vor allen Anwesenden mit folgender Bemerkung bloßgestellt: „Kostenlos mitfahren tun Sie, aber kaufen wollen Sie nicht!"

Ausnutzung geschäftlicher Unerfahrenheit

Die **geschäftliche Unerfahrenheit,** insbesondere von Kindern und Jugendlichen, wird **ausgenutzt.**

Beispiel:

Kurznachrichten auf dem Handy durch einen Betreiber, die zu einem Rückruf auffordern: „Ruf mich zurück, du kannst gewinnen."

3.2 Irreführende geschäftliche Handlungen

Eine **geschäftliche Handlung ist irreführend,** wenn sie **unwahre Angaben** enthält.

Irreführende Angaben zu den Verhältnissen des eigenen Unternehmens

Es werden **unwahre und/oder irreführende Angaben** über die geschäftlichen Verhältnisse des eigenen Unternehmens verbreitet.

Beispiel:

Die Bezeichnung „Größte Goldschmiede Deutschlands" ist dann unlauter, wenn es Konkurrenten mit höherem Umsatz gibt. Kann aber nachgewiesen werden, dass das eigene Unternehmen tatsächlich den höchsten Umsatz in der Bundesrepublik Deutschland erzielt, ist die Bezeichnung zulässig.

Irreführende Werbung

Die **Werbung** ist **irreführend.**

Beispiel:

Ein Schuhgeschäft bietet Wanderschuhe zu 120,00 EUR an. Nach 3 Tagen setzt es den Preis auf 99,00 EUR herab. In den Zeitungsanzeigen des Schuhgeschäfts steht zu lesen: „Wanderschuhe der Marke G & W für nur 99,00 EUR statt 120,00 EUR." Nach zwei Tagen wird der Preis der Wanderschuhe wieder auf 120,00 EUR heraufgesetzt.

Keine ausreichende Bevorratung

Die Ware wird **nicht in angemessenem Umfang** zur Befriedigung der zu erwartenden Nachfrage **vorgehalten.** Es handelt sich hierbei um sogenannte **Lockvogelangebote.** Von einem angemessenen Umfang kann man im Regelfall ausgehen, wenn der Warenvorrat zwei Tage ausreicht.

Beispiel:

Eine Lebensmittelkette bietet in ihren Prospekten vom 15. Juli frische Pfifferlinge zum Preis von 4,99 EUR je Körbchen an. Jede Filiale erhält nur 10 Körbchen. Bereits eine halbe Stunde nach Geschäftsöffnung sind die Pfifferlinge ausverkauft.

Vorenthaltung wesentlicher Informationen

Dem Verbraucher wird eine **wesentliche Information vorenthalten.**

Beispiel:

Der Vertreter verschweigt dem Kunden beim Kauf einer Schlagbohrmaschine, dass es sich bei dem Modell um 2. Wahl handelt.

3.3 Unlautere vergleichende Werbung

Grundsätzlich ist eine vergleichende Werbung zulässig. Sie ist jedoch **nicht zulässig,** wenn **unlauter vergleichend** geworben wird.

Unlauter ist die vergleichende Werbung z. B. dann, wenn der Vergleich

- **unterschiedliche Waren** oder **Dienstleistungen** betrifft.

Beispiel:

Unser Fernseher Typ ABC ist um 20% günstiger als der Fernseher Typ DEF beim Medienhaus Melix GmbH.

- die Waren, Dienstleistungen, Tätigkeiten, persönliche oder geschäftliche Verhältnisse eines **Mitbewerbers herabsetzt oder verunglimpft.**

Beispiel:

Die Möbel der Marke ‚Wertgut‘ sind gegenüber unseren Möbeln von minderer Qualität.

- **Preise** vergleicht, die **unterschiedliche Waren, Mengen oder Qualitäten** betreffen.

Beispiel:

„Die Flasche ‚Hohes C‘ kostet beim Discountgeschäft Heinrich Vogler e. Kfm. 0,70 EUR, bei uns nur 0,65 EUR.“

Diese Werbung ist **nicht erlaubt,** wenn sich das Angebot auf 0,75 Liter und das Angebot des Discountgeschäfts auf 1,0 Liter bezieht.

Die Werbung ist **erlaubt,** wenn sich beide Angebote auf die gleiche Menge (z. B. 0,75 Liter) beziehen.

3.4 Unzumutbare Belästigung

Eine **geschäftliche Handlung,** durch die ein Marktteilnehmer in **unzumutbarer Weise belästigt wird,** ist unzulässig.

Eine unzumutbare Belästigung ist z. B. anzunehmen

- bei einer erfolgten Werbung, obwohl erkennbar ist, dass der Empfänger diese **Werbung nicht wünscht** (Beispiel: Trotz des Schildes „Keine Werbung“ wird Werbematerial in den Briefkasten geworfen.),
- bei einer Werbung mit **Telefonanrufen** gegenüber Verbrauchern **ohne** deren **Einwilligung,**
- bei einer Werbung unter Verwendung von **automatischen Anrufmaschinen** oder **elektronischer Post** (E-Mails), **ohne** dass eine **Einwilligung** des Adressaten (Empfängers) vorliegt oder
- bei der Werbung mit Nachrichten, bei der die **Identität des Absenders verschleiert** oder verheimlicht wird oder bei der keine gültige Adresse vorhanden ist, an die der Empfänger eine Aufforderung zur Einstellung solcher Nachrichten richten kann.

VERSTANDEN?

1 Erläutern Sie grundlegende Ziele des UWG.

2 Nennen Sie zwei Beispiele, die gegen das UWG verstoßen würden.

3 Ein älterer Herr nimmt an einer Werbefahrt eines Busunternehmens teil. Die Fahrt wird allen Teilnehmern als kostenlose Jubiläumsfahrt angeboten. Das Ziel ist ein Ausflugslokal mit freier Bewirtung für diese Veranstaltung. Kurz vor der Rückfahrt bietet der Reiseveranstalter allen Teilnehmern Heizdecken zum Kauf an. Der ältere Herr lehnt dieses Angebot ab. Daraufhin stellt ihm der Reiseveranstalter einen Fahrkostenanteil von 25,00 EUR in Rechnung, mit der Begründung, dass der Reiseteilnehmer keinen Kauf getätigt habe.

Entscheiden Sie, ob ein Verstoß gegen das UWG (Gesetz gegen den unlauteren Wettbewerb) vorliegt oder nicht.

4 Ein Versicherungsunternehmen versendet Faxbriefe an alle Verbraucher in Bayern, die eine Fax-Nummer besitzen. Es bietet darin eine Lebensversicherung an. Prüfen Sie, ob dies rechtlich erlaubt ist.

5 Zeitungsanzeige: „Sonderangebot! 5 Waggons Apfelsinen eingetroffen!“ (In Wirklichkeit waren es fünf Kisten.) Ist die Zeitungsanzeige rechtlich zulässig?

6 Anzeige: „ Räumungsverkauf!“ (Anmerkung: Der Umzug findet in vier Wochen statt.)

Recherchieren Sie, ob unter diesen Umständen mit dem Schlagwort „Räumungsverkauf“ geworben werden darf.

7 Recherchieren Sie, was Sie als Einzelhandelsunternehmen im Fall eines Verstoßes gegen das UWG unternehmen können.

Arbeitsheft Kap. 4

4 Verpackung

4.1 Anforderungen und Aufgaben der Verpackung

Die **Verpackung** dient dem **Schutz der Ware** während des Transports sowie der **Werbung und dem Verkauf.**

Aufgaben der Verpackung	Erläuterungen
Schutz der Waren 	Die Waren sollen vor äußeren Einflüssen wie Schmutz, Beschädigung, Geruchsübertragung, Nässe oder Austrocknung geschützt werden.
Informationen über die Ware 	Auf der Verpackung werden Angaben über Menge, Herkunft, Gebrauch, Pflege, Haltbarkeit, Zusammensetzung der Waren gemacht.
Erleichterung des Gebrauchs 	Erleichtert z. B. das Öffnen, Verschließen, Dosieren, das Lagern, den Transport, das Stapeln der Waren.
Serviceaufgaben 	■ Essen kann in der Verpackung zubereitet und auf den Tisch gebracht werden. ■ Die Verpackung kann wiederverwendet werden (z. B. Senf in Trinkgläsern, Farbe in Eimern). ■ Es können Bedarfseinheiten gebildet werden (z. B. Menüs im Flugzeug usw.).
Werbemittel 	Durch eine attraktive Gestaltung (z. B. Abbildung des Produktes, Verwendung von Farbe, Material, Form, Werbetexte) wird die Verpackung zum Werbemittel. Sie schafft optische Anreize und gibt der Ware „ein Gesicht". In der Selbstbedienung bzw. der Vorwahl übernimmt die Verpackung im Verkaufsraum die Aufgabe des Verkäufers.

4.2 Arten der Verpackung

Arten der Verpackung	Erläuterungen	Beispiele
Transport-verpackungen 	Sie schützen die Waren auf dem Transportweg vom Hersteller bzw. Großhandelsbetrieb zum Einzelhandelsbetrieb. Die Transportverpackungen fallen beim Hersteller an.	■ Kartonagen ■ Kanister ■ Säcke ■ Paletten ■ geschäumte Schalen ■ Schrumpffolien
Umverpackungen 	Sie werden als zusätzliche Verpackung zur Verkaufsverpackung verwendet. Sie ermöglichen, dass die Waren in Selbstbedienung angeboten werden können, dienen der Werbung oder sollen einen Diebstahl erschweren.	■ Faltschachtel um eine Zahnpasta in der Tube ■ Vier Malstifte werden von einer Blisterverpackung umschlossen.
Verkaufsverpackungen 	Sie verwendet der Endverbraucher zum Transport oder bis zum Verbrauch der Ware.	■ Tragetaschen ■ Kunststoff-, Stoff- oder Papiertüten ■ Flaschen ■ Becher ■ Dosen
Einwegverpackungen	Sie wird einmal genutzt und anschließend dem Recycling zugeführt.	■ Einwegflaschen ■ Konservendosen ■ Joghurtbecher
Mehrweg-verpackungen	Sie ist für den mehrmaligen Gebrauch bestimmt. Sie geht z. B. zurück an den Hersteller, wird dort gereinigt, überprüft und anschließend erneut verwendet.	■ Paletten ■ Pfandflasche (Glas) ■ Getränkekisten ■ Container

4.3 Verpackungsgesetz

(1) Inhalt des Verpackungsgesetzes

Das Verpackungsgesetz gilt für alle, die mit Ware befüllte und beim Endverbraucher anfallende Verpackung in Verkehr bringen.

Ziel des Verpackungsgesetzes [VerpackG] ist, den anfallenden Verpackungsmüll zu verringern und wesentlich **mehr Abfälle aus privaten Haushalten** zu **recyceln.**

Dazu ist notwendig, dass derjenige, der die Verpackung in Verkehr bringt, sich zuvor darum kümmert, dass diese Verpackung später ordnungsgemäß entsorgt wird.

Um die Entsorgung der Verpackung sicherzustellen, hat der Gesetzgeber die Stiftung **„Zentrale Stelle Verpackungsregister"** geschaffen. Diese Einrichtung trägt dazu bei, die Kontrolle des Recyclings von Verpackungen zu erhöhen.

Als **Hersteller** von systembeteiligungspflichtigen Verpackungen gilt dabei nicht der Hersteller des Verpackungsmaterials, sondern derjenige **Vertreiber,** der Verpackungen erstmals gewerbsmäßig in Verkehr bringt. Hierzu zählen auch Onlinehändler.

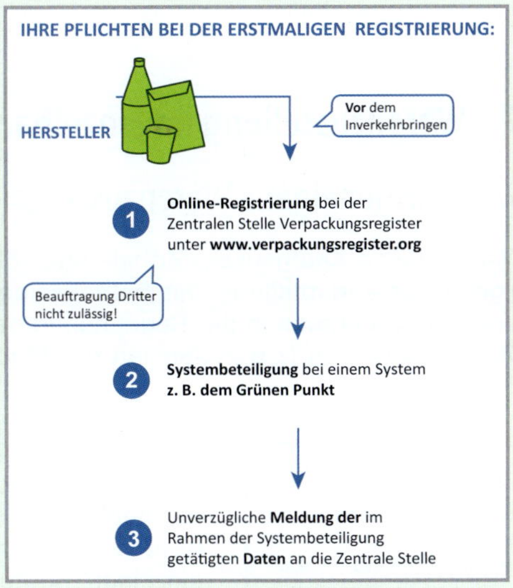

Quelle: Das neue Verpackungsgesetz, hrsg. von Der Grüne Punkt – Duales System Deutschland GmbH (DSD), S. 6 (Auszug)

1. **Registrierungspflicht**

   Jeder, der mit Ware befüllte Verpackungen, die beim **privaten Endverbraucher** anfallen, **erstmals gewerbsmäßig** in Verkehr bringt **(Hersteller)**, ist verpflichtet, sich **vor dem Inverkehrbringen** bei der „Zentralen Stelle Verpackungsregister" **zu registrieren.**

2. **Systembeteiligungspflicht**

   Die Befüller der leeren Verpackungen **(Vertreiber)** dürfen die Rücknahme und Verwertung der Verpackungen nicht selbst organisieren. Stattdessen sind sie verpflichtet, sich einem **System anzuschließen** (z.B. Grüner Punkt GmbH). Ein System ist eine Organisation, die anfallende, entleerte Verpackungen erfasst und einer Verwertung zuführt.

   Für die Beteiligung an einem System müssen diejenigen, die die Verpackungen in Verkehr bringen oder vertreiben, dem System ein Entgelt zahlen. Dieses ist umso höher, je ökologisch problematischer die zu recycelnden Verpackungsstoffe sind. Aus den Zahlungen finanzieren die Systeme die Erfassung der Verpackungen (z.B. gelbe Tonnen bzw. Säcke, Glascontainer, Altpapiertonnen) und die nachfolgende Verwertung der Verpackungsabfälle.

3. Neben der Registrierpflicht müssen die Hersteller anschließend die in den Verkehr gebrachten **Verpackungen** (z.B. Materialart, Menge der Verpackungen) **melden.** Da auch die dualen Systeme ihre Daten an die „Zentrale Stelle Verpackungsregister" übermitteln müssen, ist ein einfacher Datenabgleich möglich.

(2) Verpackungen, die beim Einzelhandelsbetrieb anfallen

Fallen beim Einzelhandelsbetrieb Verkaufs- und Umverpackungen an, ist er verpflichtet, diese zurückzunehmen. Anschließend hat er sie einer **Wiederverwendung** oder dem **Recycling** zuzuführen. Eine Rückgabe an den Vorvertreiber ist ebenfalls möglich.

(3) Höhere Verwertungsanforderungen

Durch das Verpackungsgesetz sollen Vertreiber dazu angehalten werden, ökologisch vorteilhafte und recyclingfähige Verpackungen zu verwenden. Seit Januar 2019 steigen die Anforderungen an die Verwertung von Verpackungen.

Beispiel:

Die Systeme sind verpflichtet, im Jahresmittel z.B. Papier, Pappe, Karton anstelle von bisher 70% auf 85% oder Aluminium von bisher 60% auf 80% der Wiederverwendung oder dem Recycling zuzuführen. Der Anteil von in Mehrweggetränkeverpackungen abgefüllten Getränke soll mindestens 70% erreichen.

5 Warenzustellung im Einzelhandel

5.1 Firmeneigene Warenzustellung

Warenhäuser, Kaufhäuser, Möbel- oder Elektrogeschäfte unterhalten oft eine eigene Versandabteilung mit betriebseigenen Fahrzeugen. Die Versandabteilungen übernehmen in der Regel neben dem Transport der Ware noch weitere Serviceleistungen (z.B. Aufstellen der Möbel, Anschließen und Einrichten von Elektrogeräten).

Große Einzelhandelsgeschäfte, die regelmäßig Waren transportieren (z.B. Möbelgeschäfte), fahren oft nach einem festgelegten Fahrplan bestimmte Routen ab (Tourenplanung). Dabei legen sie für die einzelnen Routenabschnitte einheitliche Zustellkosten fest. Gewöhnlich decken die Pauschalen die tatsächlichen Kosten nur zu einem Teil ab.

Die Aushändigung der Ware erfolgt mit Lieferschein. Durch die Unterschrift auf dem Durchschlag des Lieferscheins bestätigt der Kunde die ordnungsgemäße Zustellung der Ware.

Sofern der Auslieferungsfahrer eine Inkassovollmacht besitzt, kassiert er den fälligen Rechnungsbetrag sofort. Da es sich beim Kauf einer Ware zwischen einem Verbraucher und dem Einzelhandelsgeschäft um einen Verbrauchsgüterkauf handelt, tritt der **Gefahrübergang** erst ein, wenn der **Kunde (Verbraucher) die Kaufsache erhalten hat.** Der Einzelhandelsbetrieb haftet für die Beschädigung oder den Verlust der Ware bis zur Übergabe an den Kunden.

Vorteile	Nachteile
■ Die Zustellung der Ware und die sorgfältige Ausführung zusätzlicher Leistungen (z. B. Aufstellen, Anschließen, Einstellen) durch geschultes Personal schafft zufriedene Kunden und verstärkt die Kundentreue. ■ Auswärtige Kunden können als Kunden gewonnen werden, weil der Transport der gekauften Waren gewährleistet ist. ■ Das Einzugsgebiet des Einzelhandelsgeschäfts kann erweitert werden. ■ Durch den Einsatz von eigenen mit Firmenwerbung versehenen Fahrzeugen wird eine zusätzliche Werbewirkung erzielt. ■ Serviceleistungen führen zu Umsatzsteigerungen.	■ Die dem Kunden berechneten Zustellkosten decken die Kosten für den Fuhrpark und das eingesetzte Personal in der Regel nur zum Teil. ■ Höheres Risiko, da das Einzelhandelsgeschäft bis zur Warenübergabe die Haftung für die Beschädigung bzw. den Verlust der Ware trägt. ■ Hoher Kapitaleinsatz für den Unterhalt des firmeneigenen Fuhrparks.

5.2 Firmenfremde Warenzustellung

(1) Frachtführer und Frachtvertrag

Die firmenfremde Zustellung der Ware erfolgt in der Regel durch Frachtführer.

> **Frachtführer** sind selbstständige Kaufleute, die gewerbsmäßig Güter befördern.

Zwischen dem Einzelhandelsgeschäft und dem Frachtführer wird ein **Frachtvertrag** abgeschlossen. Durch den Frachtvertrag wird der Frachtführer verpflichtet, das Gut zum Bestimmungsort zu befördern und dort dem Empfänger abzuliefern.

(2) Spediteur und Speditionsvertrag

Einzelhandelsgeschäfte können für die Güterbeförderung auch Spediteure beauftragen.

> **Spediteure** sind selbstständige Kaufleute, die im **eigenen Namen** und für **fremde Rechnung** gewerbsmäßig Güterversendungen (z. B. durch Frachtführer) **besorgen**.

Zwischen dem Einzelhandelsgeschäft und dem Spediteur wird ein **Speditionsvertrag** abgeschlossen. Die Aufgabe des Spediteurs aufgrund des Speditionsvertrages ist, die für die Güterbeförderung notwendigen Dienste (z. B. Auswahl des günstigsten Beförderungsmittels, Vermittlung zwischen Versender und Frachtführer) zu übernehmen.

Übernimmt der Spediteur den Transport der Ware selbst, tritt er zugleich als Frachtführer mit deren Rechten und Pflichten auf.

(3) Anbieter auf dem Transportmarkt

Wichtige Anbieter auf dem Transportmarkt sind:

- **Deutsche Bahn AG (DB) und Deutsche Post AG (DP)**

Sowohl die DB als auch die DP haben eine **Beförderungspflicht (Kontrahierungszwang).** Sie müssen alle Waren befördern, sofern die jeweiligen Beförderungsbestimmungen eingehalten werden.

- **Unternehmen des gewerblichen Güterkraftverkehrs**

Die Unternehmen des gewerblichen Güterkraftverkehrs übernehmen die Beförderung der Güter mit Kraftfahrzeugen. Der gewerbliche Güterkraftverkehr ist **erlaubnispflichtig.**

- **Private Paketdienste**

Pakete können auch von privaten Paketdiensten transportiert werden. Die Paketfahrzeuge kommen auf Wunsch des Versenders an jedem Werktag zu einer vorher abgesprochenen Zeit, um die Pakete abzuholen. Die Pakete werden an jeden Empfänger ausgeliefert, der mit einem Fahrzeug erreichbar ist.

Private Paketdienste können Warensendungen ablehnen, z. B. wenn sie für sie nicht gewinnbringend sind.

VERSTANDEN?

1 Bei vielen Warenangeboten sind die Verpackungsmerkmale für Händler und Verbraucher von Bedeutung.

1.1 Nennen Sie die Aufgabe, die die Verpackung im Verkaufsraum übernimmt.

1.2 Beschreiben Sie die Pflichten des Einzelhandels hinsichtlich der Umverpackungen und der Verkaufsverpackungen.

2 Nennen Sie drei Gefahren, die sich für die Umwelt aus einer zu aufwendigen Verpackung ergeben.

3 Erläutern Sie, welche Verpackungsarten systembeteiligungspflichtig sind.

4 Erstellen Sie einen Vorschlagskatalog, wo und wie Verpackungen vermieden werden können.

6 Grundlagen der Teamarbeit

6.1 Begriff, Voraussetzungen und Phasen der Teamarbeit

(1) Begriff und Voraussetzungen der Teamarbeit

- **Teamarbeit** ist die Zusammenarbeit in einer Gruppe, um ein gemeinsames Ziel zu erreichen.
- Bei der Teamarbeit trägt die **Teamleitung** eine besondere Verantwortung für sachgerechte Arbeitsabläufe und eine konstruktive Arbeitsatmosphäre.

Teamarbeit wird insbesondere zur Lösung spezieller Problemstellungen eingesetzt. In einem solchen Fall arbeiten Personen unterschiedlicher Funktionsbereiche, Abteilungen oder Fachdisziplinen zusammen. Idealerweise sollte ein Team aus Personen zusammengesetzt sein, deren Fähigkeiten sich gegenseitig ergänzen.

Checkliste: Voraussetzungen einer guten Teamarbeit

- ✓ Das Team muss über ein gemeinsames Ziel verfügen.
- ✓ Das Ziel muss eindeutig formuliert sein.
- ✓ Alle Entscheidungen während der Teamarbeit müssen gemeinsam beschlossen werden.
- ✓ Die Teammitglieder müssen sich in ihrer Arbeit gegenseitig unterstützen (im Notfall ersetzen).
- ✓ Der Teamleiter muss die Arbeit koordinieren und entstehende Konflikte schlichten.
- ✓ Das Team muss sich klare Regeln geben und Verantwortungsbereiche zuordnen.

(2) Phasen der Teamarbeit

Die Teamarbeit durchläuft folgende Phasen:

1. Phase:	Zielvereinbarung	Das Team einigt sich auf ein gemeinsames Ziel (Thema). Die Zustimmung aller Mitglieder ist erforderlich.
2. Phase:	Einzelbeiträge der Teammitglieder	Von jedem Mitglied wird erwartet, eigene Beiträge zur Lösung der anstehenden Aufgabe zu leisten. Das Teammitglied setzt dabei auf sein Wissen und seine Erfahrungen für diesen Aufgabenkomplex.
3. Phase:	Diskussion über einzelne Lösungsansätze	Die einzelnen Lösungsvorschläge werden auf Schwächen und Stärken untersucht.
4. Phase:	Entwickeln einer gemeinsamen Lösung	Zunächst werden die Lösungsansätze ungeordnet erfasst. Anschließend werden die Ideen zusammengefasst, geordnet und einer gemeinsamen Lösung zugeordnet.
5. Phase:	Präsentation	Die Lösung des Themas wird präsentiert.

Eine gute Teamarbeit zeichnet sich durchfolgende Faktoren aus:

- ✓ Jedes Teammitglied trägt zum Erfolg bei und fühlt sich für das Gelingen verantwortlich.
- ✓ Ein Team schafft bessere Ergebnisse als die Summe seiner Mitglieder.
- ✓ Im Team fördert, motiviert und hilft man sich gegenseitig.
- ✓ Durch gemeinsame Erfolge eines Teams steigt die Motivation.

6.2 Organisation einer Teamsitzung

Für ein Projekt erteilt die Geschäftsleitung einen Erkundungsauftrag, bestellt eine verantwortliche Teamleitung, die wiederum kompetente und teamfähige Teilnehmer benennt und den Ablauf thematisch und organisatorisch vorzeichnet.

Beispiel:

(1) Das Thema eines Projekts wird festgelegt

Die Grundlage bildet ein Informationsbedarf. Wiederholt haben sich in einer Filiale des Supermarktes „**ALLES BESTENS**" Kunden und Mitarbeiter über die bestehende Raumaufteilung und unklare Beschilderungen beschwert. Daher hält es die Filialleitung für dringend nötig, Kundenlaufstudien durchzuführen und die Wegeführung gegebenenfalls zu verbessern.

Ein Team soll mit dieser Aufgabe beauftragt werden, das fachlich geeignet und motiviert genug ist, eine derart wichtige Projektarbeit durchzuführen.

(2) Das Team wird gebildet

Von der Filialleitung wird als Teamleiterin die Auszubildende Marie Nowak ausgewählt, die sich im dritten Ausbildungsjahr befindet. Marie benennt sechs weitere Teammitglieder, die ihr als kompetent und teamfähig bekannt sind und die gut zusammenpassen.

Das gesamte Team besteht aus engagierten Auszubildenden aus verschiedenen Abteilungen, die sich bereits einen guten Überblick über das Marktgeschehen verschaffen konnten. Sie alle verfügen über genaue Kenntnisse des Sortiments und sind mit den Kundenbedürfnissen sehr gut vertraut.

(3) Vorbereitung einer Teamsitzung

Für einen erfolgreichen Einstieg in das Projekt „**ALLES BESTENS: Neue Wegeführung in der Praxis**" trifft die Teamleiterin Marie Nowak wichtige Vorbereitungen zur ersten Teamsitzung.

- Termin der Besprechung mit den Teilnehmern abstimmen und bestmöglich festlegen.
- Thematik formulieren und Tagesordnung mit Zeitrahmen aufstellen.
- Geeignetes Informationsmaterial beschaffen, das einen sachbezogenen Kenntnisstand für alle Teilnehmer herstellt.
- Besprechungsraum reservieren und Raumausstattung arrangieren (Sitzplätze, Technik, Getränke etc.).
- Einladung mit Tagesordnung und Informationsmaterial an die Teilnehmer verschicken sowie zur Kenntnisnahme an die verantwortlichen Stellen des Hauses.

(4) Durchführung einer Teamsitzung

Teamleiterin Marie Nowak überzeugt sich am Tag der Besprechung davon, dass die vorbereitenden Maßnahmen erledigt sind und die Teamsitzung planungsmäßig starten kann. Im Verlauf der Sitzung ergreift die Teamleiterin folgende Initiativen bzw. legt Regeln fest:

- Begrüßung und ggf. Vorstellung der Teilnehmer.
- Kurze thematische Einführung zum Zweck und Ziel der Teamsitzung.
- Protokollführung bestimmen.

- Protokollart festlegen (Verlaufsprotokoll oder Ergebnisprotokoll).
- Gesprächsregeln festlegen und erläutern:
  - freie Meinungsäußerung
  - ausreden lassen und zuhören
  - respektvoller Umgang miteinander
  - keine übermäßigen Redeanteile eines Einzelnen
- Rederecht zuteilen und Zeitrahmen einhalten.
- Themenzentrierte Gesprächsführung fördern und Abschweifungen vermeiden.
- Zwischenergebnisse festhalten und Gesamtergebnis als Abschluss feststellen.
- Besprechungsraum aufgeräumt verlassen.

(5) Abschluss einer Teamsitzung

Als abschließende Aktivität sollen die Teilnehmer ihre Meinung zum Ablauf der Veranstaltung äußern. Sie können Änderungswünsche vortragen und persönliche Erklärungen abgeben. Das dient der Teamleitung dazu, den Ablauf und die Ergebnisse zu bewerten sowie gewonnene Erkenntnisse zukünftig umzusetzen.

Zur Prozessauswertung gibt es zahlreiche Methoden. Um das Feedback impulsiv anzustoßen oder nur ein Stimmungsbild zu erzeugen, ist ein Stimmungsposter mit Smilies und Klebepunkten ein einfaches, aber wirkungsvolles Instrument. Dafür setzen die Teilnehmer farbige Klebepunkte auf ein Flipchart-Plakat. Sind in Abständen mehrere Teamsitzungen geplant, wechselt jeweils die Farbe der Klebepunkte. Das ursprüngliche Plakat wird immer wieder verwendet, sodass die Klebepunkte im Zeitablauf die Veränderungsdynamik visualisieren. Das folgende Plakat gibt die Stimmungslage von drei Teamsitzungen wieder.

Zu den Feedback-Regeln siehe auch Lernfeld 1, Kapitel 6.4, S. 91 f.

Wie ist meine Zufriedenheit mit der Teamsitzung?

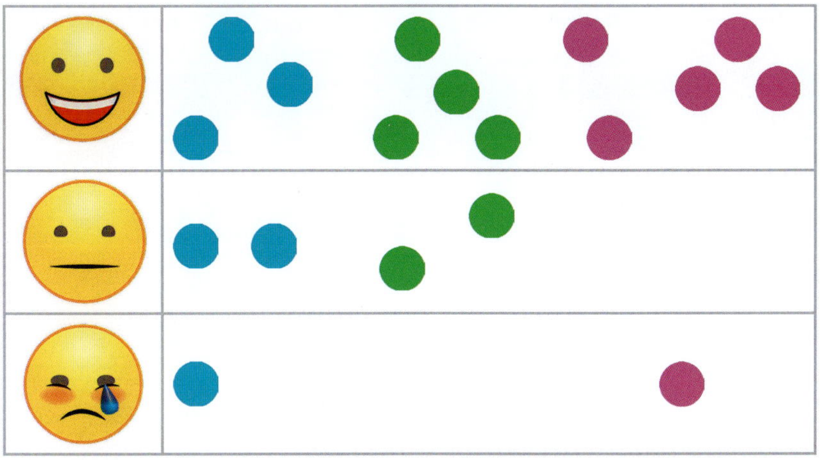

Das visualisierte Stimmungsbild gibt einen kräftigen Impuls für ein mündliches Feedback am Ende jeder Teamsitzung. Die Teilnehmer geben ihre Statements zur Thematik ab und können persönliche Eindrücke wiedergeben. Mit den Rückmeldungen der Teilnehmer erhält die Teamleitung die Möglichkeit, Gesprächsatmosphäre und Arbeitsmotivation im Team gewinnbringend für sachgerechte Ergebnisse zu verbessern.

(6) Präsentation der Ergebnisse

Sollen die Ergebnisse der Teamarbeit anderen Personen präsentiert werden, sind hierzu wichtige Regeln zu beachten (siehe Lernfeld 1, Kapitel 6, S. 84 ff.).

VERSTANDEN?

1 Beschreiben Sie drei Merkmale, die wichtige Voraussetzungen für erfolgreiche Teamarbeit sind.

2 Stellen Sie dar, welche Eigenschaften Sie besonders schätzen, wenn Sie mit jemandem zusammenarbeiten.

3 Bei Teamarbeiten kommt es oft zu Verzögerungen bis hin zum Auseinanderbrechen einer Arbeitsgruppe oder dem Scheitern eines Projektes. Schildern Sie Gründe, die zu Misserfolgen führen können und wie sich diese vermeiden lassen.

4 Zählen Sie drei Tätigkeiten auf, die zur Vorbereitung einer Teamsitzung gehören.

5 Nennen Sie drei Aspekte, die für ein gelungenes Meeting wichtig sind.

Glossar

A

Aktionswerbung
[die, die Aktionswerbungen]
Fokus (den Blick gerichtet) auf besondere Angebote

Aktives Zuhören
[das, das aktive Zuhören]
Feststehender Begriff aus Adjektiv und Substantiv [Wie-Wort und Hauptwort]
Haltung des Verkaufspersonals gegenüber der Kundschaft, die hilft Kundenwünsche zu erkennen

Alleinwerbung
[die, die Alleinwerbungen]
Ein Unternehmen wirbt im eigenen Namen

Allgemeine Geschäftsbedingungen
[die Geschäftsbedingung, die allgemeinen Geschäftsbedinungen]
Feststehender Begriff aus Adjektiv und Substantiv [Wie-Wort und Hauptwort]
Standardregeln beim Verkauf. Sie enthalten die Vereinbarungen eines Unternehmens für Verträge, die immer gleich sein sollen. Sie können z. B. auf der Internetseite abrufbar sein.

Anfechtbarkeit
[die, die Anfechtbarkeiten]
Die Möglichkeit, einen bestehenden Vertrag zu verändern oder aufzulösen („Wunsch nach Änderung").

Arbeitsschutz
[der, der Arbeitsschutz]
Gesetze, Verordnungen und Schilder sorgen für eine sichere Umgebung für Belegschaft und Kundschaft

Ausbildende/-r
[der, die Ausbildenden]
Betrieb, der Menschen zur Ausbildung einstellt

Ausbilder/-in
[der, die Ausbilder oder die, die Ausbilderinnen]
Person, die im Betrieb die Ausbildung durchführt und Auszubildende anleitet

Ausbildungsordnung
[die, die Ausbildungsordnungen]
Sammlung an Vorschriften zur Ausbildung in einem Ausbildungsberuf

Ausbildungsplan
[der, die Ausbildungspläne]
Fahrplan, nach dem die Ausbildung in einem Betrieb abläuft

Ausbildungsvertrag
[der, die Ausbildungsverträge]
Arbeitsvertrag, der die Arbeitsbedingungen und Ziele der Ausbildung festlegt

Auszubildende/-r
[der oder die, die Auszubildenden]
Person, die eine Ausbildung für einen Beruf durchläuft; der Beruf muss als Ausbildungsberuf anerkannt sein und es muss eine Verordnung für die Ausbildung geben

B

Bedarf
[der, die Bedarfe]
Ein Bedürfnis, das mit Geld erfüllt werden kann

Bedürfnis
[das, die Bedürfnisse]
Gefühl, dass etwas fehlt (Mangel), das befriedigt werden möchte – wird nach Art unterschieden

Berufsbildungsgesetz
[das, die Berufsbildungsgesetze]
Kurz: BBiG – ein Gesetz mit Vorschriften zur Berufsausbildung, zur Fortbildung und zur Umschulung

Betriebsform
[die, die Betriebsformen]
Art des Einzelhandels: Ladenhandel, ambulanter Handel, Versandhandel

Betriebsrat
[der, die Betriebsräte]
Vertretung der Arbeitnehmenden gegenüber dem Unternehmen

Betriebsvereinbarung
[die, die Betriebsvereinbarungen]
Schriftlich fixierte Absprachen zwischen der Geschäftsführung und dem Betriebsrat

Betriebsverfassungsgesetz
[das, die Betriebsverfassungsgesetze]
Legt direkte Rechte der Mitarbeitenden in einem Betrieb fest

Betriebsversammlung
[die, die Betriebsversammlungen]
Alle Arbeitnehmenden eines Unternehmens kommen auf Einladung der Unternehmensführung oder des Betriebsrats zusammen.

D

Direktwerbung
[die, die Direktwerbungen]
Gezielte Ansprache von möglichen Kunden und Kundinnen

Distanzzone
[die, die Distanzzonen]
Menschen halten unterschiedlich großen Abstand zueinander in Abhängigkeit vom Vertrauen zu der anderen Person

E

Einseitiges Rechtsgeschäft
[das, die einseitigen Rechtsgeschäfte]
Feststehender Begriff aus Adjektiv und Substantiv [Wie-Wort und Hauptwort]
Für die Handlung ist nur die Willenserklärung einer Partei erforderlich, z. B. wenn etwas verschenkt werden soll.

Erzeugnisbetrieb
[der, die Erzeugnisbetriebe]
Gewinnen Rohstoffe

Etikettierung
[die, die Etikettierungen]
Warenauszeichnung mit Aufklebern, die verschlüsselte Angaben enthalten

F

Firmenwerbung
[die, die Firmenwerbungen]
Fokus auf den eigenen Betrieb

G

Geschäftsfähigkeit
[die, die Geschäftsfähigkeit]
Erlaubnis für natürliche und juristische Personen, Einkäufe zu erledigen oder Verträge abzuschließen. Diese Handlungen werden als Geschäfte bezeichnet.

Geschlossene Frage
[die, die geschlossenen Fragen]
Feststehender Begriff aus Adjektiv und Substantiv [Wie-Wort und Hauptwort]
Beginnt mit einem (Hilfs-)Verb, kurze Antwort mit ja oder nein

Gesprächsförderer
[der, die Gesprächsförderer]
Äußerungen vom Verkaufspersonal, die bei der Kundschaft zu einer positiven Haltung führen

Gesprächsstörer
[der, die Gesprächsstörer]
Äußerungen vom Verkaufspersonal, die bei der Kundschaft zu einer negativen Haltung führen

Gestik
[die, die Gestik]
Sprache der Hände und des Körpers insgesamt

Gewährleistung
[die, die Gewährleistungen]
Das Einzelhandelsunternehmen steht dafür ein, dass die gekaufte Sache frei von Mängeln ist. Daher haftet es für alle Mängel, die zum Zeitpunkt des Verkaufs bestanden haben. Es haftet in der Regel auch für Mängel, die innerhalb der gesetzlichen Gewährleistungsfrist (meist zwei Jahre) auftreten.

Güter
[das Gut, die Güter]
Bezeichnung für alles, was Bedürfnisse befriedigt = Mittel zur Bedürfnisbefriedigung, werden nach Arten unterschieden

H

Händlerpromotion
[die, die Händlerpromotionen]
Dem Einzelhandel werden Angebote gemacht, um Waren von Herstellern und Großhändlern ins Sortiment aufzunehmen.

J

Jugendarbeitsschutzgesetz (JArbSchG)
[das, die Jugendarbeitsschutzgesetze]
Regelt die Arbeitsbedingungen von Personen, die unter 18 Jahre alt sind

Jugend- und Auszubildendenvertretung
[die, die Jugend- und Auszubildendenvertretungen]
Vertritt die Auszubildenden im Betriebsrat

juristische Person
[die, die juristischen Personen]
Feststehender Begriff aus Adjektiv und Substantiv [Wie-Wort und Hauptwort]
Rechtsperson, die kein Mensch ist. Das Gesetz räumt einer Organisation Rechte und Pflichten ein und macht sie damit rechtsfähig.

K

Klausel
[die, die Klauseln]
In Verträgen eines Unternehmens werden bestimmte Elemente identisch aufgenommen, damit nicht jeder Vertrag ein Einzelfall ist.

Kollektivwerbung
[die, die Kollektivwerbung]
Es werben Zusammenschlüsse von Unternehmen

Kommunikation
[die, die Kommunikationen]
Interaktion zwischen Kundschaft und Verkaufspersonal, die Gesprochenes und Körpersprache (Gestik und Mimik) umfasst

Kundenbindungsinstrument
[das, die Kundenbindungsinstrumente]
Aufbau einer langen Kundenbeziehung durch Kundenzeitungen, Apps, Coupons etc.

Kundeneinwand
[der, die Kundeneinwände]
Kundschaft hat Zweifel am Kauf der Ware, die Zweifel können mit Methoden aufgegriffen werden, um den Kauf zum Abschluss zu bringen

Kundenpromotion
[die, die Kundenpromotionen]
Besondere Aktion zur Verkaufssteigerung im Laden

M

Markt
[der, die Märkte]
Treffpunkt von Kundschaft und Anbietenden zum Handeln von Gütern, wichtige Begriffe: Angebot, Nachfrage, Gleichgewichtspreis

Massenwerbung
[die, die Massenwerbung]
Ansprache von allen

Mimik
[die, die Mimik]
Sprache des Gesichts

Mitarbeiterpromotion
[die, die Mitarbeiterpromotionen]
Die Belegschaft wird angeleitet, um den Verkaufserfolg zu steigern

N

Nachfrage
[die, die Nachfragen]
Summe des Bedarfs an Waren und Dienstleistungen

Nachhaltigkeit
[die, die Nachhaltigkeit]
Begriff aus der Forstwirtschaft von 1713: nur so viel Holz ernten wie nachwachsen kann, damit nachfolgende Generationen den Wald auch noch nutzen können

natürliche Person
[die, die natürlichen Personen]
Jeder lebende Mensch hat die Rechte und Pflichten des BGB. Sie erhalten diese durch den natürlichen Vorgang der Geburt.

Nichtigkeit
[die, die Nichtigkeiten]
Ein Rechtsgeschäft ist wirkungslos, also ungültig („als wäre nichts gewesen").

O

Offene Frage
[die, die offenen Fragen]
Feststehender Begriff aus Adjektiv und Substantiv [Wie-Wort und Hauptwort]
Beginnt mit einem W-Wort, zur Beantwortung sind längere Äußerungen notwendig

Öffentlichkeitsarbeit
[die, die Öffentlichkeitsarbeit]
Betonung des besonderen Engagements eines Unternehmens, um es bei der Kundschaft beliebt zu machen

Ökonomisches Prinzip
[das, die ökonomischen Prinzipien]
Feststehender Begriff aus Adjektiv und Substantiv [Wie-Wort und Hauptwort]
Menschliche Bedürfnisbefriedigung richtet sich nach den individuell zur Verfügung stehenden Mitteln und den zur Verfügung stehenden Gütern – Maximalprinzip und Minimalprinzip

Organisation
[die, die Organisationen]
Aufbau eines Unternehmens, weist Aufgaben zu

P

Pflichten des Ausbildenden
[die, die Pflichten]
Worauf Betriebe unbedingt achten sollten, um den Ausbildungsvertrag einzuhalten – aus Sicht des/der Auszubildenden sind dies die eigenen Rechte

Pflichten des Auszubildenden
[die, die Pflichten]
Worauf Auszubildende unbedingt achten sollten, um den Ausbildungsvertrag einzuhalten – aus Sicht des Ausbildungsbetriebs sind dies die Rechte des Ausbildenden

Phasen des Verkaufsgesprächs
[die Phase, die Phasen]
Idealtypischer Ablauf, um ein erfolgreiches Kundengespräch zu führen, enthält acht Phasen

Preisauszeichnung
[die, die Preisauszeichnungen]
Angaben von Preisen auf der Ware

Probezeit
[die, die Probezeiten]
Zeitraum zu Beginn des Ausbildungsvertrags, in dem das Ausbildungsverhältnis jederzeit ohne Kündigungsfrist beendet werden kann – beträgt zwischen einem und vier Monaten

R

Raumaufteilung
[die, die Raumaufteilungen]
Drei Zonen im Verkaufsraum: Warenfläche, Kundenfläche, übrige Verkaufsfläche

Raumordnung
[die, die Raumordnungen]
Konzept zur Führung der Kundschaft zu möglichst vielen Waren

Rechtsfähigkeit
[die, die Rechtsfähigkeit]
Vom Gesetz verliehene Rechte und Pflichten. Das Gesetz räumt einer Person bestimmte Rechte und Pflichten ein, z. B. das Recht auf Leben oder die Pflicht zum Steuernzahlen. Das Wort Fähigkeit hat hier nichts mit dem Erlernen von Kompetenzen zu tun (z. B. eine Sprache lernen), sondern wird vom Gesetz den Personen zugesprochen: Die Person ist z. B. fähig, ihr Recht auf Meinungsfreiheit auszuüben.

Rechtsgeschäft
[das, die Rechtsgeschäfte]
Eine Handlung oder Willenserklärung, die eine Folge hat, z. B. Kauf einer Ware oder Kündigung eines Vertrags.

Regalzone
[die, die Regalzonen]
Verkaufsregale werden in der Höhe und Breite in Zonen eingeteilt, je nach Erreichbarkeit werden Waren in bestimmte Bereiche eingeräumt, z. B. Sichtzone, Bückzone.

S

Schaufenstertyp
[der, die Schaufenstertypen]
Arten ein Schaufenster zu gestalten: Übersichtsfenster, Fantasiefenster, Stapelfenster, Duchblickfenster, Anlassfenster

Sittliche Gefahr
[die, die sittlichen Gefahren]
Bei Personen unter 18 Jahren muss sichergestellt werden, dass sie keine Arbeiten ausführen, die ihre körperliche, geistige oder seelische Gesundheit negativ beeinflussen.

Sortiment
[das, die Sortimente]
Gesamtangebot an Waren und Dienstleistungen, wird in der Sortimentspyramide systematisiert

Sortimentswerbung
[die, die Sortimentswerbungen]
Fokus auf die Bandbreite an Produkten

Sozialversicherung
[die, die Sozialversicherungen]
Absicherung für Arbeitnehmende in Deutschland mit fünf Bereichen

T

Tarifvertrag
[der, die Tarifverträge]
Regelmäßig ausgehandelte Vereinbarung zu den Arbeitsbedingungen in einer Branche, die von den einzelnen Betrieben übernommen werden

U

Unlauterer Wettbewerb
[der, die unlauteren Wettbewerbe]
Handlungen, die nicht zulässig sind, um sich einen Vorteil gegenüber der Konkurrenz zu verschaffen

Unternehmensziel
[das, die Unternehmensziele]
Absichten eines Betriebs, unterschieden in wirtschaftliche, soziale, ökologische Ziele

Unzumutbare Belästigung
[die, die unzumutbaren Belästigungen]
Kontaktaufnahme gegen den Willen der Kundschaft oder Zustellung nicht gewünschter Prospekte

V

Verarbeitungsbetrieb
[der, die Verarbeitungsbetriebe]
Stellen aus Rohstoffen Produkte her

Verbundplatzierung
[die, die Verbundplatzierungen]
Artikel werden sinnvoll zusammengestellt, um der Kundschaft ein zusammenpassendes Gesamtangebot zu machen

Verkaufsargumentation
[die, die Verkaufsargumentationen]
Einsatz von Argumentationstechniken, um Waren erfolgreich zu präsentieren

Verkaufsförderung
[die, die Verkaufsförderungen]
Maßnahmen zum Verkauf bestimmter Waren vor Ort, die nur kurz dauern

Verkaufsform
[die, die Verkaufsformen]
Organisation des Verkaufs: Bedienung, Selbstbedienung, Vorwahl

Verkaufsraumgestaltung
[die, die Verkaufsraumgestaltung]
Für die Kundschaft einladende Dekoration des Ladens und des Geschäftsgebäudes sowie ansprechende Zurschaustellung der Waren

Verkaufszone
[die, die Verkaufszonen]
Einteilung des Verkaufsraums in Zonen, die verkaufswirksam mit Waren gefüllt werden

Verpackung
[die, die Verpackungen]
Verpackungen haben verschiedene Funktionen und Typen, der Umgang mit der Verpackung ist gesetzlich geregelt

Verteilungs- und Dienstleistungbetrieb
[der, die Verteilungs- und Dienstleistungsbetriebe]
Verkaufen Waren an Geschäfts- und Privatkunden oder sorgen für den Transport von Waren oder Menschen, Dienstleistungen sind nicht materiell

Vertragsfreiheit
[die, die Vertragsfreiheit]
Zwei Parteien haben beim Abschließen von Verträgen grundsätzlich die freie Entscheidung zur Gestaltung. Allerdings darf der Vertrag nicht gegen andere Rechte verstoßen.

Visual Merchandising
[das, das Visual Merchandising]
Förderung des Verkaufs durch eine besondere optische Gestaltung des Verkaufsraums, Mittel: Beleuchtung, Farbe, Dekoration, Musik, Sinneswahrnehmungen, Materialien, Ruhezone

W

Warengruppenplatzierung
[die, die Warengruppenplatzierungen]
Artikel gleichen Typs werden gemeinsam präsentiert, um der Kundschaft eine Auswahl zu geben (tiefes Sortiment)

Warenkenntnis
[die, dieWarenkenntnisse]
Umfassendes Wissen über Waren aus dem Sortiment, z. B. Materialien, Herstellung, Anwendung

Warenkennzeichnung
[die, die Warenkennzeichnungen]
Gesetzliche Vorgaben zu Angaben auf Waren und freiwillige Angaben wie z. B. Logos und Siegel

Warenträger
[der, die Warenträger]
Gegenstände, die genutzt werden, um Waren in einem Laden zu präsentieren, z. B. Regal, Vitrine, Podest, Tisch, Ständer.

Warenwerbung
[die, die Warenwerbung]
Fokus auf eine Ware

Werbeerfolgskontrolle
[die, die Warenerfolgskontrollen]
Durchführung einer Kontrolle nach der Werbemaßnahme, um den Erfolg zu beurteilen

Werbegrundsatz
[der, die Werbegrundsätze]
Bedingungen für erfolgreiche Werbung

Werbeplan
[der, die Werbepläne]
Entscheidungen für erfolgreiche Werbemaßnahmen

Werbung
[die, die Werbung]
Alle Formen von Kundenansprache, die dem Verkauf von Produkten dienen

Wirtschaftskreislauf
[der, die Wirtschaftskreisläufe]
Zeigt die Tauschgeschäfte (Geld gegen Güter)

Z

zweiseitiges Rechtsgeschäft
[das, die zweiseitigen Rechtsgeschäfte]
Feststehender Begriff aus Adjektiv und Substantiv [Wie-Wort und Hauptwort]
Zwei Parteien äußern den gleichen Willen und es kommt ein Vertrag zustande.

Stichwortverzeichnis

D

E

F

G

H

I

J

K

L

M

N

Bilderverzeichnis

S. 3: Paolo Gallo – www.colourbox.de • **S. 3:** #246329 - www.colourbox.de • **S. 3:** www.colourbox.de - Pressmaster • **S. 4:** #85 – www.colourbox.de • **S. 5:** #6854 - www.colourbox.de • **S. 7:** #6854 - www.colourbox.de • **S. 8:** #6854 - www.colourbox.de • **S. 9:** #6854 - www.colourbox.de • **S. 10:** #6854 - www.colourbox.de • **S. 10:** #6854 - www.colourbox.de • **S. 12:** #3851 - www.colourbox.de • **S. 13:** #6854 - www.colourbox.de • **S. 14:** #6854 - www.colourbox.de • **S. 14:** Kadmy - stock.adobe.com • **S. 16:** Picture-Factory – Fotolia.com • **S. 22:** #3851 - www.colourbox.de • **S. 23:** Bildagentur-online/Klassen • **S. 24:** #6685 – www.colourbox.de • **S. 25:** #3851 - www.colourbox.de • **S. 28:** #3851 - www.colourbox.de • **S. 29:** #6854 - www.colourbox.de • **S. 31:** #105334 – www.colourbox.de • **S. 31:** #6854 - www.colourbox.de • **S. 33:** Rawpixel Ltd. • **S. 33:** oneinchpunch – stock.adobe.com • **S. 35:** #105334 – www.colourbox.de • **S. 35:** Phovoir - www.colourbox.de • **S. 35:** #105334 – www.colourbox.de • **S. 36:** #3851 - www.colourbox.de • **S. 38:** #6854 - www.colourbox.de • **S. 44:** #3851 - www.colourbox.de • **S. 46:** #6854 - www.colourbox.de • **S. 49:** #3851 - www.colourbox.de • **S. 51:** #6854 - www.colourbox.de • **S. 53:** Kzenon - www.colourbox.de • **S. 53:** morganka – Fotolia.com • **S. 53:** #6854 - www.colourbox.de • **S. 58:** #6854 - www.colourbox.de • **S. 60:** #6854 - www.colourbox.de • **S. 61:** www.smith1972.com • **S. 62:** #3851 - www.colourbox.de • **S. 64:** #6854 - www.colourbox.de • **S. 65:** TRAIMAK.BY,INFO@TRAIMAK.BY • **S. 69:** #6854 - www.colourbox.de • **S. 70:** TRAIMAK.BY,INFO@TRAIMAK.BY • **S. 73:** Hunter Bliss Images - www.colourbox.de • **S. 73:** Filippo Carlot Photography - 0039 320 1560780 - pippocarlot@gmail.com • **S. 74:** #1970 – www.colourbox.de • **S. 75:** Dragos Condrea • **S. 76:** #3851 - www.colourbox.de • **S. 77:** #6854 - www.colourbox.de • **S. 78:** Aleksandar Mijatovic - www.colourbox.de • **S. 78:** pressmaster - www.colourbox.de • **S. 79:** #6854 - www.colourbox.de • **S. 83:** #3851 - www.colourbox.de • **S. 86:** pixel-shot.com (Leonid Yastremskiy) • **S. 87:** Freepik Company S.L. - www.freepik.com • **S. 87:** Freepik Company S.L. - www.freepik.com • **S. 93:** #3851 - www.colourbox.de • **S. 94:** #6854 - www.colourbox.de • **S. 94:** Stockyimages - www.colourbox.de • **S. 95:** pressmaster - www.colourbox.de • **S. 95:** ©pikselstock - stock.adobe.com • **S. 97:** pressmaster - www.colourbox.de • **S. 97:** ©pikselstock - stock.adobe.com • **S. 104:** Kzenon - www.colourbox.de • **S. 104:** Syda Productions - www.colourbox.de • **S. 105:** Phovoir - www.colourbox.de • **S. 106:** #821 – www.colourbox.de • **S. 106:** #6854 - www.colourbox.de • **S. 106:** ©pikselstock - stock.adobe.com • **S. 106:** pressmaster - www.colourbox.de • **S. 107:** #6854 - www.colourbox.de • **S. 107:** Phovoir - www.colourbox.de • **S. 108:** Pavel Kolotenko - www.colourbox.de • **S. 108:** Sergey Nivens - www.colourbox.de • **S. 108:** Phovoir - www.colourbox.de • **S. 109:** pressmaster - www.colourbox.de • **S. 110:** #3851 - www.colourbox.de • **S. 111:** pressmaster - www.colourbox.de • **S. 111:** #6854 - www.colourbox.de • **S. 111:** ©pikselstock - stock.adobe.com • **S. 113:** pressmaster - www.colourbox.de • **S. 113:** ©pikselstock - stock.adobe.com • **S. 115:** ©pikselstock - stock.adobe.com • **S. 115:** pressmaster - www.colourbox.de • **S. 116:** #3851 - www.colourbox.de • **S. 118:** ©pikselstock - stock.adobe.com • **S. 118:** Freepik Company S.L. - www.freepik.com • **S. 118:** pressmaster - www.colourbox.de • **S. 118:** #6854 - www.colourbox.de • **S. 122:** #6854 - www.colourbox.de • **S. 122:** pressmaster - www.colourbox.de • **S. 122:** ©pikselstock - stock.adobe.com • **S. 124:** Freepik Company S.L. - www.freepik.com • **S. 127:** #81511– www.colourbox.de • **S. 128:** #3851 - www.colourbox.de • **S. 129:** #6854 - www.colourbox.de • **S. 130:** N-Media-Images - Fotolia • **S. 130:** pressmaster - www.colourbox.de • **S. 130:** ©pikselstock - stock.adobe.com • **S. 132:** #3851 - www.colourbox.de • **S. 133:** ©pikselstock - stock.adobe.com • **S. 133:** pressmaster - www.colourbox.de • **S. 133:** #6854 - www.colourbox.de • **S. 135:** Arne Trautmann – www.colourbox.de • **S. 137:** Industrieblick – Fotolia.com • **S. 138:** #3851 - www.colourbox.de • **S. 139:** #6854 - www.colourbox.de • **S. 142:** #6854 - www.colourbox.de • **S. 143:** sergey nivens - www.colourbox.de • **S. 147:** Pressmaster – www.colourbox.de • **S. 148:** #3851 - www.colourbox.de • **S. 149:** #6854 - www.colourbox.de • **S. 150:** Rawpixel Ltd. • **S. 151:** Syda Productions - www.colourbox.de • **S. 152:** #821 - www.colourbox.de • **S. 153:** Syda Productions - www.colourbox.de • **S. 156:** #6854 - www.colourbox.de • **S. 158:** #3851 - www.colourbox.de • **S. 159:** #6854 - www.colourbox.de • **S. 161:** #6854 - www.colourbox.de • **S. 164:** #3851 - www.colourbox.de • **S. 165:** #6854 - www.colourbox.de • **S. 165:** Robert Kneschke – stock.adobe.com • **S. 167:** Phovior – www.colourbox.de • **S. 169:** Razvan Chisu - freepik • **S. 174:** #3851 - www.colourbox.de • **S. 175:** #6854 - www.colourbox.de • **S. 175:** #105334 – www.colourbox.de • **S. 175:** #105334 – www.colourbox.de • **S. 177:** #1819 – www.colourbox.de • **S. 178:** Pressmaster – www.colourbox.de • **S. 182:** #6854 - www.colourbox.de • **S. 186:** #3851 - www.colourbox.de • **S. 189:** #3851 - www.colourbox.de • **S. 194:** #3851 - www.colourbox.de • **S. 198:** #3851 - www.colourbox.de • **S. 200:** #3851 - www.colourbox.de • **S. 201:** #6854 - www.colourbox.de • **S. 202:** Dmytro Sheremeta • **S. 202:** Péter Mocsonoky - www.colourbox.de • **S. 209:** • **S. 209:** • **S. 210:** #6854 - www.colourbox.de • **S. 210:** TRAIMAK.BY,INFO@TRAIMAK.BY • **S. 212:** • **S. 217:** TRAIMAK.BY,INFO@TRAIMAK.BY • **S. 217:** #6854 - www.colourbox.de • **S. 221:** #3851 - www.colourbox.de • **S. 222:** #6854 - www.colourbox.de • **S. 228:** #105334 – www.colourbox.de • **S. 228:** #105334 – www.colourbox.de • **S. 229:** #3851 - www.colourbox.de • **S. 230:** #6854 - www.colourbox.de • **S. 240:** #6854 - www.colourbox.de • **S. 240:** Freepik Company S.L. - www.freepik.com • **S. 244:** #3851 - www.colourbox.de • **S. 245:** #6854 - www.colourbox.de • **S. 248:** #3851 - www.colourbox.de • **S. 249:** • **S. 249:** #6854 - www.colourbox.de • **S. 253:** #105334 – www.colourbox.de • **S. 253:** #105334 – www.colourbox.de • **S. 254:** #3851 - www.colourbox.de • **S. 255:** #6854 - www.colourbox.de • **S. 258:** #3851 - www.colourbox.de •